사회적 경제, 남북을 잇다

사회적 경제를 통한 북한 인도지원 및 경제협력 가능성 탐색

[공동기획] 서울대학교 아시아도시사회센터
하나누리 동북아연구원

맑은나루

조성찬 엮음

김해순, 김창진, 이찬우, 조성찬, 김영식, 공웅재, 도현명 지음

하나누리 동북아연구원
총서 ①

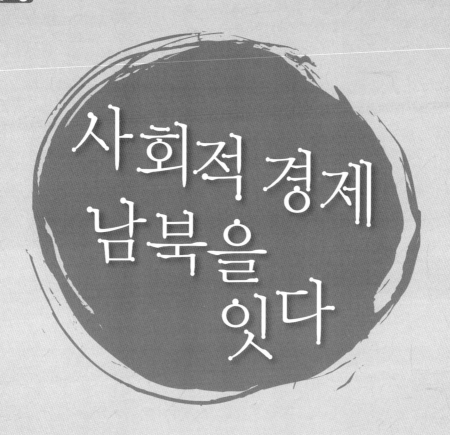

사회적 경제 남북을 잇다

맑은나루

**"평화는,
멀지만 꼭 가야 할 길입니다."**

맑은 날이 있으면 흐린 날이 있습니다. 남북관계도 마찬가지입니다. 평화 분위기가 무르익다가도 차갑게 식어 버리기도 합니다. 하지만 아무리 어렵고 복잡하게 꼬인 실타래일망정 한반도의 평화와 갈등은 결국 사람이 만든 문제입니다. 사람이 만든 문제는 사람이 해결할 수 있다고 믿습니다.

한반도의 평화는 우리뿐만 아니라 주변 여러 나라가 걸린 문제라고 이야기들 합니다. 하지만 우리의 운명을 남의 손에 맡길 수는 없습니다. 이 땅에서 살고 있고, 앞으로도 살아갈 남과 북이 당사자로서 한반도의 평화와 미래를 개척해야 합니다.

『사회적 경제, 남북을 잇다』는 사회적 경제를 바탕으로 남북간 인도지원과 교류협력을 통해 한반도의 평화를 열어가자는 내용을 제안으로 담고 있습니다.

　　아직 우리나라에 생소한 여러 가지 이론과 외국 주요국의 사례, 그리고 남북 경제협력의 소중한 경험이 담겨 있는 것만큼 한반도의 평화가 '사회연대경제에 기초한 동북아 평화경제협력체'를 만드는 시작이 될 거라는 구상 역시 무척 흥미롭습니다.

　　『사회적 경제, 남북을 잇다』 출간이 남북 협력을 통한 한반도 평화 정착과 나아가 아시아와 세계의 항구적인 평화를 위한 소중한 걸음이 되길 바랍니다.

2020년 7월

이재명 경기도 도지사

CONTENTS

CONTENTS ─────────────────────────────────────

사회적 경제를 통한 북한 인도지원 및 경제협력의 가능성

2018년 9월 중순에 평양에서 제3차 남북정상회담이 진행되었다. 이 자리에 남측 경제인 17명이 동행했다. 각 분야를 대표하는 경제단체가 참여했는데, 눈에 띄는 것은 현대그룹, LG, SK, 삼성전자, 포스코 같은 대기업도 함께 했다는 점이다. 그런데 언론 보도에 대기업 총수가 크게 부각되면서, 남북경협 방안을 모색하기 위해 동행한 경제단체의 무게중심이 지나치게 대기업 편향이라는 느낌을 지울 수 없었다.

남북경협에서 대자본이 해야 할 역할이 분명하겠지만, 지나치게 대자본에 의존할 경우 남북경협 구조를 왜곡시킬 수 있다. 대자본 외에도, 남측의 경험과 역량을 결합하면서 동시에 북측 주민의 자립과 자치를 지원할 수 있는 생활 밀착형 기업이 남북협력에 적극적으로 참여할 수 있어야 한다. 이 지점에서 본서가 다루려는 사회적 경제의 가능성이 부각된다.

여기서 독자들은 '그런데 왜 하필 사회적 경제지?'라는 의문이 떠오를 것이다. 이미 알려져 있듯이, 협동조합을 중심으로 하는 사회적 경제는 유럽에서 자본주의의 한계를 극복하기 위한 돌파구로 출현하여 발전과정을 거치면서 오늘에 이르고 있다. 그런데 사회적 경제는 자본주의 국가뿐만 아니라 소련, 중국 및 북한 사회주의 개혁 경험에서도 중요한 역할을 감당했다. 이를 학문적으로 '혼합경제' 시기로 구분한다. 북한의 경우, 협동조합 추진 초기인 1948년에 소비조합원이 520만 명(북한 인구의 절반)이 참여할 정도로 그 영향력이 컸다. 북한의 협동조합은 지금도 시장경제의 발전과 더불어 일정 위상을 차지하고 있다. 쿠바는 2011년에 아예 협동조합법을 제정하고 제조업 분야에서도 협동조합을 장려할 정도로 적극적이다. 경제발전 전략의 한 축으로 삼는 것으로, 같은 정치경제 체제인 북한보다 한 걸음 더 나아갔다. 정리하면, 사회적 경제 패러다임은 남과 북의 생활밀착형 경제협력에서 가교역할을 할 수 있을 뿐만 아니라, 북측의 경제체제 전환을 위한 전략으로도 활용될 수 있다.

그런데 2019년 초 하노이 북미 정상회담 결렬과, 이어진 북미 실무회담 결렬은 유엔과 미국의 대북 경제제재가 상당히 오랜 시간 지속될 수 있음을 보여줬다. 따라서 대북 경제제재 해제 이전 단계에서는 사회적 경제 패러다임을 먼저 인도지원 사업에 적용하는 방법을 모색할 필요가 분명해졌다. 인도지원 사업은 대북 경제제재의 예외 대상이라는 이점이 있다. 최근 북측은 기존 인도지원 방식이 저개발국가를 대상으로 한 무상원조라는 이미지를 심어주기 때문에 인도지원에 대해 상당히 신중한 입장이다. 이제 북측도 종합시장을 중심으로 시장경제가 발전해오고 있기에 인도지원에 사회적 경제 방식을 결합하여 북측의 경제발전을 지속적으로 이끌어낼 수 있다면 이러한 문제를 해소할 수 있다. 그리고 인도지원 사업을 시작으로 경험과 역량을 축적하다 보면 평화체제 성립 이후 본격적인 남북 경제협력의 밑거름이 된다. 사회적 경제가 새로운 차원에서 역할을 감당할 수 있게 된다.

앞에서 사회적 경제가 출현한 배경을 간략하게 소개하면서, '사회적 경제'라는 용어를 다른 유사 용어와 혼동하는 독자들이 있을 것이다. 우선 붙여쓰기 형태의 '사회적경제'라는 표현은 사실 우리말 맞춤법상으로 '사회적 경제'라고 해야 맞다. 영어로 'Social Economy'라고 부르는 이 표현이 한국에서 최근 '사회적경제'라는 표현으로 자주 쓰이는 것은, 제도가 현상을 규정하는 역설이 벌어지면서 생긴 오류에 가깝다. 2007년 '사회적기업육성법'이 제정되기 전까지는 당연히 '사회적 기업'이라는, 맞춤법에 맞는 표현만이 쓰였다. 그러나 'Social enterprise'의 번역어인 사회적 기업을 육성하겠다는 법을 만들면서, 인증제에 따라 지원되는 대상을 규정하는 일종의 고유명사로 '사회적기업'이라는 용어를 정부 문서 중심으로 쓰기 시작했다. '사회적기업'을 일종의 고유명사화해서 쓴 것이다. 문제는 법에 나온 기준에 맞추어 인증된 기업만을 '사회적기업'이라고 부르면서, 사회적 가치를 실현하는 비즈니스 전체를 일컫는 용어를 따로 구분하기 어려워졌다는 점이다. 게다가. '사회적기업'이라는 맞춤법에 틀린 표현을 일반적으로 쓰면서, 모든 '사회적'이라는 형용구가 붙는 단어를 붙여 쓰는 오류를 반복하는 경향도 생겼다. '사회적경제'도 그 중 하나이다. 하지만 사회적 경제를 이렇게 고유명사처럼 쓰는 것은, '사회적기업'의 경우와 마찬가지로 사회적 경제의 개념을 협소화하는 더 큰 문제를 낳는다. 이 책을 통해 사회적 경제라는 용어를 처음 만날지도 모르는 독자들에게도 불필요한 오해를 살 수 있다. 따라서 이 책에서는 '사회적 경제'라는 용어를 기본으로 사용한다. 다만, 관련법과 행정조직, 행정문서 및 시민사회단체의 조직명으로 '사회적경제'를 쓰고 있는 경우에는 이를 따르기로 한다. 사실 독자들은 '사회적경제', '사회적 경제' 또는 그냥 '사회경제'라는 표현을 같은 의미로 받아들이면 된다.

그런데 이와 유사하면서도 뉘앙스가 조금 다른 표현이 있다. 바로 '사회연대경제'라는 표현이다. 이는 영어로 'Social & Solidarity Economy'이다. 김창진(2장)은 사회적 경제라는 개념이 "사업의 성과를 중시하는 영미권에서 주로 쓰이고 사회연대경제 개념은 사회(운동)적 가치를 중시하는 유럽에서 점점 더 자주 쓰이고 있다"고 구분하면서, 한국 사회에서 "'사회적(social)'이라는 표현은 그 기업/조직들이 추구하는 가치·목적·성격을 지칭하는 것이지 정책적 관점을 반영하는 것일 수가 없다"고 한계를 지적하고 있다. 다만, 본서가 학술적인 목적보다는 적용 차원에서 접근하고 있어서, 두 개념을 명료하게 비교하여 사용하지는 않는다. 본서는 전체적으로 사회적 경제를 핵심 키워드로 하되, 각 장의 필자들은 자신의 학문적 견지에서 '사회연대경제' 및 이와 유사한 표현을 사용할 수 있음을 이해해 주기 바란다.

　　사회적 경제는 대북 경제제재 시기에 인도지원과 결합함으로써 기존 인도지원 사업에 새로운 전략적 돌파구를 제시할 수 있다. 또한 평화체제 시기에 북의 이데올로기를 자극하지 않으면서도 남북 간 교류와 협력을 할 수 있는 가교가 될 수 있다. 사회적 경제, 공유도시, 협동조합 등 다양한 경험과 노하우를 보유하고 있는 남측 지방정부는 한 걸음 더 나아가 '사회적 경제'를 통해 남북 간 인도지원 사업 및 경제협력 사업을 전개해 나갈 준비를 해야 한다.

　　이런 취지와 목적으로 (사)하나누리 동북아연구원은 2019년 9월 6일, 서울시 후원을 받아 한겨레경제사회연구원과 공동으로 '서울 －평양 사회적 경제 심포지움'을 개최했다. 심포지움은 크게 네 영역으로 구분했다. 먼저 기조 강연을 통해 북한 협동조합의 현황을 이해하고자 했다. 다음으로 두 개의 발표를 통해 통일독일, 쿠바, 러시아 등 국외 주요국의 경험을 살펴보고 시사점을 얻고자 했다. 이어서 세 개의 발표를 통해 현재 어떤 사업이 북측에서 추진 가능한지에 대한 아이디어와 전략을 모색하고자 했다. 마지막으로 종합토론을 통해 심포지움에서 다뤄진 사회적 경제 담론을 종합하고 향후 어떤 도시협력 모델을 만들어 나갈 것인지를 이야기했다. 독자들은 유튜브(www.youtube.com)에 올린 심포지움 및 아카데미 강연 동영상을 통해서 당시의 발표를 생생하게 접할 수 있다. 심포지움에서 서로 대화를 나눈 발표자들은 자신의 발표 내용을 보다 발전시켜 한 권의 책으로 묶어내기로 했다. 본서가 바로 그 책이다.

본서의 내용을 순서대로 핵심만 요약하면, 먼저 김해순 박사(전 독일 괴테대학교 한국학 학과장)는 근대적 의미의 사회적 경제가 출현하고 발전해온 유럽을 배경으로, 특히 유럽연합의 관점에서 사회적 경제에 대한 이론적 기초를 제시하고, 구체적인 사례로 독일의 사회적 협동조합인 '자수성가 협동조합(HausGemacht eG)'을 통해 독일의 소외된 여성들이 어떻게 자립하게 되었는지를 살펴보았다.

김창진 교수(성공회대학교 사회적경제대학원장)는 기존 사회주의 경제체제 전환국인 소련ㅡ러시아, 동독, 벨라루시, 쿠바의 협동조합 경험이 갖는 의의와 한계를 살펴보고, 북한에 사회연대경제 모델을 적용하는 것이 왜 필요하고 중요한지를 설명했다. 더나아가 북한에 사회연대경제 모델, 특히 협동조합을 중요한 수단으로 도입할 때 어떤 점을 고려해야 하는지를 제시했다.

이찬우 교수(일본 테이쿄대학교)는 1940년대 중반 이후 오늘날까지 평양을 중심으로 협동조합이 어떻게 형성 및 변화되어 왔는지를 살펴봄으로써 직접 북한 내부의 사회적 경제 역량과 접목 가능성을 살펴보았다. 이를 위해 우리가 접하기 어려운 과거 북한 노동신문 등을 일일이 들추어보는 방식을 취했다. 그러다 보니, 협동조합에 관여한 개별 협동조합, 협동조합 연합체, 협동조합을 추진한 이들, 정치적 명망가들, 협동조합 조직을 인계받은 정부

조직들, 각종 지역의 이름이 풍부하게 담겨있다.

조성찬 박사(하나누리 동북아연구원)는 사회적 경제 패러다임을 북한에 어떻게 적용할 수 있는지를 살펴보기 위해 국내 사례로 (사)하나누리가 라선특별시에서 추진하고 있는 라선자립마을 사업과, 국제 사례로 국제농업개발기금(IFAD), 마라나타 트러스트(Maranatha Trust) 및 키바(KIVA)가 북한에서 진행한 국제개발협력 사업을 간략하게 살펴보았다. 그리고 대북 경제제재가 해소되지 않은 남북 분단의 상황에서, 무엇보다 인도지원 사업에 우선적으로 접목할 필요가 있음을 주장했다.

김영식(전국 사회연대경제 지방정부협의회 사무국장)과 공웅재((전) 민주연구원 네트워크실 부장) 두 공동 집필자는 지방정부가 어떻게 남북협력의 당사자로서 역할을 할 수 있을지, 그리고 사회적 경제 방식의 남북협력을 진행한다면 어떤 사업이 가능할지 모색했다. 특히 서울로 대표되는 남측 지방정부와, 평양으로 대표되는 북측 지방정부가 어떻게 도시협력을 추진할 수 있는지 구체적인 방안을 제시했다. 흥미로운 상상이 많이 담겨있다.

마지막으로, 도현명 대표(임팩트 스퀘어)는 기업가의 관점에서 어떻게 사회적 경제를 통해 대북 경제협력 사업을 진행할 수 있는지를 3가지 유형(북한 내 사회적 경제 조직의 육성/사회적 경제 조직의 북한 진출/사회적 금융의 도입)으로 나누어 소개했다. 그는 북한과 사회 경제적 상황이 유사한 국외 성공사례를 보이고, 이러한 모델이 북한에 맞도록 각색된다면 충분히 적용 가능함을 역설했다. 그리고 북한 내에서 전개되고 있는 창업 열풍을 소개하면서, 한국 및 국외에서 적용된 낮은 수준의 사회적 경제 관련 기술과 노하우가 북한에 확대된다면 충분히 성공가능성이 높다고 보았다.

사회적 경제라는 키워드를 통해 남과 북이 경제협력을 해 보자는 제안은 아직 한국 사회에서 낯선 주장이다. 이러한 주장을 조금 더 과감하게 하려면 한국 사회에서 사회적 경제가 더 뿌리를 내려야 한다. 여전한 남북 이데올로기적 긴장감도 해소되어야 한다. 그리고 대북 경제제재도 해소되어야 한다. 그런데 이보다 더 중요한 것은, 북한의 사회적 경제, 즉 협동조합 현황을 정확히 이해하고 국내외 사례들을 종합해 남북협력에 사회적 경제 패러다임을 적용할 수 있는지 그 실천 가능성을 면밀히 검토한 후, 그 가능성이 확인되면 국제 사회적 경제 네트워크를 형성하여 인도지원 사업부터 전개해 나가는 전략을 마련하는 것이다. 이러한 담론과 실천이 실제로 적용되고 확대된다면 통일한국의 대안적 경제체제에서 사회적 경제가 일정 역할을 할 수 있을 것이다. 본서가 부디 사회적 경제 패러다임을 통한 남북협력의 가능성 탐색에 의미 있는 기여를 할 수 있기를 바란다.

마지막으로 이 책이 출판되는 데 도움을 주신 분들께 깊은 감사를 드린다. 우선 본서는 2017년 한국연구재단 한국사회과학연구사업(SSK)에 선정된 서울대학교 아시아도시사회센터의 지원으로 진행되었다. 본서의 기획 및 출판 과정에서 기쁘게 협력해 주신 박배균 센터장(서울대학교 지리교육과 교수)께 깊은 감사를 드린다.

그리고 어려운 가운데 본서를 출판해주신 샘앤북스-맑은나루의 이낙규 대표와 편집부에도 깊은 감사를 드린다. 마지막으로, 하나누리에서 인턴으로 일하면서 여러 방면으로 원고 작성에 도움을 준 이채영 학생에게도 감사의 마음을 전한다.

2020년 7월
집필진을 대표하여 조성찬 씀.

유럽의 사회적 경제와
사회적 협동조합

독일 "자력갱생한 협동조합(HausGemacht eG)" 사례

———————— ◆ ————————

김해순
(하나누리 동북아연구원, 동북아-유럽연구센터장)

1. 유럽의 사회경제와 사회적 협동조합에 대한 머리글

　유럽에서 18세기와 19세기에 산업자본주의로 인해 새로운 사회문제가 대두되었다. 빈곤층이 증가하고 부의 불공정한 분배로 인한 계층 갈등과 지방 간의 격차가 심화되었다. 이를 해소하기 위한 하나의 답으로 사회경제가 소개되었다. 사회경제에 기반한 상호원조를 위한 자조 조직들, 예컨대 협동조합이 약 150년 전에 설립되었다. 자조 조직들은 점차 일자리 창출 및 경제발전에 기여했다. 이러한 사회경제와 사회적 협동조합을 조명하고자 한다.

　우선 사회경제의 이론적 이해를 천착한다. 이에 대해 다양한 논의가 있다. 이를 통해 이론적 이해의 요점을 도출한다. 사회경제의 함의와 이해의 폭을 넓히기 위해 유럽 사회경제의 역사적 진화과정을 형태, 목적, 기능 등의 변화를 위주로 논하고, 사회경제와 세 개의 영역(시장, 공동, 비영리) 및 조직(단체, 기업, 회사 등)과의 관계를 검토한다(2). 유럽에서 사회경제가 형성된 이래, 특히 사회적 위기 상황에서는 더욱더 활성화되었다. 1980년대 신자유주의가 부상하면서 노동시장에서 구조조정이 일어났고, 실업자가 상승했다. 이러한 문제를 극복하기 위해 사회경제에 기반한 협동조합 등의 자조 조직을 설립하여 일자리를 창출하여 생활 개선을 해오고 있다. 여기서 사회경제의 높은 영향을 볼 수 있다. 이를 사회경제의 기능 및 목적 등을 위주로 살펴본다(3). 사회경제에 기반한 독일의 협동조합을 그 기원, 의미, 유형 등에 주목하여 점검한다. 그 후 사회협동조합의 한 사례로 독일의 "자력갱생한 협동조합(HausGemacht eG)"을 소개한다. 이 협동조합은 장기적인 실업을 안고 있는 여성들이 조직하여 등록하였고, 자신들의 일자리를 창출하여 자주적인 삶을 개척해오고 있다(4). 마지막으로 글을 요약하며 시사점을 제시하고자 한다(5).

2. 사회경제: 이론적 이해,
역사적 진화, 영역 및 단체

1) 사회경제의 이론적 이해

유럽에서 거의 각 나라마다 사회경제(Sozialwirtschaft) 또는 사회적 경제(독어: soziale Wirtschaft, 프랑스어: économie sociale)가 조직되었고, 이는 다양한 전통을 가지고 있다. 이 개념은 국가와 제도마다 조금씩 다르게 해석되고 있고, 이에 대한 정의는 아직도 명료하게 규정되지 못했다. 이에 대한 다양한 논의들을 통해서 다음과 같은 정의를 도출·요약한다. 사회경제는 사회경제 정책에서 주요한 부분이자, 경제제도의 일부로 보기도 한다. 아울러 일반적으로 사회 혜택에 대한 성과와 수익배분을 다루는 경제제도의 일부로 간주하고 있고 경제적 가치 창출의 특별한 영역으로도 보고 있다. 사회경제의 경영 조직(회사, 기업, 협동조합, 단체 등)은 회원들이 자신을 위해 스스로 설립하고, 가입과 탈퇴를 자유롭게 할 수 있다. 사회경제 조직은 상품을 제조하고 서비스 및 보험 또는 금융을 제공하면서 시장의 요구를 충족시키는 데 주력한다. 회원들은 잉여금을 창출하면, 이를 경제적 행위자로서 소유하는 것이 아니고, 함께 통제하고 융통한다. 수익 또는 잉여

금의 분배와 그룹의 의사 결정은 개별 회원의 자본 또는 기부금과 직접적인 관련이 없다. 모든 회원은 이에 대한 하나의 투표권을 가지고 있고, 어느 경우이든 그들의 의사 결정은 참여적이고 민주적이다. 사회경제 조직체 대부분의 경영 활동은 자선 사업에 맞춰져 있다. 이는 자본보다는 사람을 그리고 개인보다는 공동체를 우선시하고 민주적 경영과 참여를 강조하고, 상생의 윤리적 목표도 달성하고자 한다. 이러한 사회적 가치를 추구하는 경제활동의 핵심에는 개인과 지역 사회복지의 증진이 자리 잡고 있다.

사회경제는 당대에 안고 있는 문제를 극복하기 위해 그 목적과 성격 및 기능의 변화를 경험한다. 단지 성과(수익)의 배분에만 주목하는 것이 아니고, 이를 매개로 일자리 창출을 추구하고, 빈부격차 및 지역격차를 해소하며, 지역공동체 활성화 및 이를 통한 지역경제 강화를 지향한다.[1] 이를 토대로 삶의 질을 높이며, 상호 간의 호혜와 사회적 연대를 촉구하면서 사회통합을 이루고자 한다. 갈수록 생태계가 파괴되면서, 환경문제와 기후문제 등을 사회, 경제, 생태 및 정치와 연동하여, 이에 대한 해답을 여러 관점과 학제적인 방법으로 찾고자 한다. 또 다른 문제는 사회경제와 사회적 약자를 지원하는 복지, 즉 재원이 부족하다는 점이다. 많은 나라처럼 독일어권의 지역에서는 지난 20년 동안 복지

---

1) Chaves, Rafael und José Luis Monzon, Die Sozialwirtschaft in der Europäischen Union. Bericht des Internationalen Forschungs-und Informationszentrums für öffentliche Wirtschaft, Sozialwirtschaft und Genossenschaftswesen (CIRIEC) für den Europäischen Wirtschafts- und Sozialausschuss. 2012, Brüssel(www.eesc. europa.eu, 검색일: 01.12.2019), 104ff.

국가의 변화를 논의하면서[2], 부족한 재원의 증가, 공공 자원의 절약과 관련된 사회 영역의 문제를 지적했고, 이에 대한 해결책을 찾고 있다. 아울러 사회경제에 대한 부정적인 평가도 간과할 수 없다. 공공경제에서 사회경제의 중요성은 일반적으로 과소평가되고, 낮은 임금 수준과 매력적이지 않은 고용 조건에 대한 정보는 일반 대중들 사이에서 널리 퍼져 있다.

이러한 사회경제에 대한 담론에서 사회경제의 특정한 발전과 동향을 확인할 수 있다. 예컨대 공적 자금 사용에 관한 투명성과 책임에 대한 정치적 요구는 특히 오스트리아와 독일뿐만 아니라 많은 유럽연합 회원국에서 높아져 가고 있다는 점이다.[3] 또한, 사회 영역의 조직적 적법성을 달성하기 위해 자금 사용을 기부자에게 정확하게 제시해야 함도 강조한다. 예컨대 구입 상품과 비용 등을 정확하게 밝혀야 한다. 이는 사회경제 경영을 효율적으로 그리고 투명하게 하기 위해서이다. 이를 위해 경영 구조 및 프로세스 개선을 목표로 하는 이익 중심적 기업의 실무 경험뿐만 아니라 비즈니스(경영) 관리 개념 및 도구를 도입하기 시작했다. 이로써 사회경제는 점차 사회적 경영학(Betriebslehre) 차원에서 책임이라는 개념에 중점을 두고 성과와 효율성 등을 높이는 데 전념하고 있다.

---

2) Gruber, Christine, "Sozial Wirtschaften in der Sozialwirtschaft," In: Bassara, Herbert und Armin Woehler, Sozialwrtschaft und Sozialmanagement im deutschsprachigen Raum. 2016, Augusburg: Walhalla Fachverlag, Digital, S. 53ff.

3) Meyer, Michael and Ruth Simsa, "Entwicklungsperspektiven des Non-Profits-Sektors," In: Simsa, Ruth und Michael Meyer und Christoph Bade (Hg.), Handbuch der Non-Profit-Organisation. 2013, Stuttgart: Schaeffer-Poeschel Verlag, S. 510ff.

∷ 사회경제와 사회경영학

유럽에서는 사회경제의 기업을 위한 특별한 경영학을 개발하자는 논의가 제기되었다. 이 특별한 경영학을 '사회경영학(Socialmanagement)'으로 일컫고 있다. 일반적으로 경영학은 일정한 경제 분야의 질문과 문제에만 초점을 맞추고 있다. 예컨대 산업, 상업 또는 은행 업무를 다루고 있고, 이는 이미 오래 전에 확립된 사례들만 제시하고 있다. 그러나 모든 유형의 경영은 예를 들어 직원 또는 금융 결정에 관한 질문에 답을 해야 한다. 사회적 기업의 특별 경영학은 사회적 정책과 같은 특수한 프레임워크(framework) 조건과 이러한 경제 기업에서만 발생하는 특별한 기능적 질문(인사 관리, 금융, 마케팅 등)도 다루어야 함을 강조하고 있다. 특히 사회경제적 기업의 특별한 점도, 예컨대 명예직이거나 자원봉사자의 인사 관리 또는 기부를 통한 자금 조달, 국가 보조금 할당 및 사회 보장 기부금과 같은 주제들도 고려되어야 한다고 지적한다.

그동안 사회경제 조직의 자원과 행위자들의 다양성이 그들의 행동과 그들의 관계에서 각양각색의 역학으로 귀결된다는 점을 부인할 수 없다. 예를 들어, 자원봉사자들은 주로 비시장 영역(주로 협회와 재단)의 조직에서 활동하는 반면, 사회경제의 시장 관련 영역(협동조합, 상호 이익사회 등)에는 사회기업(Sozialunternehmen)을 제외하고는 실질적으로 자원봉사자가 없다. 이 사회기업은 시장 그리고 비시장과 관련된 활동이 혼합된 조직이고, 다양한 자원(시장판매, 정부 보조금, 자발적 근로) 및 행위자(회원, 직원, 자원봉사자, 회사, 공공 기관)를 이용할 수 있다. 사회경제는 사회문제를 해

결하기 위한, 특히 사회적 '서비스 제공(Dienstleistungsangebote)'도
추구한다.

⠶ 사회경제와 서비스

투르케쉬츠(Trukeschitz)에 따르면 '서비스(Dienstleistungen)'는 사
회적으로 혜택을 받지 못하는 사람들이나 단체에게 그들의 심리적
상황을 개선하는 데 도움을 주고자 한다.[4] 이들에게 공공 재정이
지원되면, 이도 사회적 서비스이다. 사회적 서비스에는 사회적 지원
측면에서 중요한 역할을 하는 상담, 치료, 간호, 고용 및 자격 취득
등이 포함된다. 서비스는 바우어(Rudolph Bauer)에 따르면 자발성
이나 법적 또는 계약상의 의무에 기반할 수 있다.[5] 누군가가 자발적
으로 서비스를 (무료로) 제공하면, 무보수나 호의일 것이다. 국가관
직(Staatsdienst)에 있는 공무원(또는 국가공무원)에게는 유료 복무
(서비스) 의무(Dienstpflicht)가 있다. 다른 서비스 형태(Dienstarten)
는 미사 때에 사제를 돕는 일 또는 병역 등이다. 서비스 용어는
영어권과 독일어권에서 조금씩 다른 의미로 사용하고 있다.[6]

---

4) Trukewitz, Birgit, Im Dienst sozialer Dienste, Oekonomische Analyse der Beschaeftigung
in sozialen Dienstleistungeneinrichten des Non Profits Sektors. 2006, Frankfurt am
Main: Peter Lang Verlag, S. 28f.

5) Bauer, Rudolph, Personenbezogene soziale Dienstleistungen. Begriff, Qualitaet und
Zukunft. 2001, Wiesbaden: Deutscher Genossenschaftsverlag, S. 70.

6) 서비스 개념은 라틴어 'Servitium(굴종, 순종)'의 무보수의 '노예 서비스'로 거슬러 올라간다.
그러나 독일어권에서는 서비스는 소비제품과 투자제품을 수반한 서비스에 예컨대 배달서비
스에 한정시키며, 이를 '서비스개념(Dienstleistungsbegriff)'과 같은 용어와 동일시 할 수
없다고 했다.

서비스는 경제학에서 한 경제 주체가 다른 경제 주체를 위해 유료 활동을 수행할 때 발생하는 무형 자산으로 보고 있다. 경제적 관점에서 '사회사업(Sozialarbeit)'은 사회적 서비스로 이해되며 사회적 경제가 제공하는 수많은 서비스 중 하나이다. '정품인증서비스(Aktivierungsleistungen)', '고용서비스(Beschaeftigungsleistungen)', '교육서비스(Qualifizierungsleistungen)' 등이 있다.

서비스생산(Dienstleistungsproduktion)에는 몇 가지 특별한 점이 있다. 사회적 서비스는 만져서 느낄 수 있는 것이 아니다. 즉 구체적이지 않아서 저장될 수 없다. 생산과 소비가 일치한다는 의미이다. 서비스의 목적은 사회적 상황의 개선이지만 자주 행동의 변화를 가져오기 때문에 그 결과를 측정하기가 어렵다.[7]

사회적 상황을 개선하기 위해 서비스뿐만 아니라 사회적 경제 조직의 형태, 기능과 목적도 다양해지고 있다. 이를 역사적 진화 과정에서 확인할 수 있다.

2) 사회경제와 이에 기반한 조직의 역사적 진화: 기능, 형태, 목적

실제로 사회경제의 조직은 18세기와 19세기에 서구 산업자본주의의 발전에 의해 창출되었다. 이는 산업화로 인한 새롭고 불리한 생활조건에 대한 자조(Selbsthilfe) 조직의 형성과 함께 가장

---

7) Schellberg, Klaus, Betriebswirtschaft fuer Sozialunternehmen, 2012, Augusburg: Ziel Verlag, S. 43.

약한 사회집단의 대답이었다. 여기에 협동조합 형성과 상호원조(Gegenseitigkeit) 및 불공정한 사회에 대한 저항, 즉 세 흐름과 표현이 집결되었다. 혹자는 사회적 경제 용어가 1830년에 프랑스에서 처음 등장했다고 보고 있고,[8] 역사적으로는 19세기에 영국과 그 영향을 받은 국가에서 자선과 자선의 철학에 의해 형성되었다고 한다. 그러나 유럽에서는 이미 중세에 자선 단체(자선재단, 신도단체, 병원)와 상부상조(Gegenseitigkeitshilfe) 단체가 상당히 많았다. 그러나 대중적인 협회, 협동조합 및 상호 이익사회(gegenseitige Gesellschaften)는 19세기 노동계급의 주도로 일어났고, 점차 확장되었다.[9] 그 이후 수많은 상호 이익사회와 상부상조의 단체는 유럽 전역에 걸쳐 형성되었다. 영국의 자선 단체 및 이에 대한 인식은 복지 및 자발적 영역과 같은 용어를 비영리 영역(Non-Profit-Sektor)의 개념에 포함시켰다. '위키백과'에 따르면 사회경제는 1800년대 초 유럽과 미국에서는 협동조합, 사회적 기업, 상호부조 조합, 커뮤니티 비즈니스 형태로 시작되었다.[10]

---

8) 사회적 경제라는 개념은 경제학적 문헌에서도 볼 수 있다. 프랑스 자유주의 경제학자 찰스 뒤누아이에(Charles Dunoyer)가 그의 사회적 경제에 관한 논문에 적용했고, 경제 분야에서 도덕적 면을 강조했다.

9) 협동조합의 첫 시작은 영국에서 18세기 말에서 19세기 초로 보고 있다. 이는 당시 산업혁명으로 인한 산업노동자들의 열악한 환경 문제에 대한 반응으로 볼 수 있다. 로버트 오웬(Robert Owen)과 리카디안의 자본주의 반대론자들은, 예컨대 톰슨(William Thompson), 무디(George Mudie), 킹(William King), 호지스킨(Thomas Hodgskin), 그래이(John Gray) 그리고 브래이(John Francis Bray) 등은 사회주의 이념을 발전시켰고, 이는 곧 상당한 영향을 미쳤다. 1824년에서 1935년 사이에 사회경제운동과 노동운동이 연결되었고, 이들은 노동자로서 함께 같은 목적을 향해 전진하면서 노동자계급을 해방시키고자 했다.

10) ko.wikipedia.org/wiki/사회적_경제(검색일: 2019.12.2).

그러나 당대에 사회적 경제학의 대표자들은 자본주의에 대한 대안을 제시하지 못했고 단지 사회경제와 관련시켜 도덕적인 면을 강조했을 뿐이다. 점차 민주적인 협회제도와 협동조합제도의 공존과 연대 등의 가치에서 영감을 받아 현대 사회경제 개념과 그 주요 특징은 19세기 말에 발전되었다.

사회경제는 20세기 초반에 유럽에서 중요한 역할을 했지만 1945년~1975년 사이에 서유럽 성장모델은 여전히 전통적인 민간 자본과 공공 부문이 지배적이었다. 사회경제 모델은 시장실패를 고려하여 소득 재분배, 자원 배분 및 역순환 조치와 같은 정책을 수정하고, 매우 효과적인 조치 패키지를 구현한 복지국가의 기초를 마련하는 데 일조했다. 이를 위한 출발점은 케인즈 모델이었고, 고용주 협회와 노조가 국가와 함께 주요 사회 및 경제 주체였다. 서구에서는 구르버와 프뢰쉬(Gruber und Froesch)에 따르면 사회경제에 대한 논의에서 1990년대에 사회경영이 주요한 주제였다면, 갈수록 경제 요인 또는 생산력으로서 사회경제의 중요성이 강조되었다.[11] 사회경제의 중요성이 변화되면서, 단체와 활동 영역도 세분화되어 갔다.

---

11) Gruber, Christine und Elfriede Froesch, "Sozialmanagement," In: Ehlert, Gudrun und Heide Funk u.a. (Hrsg.), Woerterbuch soziale Arbeit und Geschlecht. 2011, Weinheim/Muenchen: Juventa Verlag, S. 388-390, (S. 388); Meilicke, Bernd (Hg.), Lexikon der Sozialwirtschaft. 2008, Baden-Baden: Nomos Verlag, S. 923.

3) 사회경제의 세 영역

구르버(Christine Gruber)는 사회경제를 다음과 같은 영역으로
나눈다.[12]

- 시장영역(Marktsektor)/이익영역(Profitsektor): 민간 경제(Privat-wirtschaft)
- 공공영역(oeffentlicher Sektor)/공공 행정(oeffentliche Verwaltung): 국가
  영역(Staatlicher Bereich)
- 비영리 영역(Non-Profit-Sektor)

즉, 제3영역(Der Dritte Sektor)이다.

이 세 영역에 대한 해석은 사회경제를 어떻게 정의하느냐에
따라 차이가 있고, 그 위치와 기능도 다르게 규정된다. 그럼에도
시장영역·이익영역(민간 경제)과 공공영역·공공행정(국가 영역)
에 대한 해석과 차이는 비교적 간단하게 정리할 수 있다. 그러나
사회경제, 비영리 영역 및 제3영역에 대한 논의는 다소 중첩되거
나 대립적이고, 그 경계는 때로는 명확하지 않다. 이 점을 정리
하면 다음과 같다.

---

12) Gruber, Christine, Zum Konzept der Sozialwirtschaft, (soziales_kapital. wissensch
aftliches journal österreichischer fachhochschul-studiengänge soziale arbeit Nr.
11, 2014 /Rubrik "Nachbarschaft"/Standort Wien Printver). (Printversion: http://www.
soziales-kapital.at/ index.php/sozialeskapital/article/viewFile/324/541.pdf, 검색
일: 2019.12.20).

- 사회적 경제를 비영리 영역과 동일시하거나 때로는 비영리 영역의 하위 부분으로 간주하기도 한다.
- 사회적 경제를 제3영역과 같거나 비슷하다고 보는가 하면, 다르다고 이해하고 있다.
- 비영리 영역과 제3영역을 같다고 보는가 하면, 때로는 이 두 영역 사이에 차이가 있다고 지적한다.

이 세 영역에 관한 논의를 독일어권의 토론을 위주로 살펴보자. 여기서는 세 영역에 제공되는 모든 사회적 서비스는 자주 사회경제에 포함시키고 있다. 그래서 여기에 무료 복지(freie Wohlfahrtpflege) 제공자뿐만 아니라 공적 및 영업적 제공자 모두를 포함시키고 있다. 이 점은 사회경제가 시장, 공공 그리고 비영리 영역의 서비스 모두를 포괄하고 있다는 의미이다.

사회경제와 비영리 영역을 동일시하는 경향도 있고, 사회경제를 비영리 영역의 하위 영역으로만 보고, 복지생산의 맥락에서 정부와 민간 영역의 서비스 제공을 제외하는 경우도 있다. 그런가 하면 사회적 경제와 비영리 영역을 같지 않다고 보기도 한다. 왜냐하면 후자에 건강, 문화, 교육 영역, 시민 사회참여 등을 포함시키고 있기 때문이다. 비영리 영역은 자주 제3영역으로도 일컫는다.

비영리 조직(Non-Profit-Organization)은 경제적 이익 목표를 추구하지 않는다. 이러한 점은 사회적 경제 법령에 규정되어 있다. 유럽에서 지난 200년 동안, 시장 및 비시장 관련 비즈니스 활동의 다각적인 스펙트럼은 상호적 또는 일반적인 관심으로 제3영역을 형성했고, 이는 사회경제 개념으로 정의되었다. 제3영역에 대한 논의는 미국에서도 활발했다. 미국에서 사회적 경제와 더불어 제3영역에 대한 개념은 약 30년 전에 처음 등장했다고 보고 있고, 제3영역 용어는 주로 영어권 국가에서 협회와 재단으로 구성된 민간 비영리 영역을 설명하는 데 사용되고 있다.[13] 이는 유럽에서는 사회경제의 동의어로 적용되기도 한다. 이와는 다른 해석을 볼 수 있다. 제3영역은 공공영역과 자본주의영역 사이에 위치하고, 사회경제 개념에 더 가까운 영역을 설명하는 데 사용되고 있다. 이와는 약간 다른 해석도 제공된다. 제3영역은 다양한 개념의 교차점에 있다는 것이다. 이외에도 비영리 영역과 사회경제의 큰 부분은 겹치지만 완전히 일치하지는 않는다고 보고 있다.

비영리 단체의 주요 측면은 조직에 시간, 돈 등을 투자한 모든 사람에 대한 책임, 신뢰성, 정직 및 개방성이다. 비영리 단체는 기부자, 설립자, 자원봉사자, 프로그램 수령자 및 공공 커뮤니티에 대해 책임을 진다. 대중의 신뢰는 비영리 단체가 창출하는 주요한 요소이다. 비영리 단체가 그들의 사명에 더 집중할수록 더 높은 대중의 신뢰를 갖게 되고 결과적으로 조직은 더 많은 돈을 벌게 된다고 생각한다. 비영리 단체에 대한 대중의 신뢰는 이 조직의 표준과 관행이 얼마나 윤리적인지도 알 수 있게 한다.

---

13) Europaeischer Wirtschafts- und Sozialausschuss, Die Sozialwirtschaft in der Europaeischen Union. 2012, Bruessel, Belgie(w.eesc.europa.eu, 검색일: 2019.12.10).

비영리 영역에 대한 연구는 활발하다. 특히 미국 존홉킨스대학 (Johns Hopkins University)의 연구가 큰 영향을 미치고 있다. 이 대학의 지도 아래 비영리 영역의 규모와 구조를 탐구하고 개발 전망을 분석하고 사회에 미치는 영향을 평가하기 위해 1990년대 초에 국제 연구프로젝트가 시작되었다. 이 연구 덕분에 비영리 영역의 개념이 아래 제시한 5가지 기준에 의거하여 규정되었고, 이는 전 세계로 확산되었다.[14] 이 연구자들은 연구를 여러 단계로 나누어 5개 대륙의 36개 나라에서 비영리 영역을 조사했다. 그리고 비영리 조직의 '구조 운영적 정의'에 포함된 5가지 주요 기준을 충족하는 조직으로까지 확장하여 탐구했다. 그 기준은 다음과 같다.[15]

- 조직은 제도적 구조와 존재를 가지고 있으며 일반적으로 자신의 법적 성격을 가지고 있다.
- 조직은 사적이며, 심지어 공공 자금을 받거나 공무원이 그들의 지도부(Lenkungsgremien) 대표로 있어도, 제도적으로 국가에 속하지 않는다.
- 그들은 스스로 관리한다. 즉, 그들 자신의 사업을 규정할 수 있고 그들의 지도부를 자유롭게 선택하고 해고할 수 있다.

---

14) Europaeischer Wirtschafts- und Sozialausschuss, op. cit., 2012, S. 23~24.

15) Europaeischer Wirtschafts- und Sozialausschuss, op. cit., 2012, S. 24.

- 그들은 수익을 분배하지 않는다. 즉, 비영리 조직은 잉여소득을 창출할 수 있지만 조직의 주요 업무에 다시 사용해야 하며, 이를 소유자, 회원, 설립자 또는 통제 기관에 배포해서는 안 된다.
- 그들은 자발적이다. 이는 두 가지를 의미한다. 첫째, 회원 자격은 의무가 아니며, 법으로 정하고 있지 않다. 둘째, 자원봉사자들은 조직의 활동이나 행정에 참여한다.

위의 비영리 영역으로 간주되는 기준 대부분은 사회적 경제의 정의와 겹친다. 다음은 사회경제 단체를 어떻게 규정하는가를 보자.

4) 사회경제의 단체: 조직 및 목적

사회경제 조직은 법적 형태(협회, 재단, 비영리 자본회사)와 규모에 따라 다르다. 그러나 여기에는 무료 복지제공자와 공공 및 상업제공자가 포함된다. 사회경제에 제도적으로 사회 과제를 수행함에 있어 개인의 복지 증진을 목표로 하는 조직, 서비스 시설 및 기타 회사가 포함된다.[16] 사회경제 조직은 개인 및 집단 복지를, 즉 사회적 목적과 동시에 경제적 목적을 달성하고자 한다. 이외에도 일반적으로 사회복지시설, 아동 및 청소년 복지기관,

---

16) Wendt, Wolf Rainer, "Sozialwirtschaft," In: Meilicke, Bernd (Hg.), Lexikon der Sozialwirtschaft. 2008, Baden-Baden: Nomos Verlag, S. 953.

장애인 시설, 외래 환자 및 입원 환자 간호를 위해 서비스를 제공하는 기업 및 공동체적, 자유—공익적(frei-gemeinnuetzig) 조직 또는 영업적 공급을 위한 개인 및 집단 형태를 포괄하고 있다.[17] 이는 관계자 스스로(예컨대 협동조합 회원)가 조직하거나 또는 이들을 위해 자선단체 등이 조직한다. 사회경제 조직은, 회원들이 문제를 극복하는 데 특별한 도움이 필요할 때, 다양한 방법으로 돕고 돌보는 임무를 가졌다. 이를 위해 제공된 자원을 효과적으로 이용하는 것이 요구된다. 사회경제와 관계된 비영리 영역 단체의 역할은 유럽연합에서도 중요한 이슈로 노정되었다.

---

17) Wendt, op. cit., 2008, S. 953.

3. 유럽연합의 사회경제:
단체, 비영리 영역,
일자리 창출, 경제 기여

  유럽연합의 사회경제를 이해하기 위해서는 내부시장(Binnenmarkt)이 확립되면서, 민간 시장모델(경쟁 모델)과 국가 원칙에 따라 국민의 사회 및 건강 서비스를 제공하는 데 중점을 둔 국가 영역 사이의 경계가 점차 흐려지고 있다는 점에 주목할 필요가 있다. 유럽연합 유럽위원회(Europaeische Kommission)가 내부시장 모델을 가능한 한 다양한 삶의 영역으로 확장하려는 목표를 두고 있다. 그래서 바이덴홀쩌(Weidenholzer)는 점점 더 많은 영역이 사유화되고 이익을 위해 조직되고 있다고 지적했다.[18] 아울러 유럽연합 정책은 사회경제를 토대로 다양한 목적을 추구하고 있다. 일자리를 창출하고 사회 서비스를 제공하며 복지와 사회적 응집력을 높이고자 한다. 이외도 사회경제를 확장하면서 민주주의 발전, 지방개발 및 지속가능한 경제발전을 촉구한다.[19] 이러한 목적

---

18) Weidenholzer, Josef, "Perspektiven der Sozialwirtschaft im europäischen Kontext," Vortrag am INAS Kongress. 2011, Linz(www.inas-ev.eu, 검색일: 2019.12.01).

을 위해 유럽에서 사회경제를 기반으로 여러 형태의 단체가 조직
되었다.

1) 유럽 국가별 사회경제: 단체, 형태

사회적 경제의 활동과 단체는 여러 형태로 구현되고 있다. 이는
협동조합(Genossenschaft), 상호 이익사회(gegenseitige Gesellschaft),
협회(Verein), 재단(Stiftung) 그리고 다른 형태 등이다(아래 〈표 1—1〉
참조). 이 개념을 위주로 사회경제 활동을 유럽연합의 몇 나라를
위주로 살펴보자.

〈표 1—1〉 유럽 국가별 사회경제와 관련하여 인정된 개념의 수용

나라/개념	협동조합	상호 이익사회	협회	재단	다른 형태
벨 기 에	+	+	+	+	+2
덴 마 크	+	+	+	+	+3
독 일	+		+	+	+5
프 랑 스	+	+	+	+	+4
스 웨 덴	+	+	+	+	
체 코	+				+11

자료: Europaeischer Wirtschafts-und Sozialausschuss, op. cit., S. 33, Tabelle 5.3.
　　(연구자가 몇 나라만 선택하여 정리함)
주: +2: 사회목적 회사(Sociétés à finalité sociale)
　　+3: 사회기업(Sozialunternehmen)
　　+4: 사업위원회(Comités d'entreprise)
　　+5: 자발적 서비스 및 기관(Freiwilligendienste und -agenturen) 등
　　+11: 비영리 협회(Gemeinnützige Vereine).

---

19) Chaves, Rafael und Monzon, José Luis, op. cit., 2012, 104ff.

〈표 1−1〉에서 유럽의 모든 국가들이 협동조합을 사회경제 조직체로 보고 있다는 점을 유추할 수 있다. 또 독일을 제외한 서유럽 국가들은 상호 이익사회, 협회, 재단까지 사회적 경제 단체로 보고 있다. 체코는 이 세 영역 대신 비영리 협회를 사회경제 단체 또는 활동으로 간주하고 있다. 사회경제는 활동적인 면에서 유럽에서, 특히 독일에서 역사적으로 민족협회(Volksverein)와 협동조합들과 밀접한 관계가 있고, 사회경제는 이러한 조직체의 근간이 되고 있다.

유럽에서 역사적 협동조합 운동에 반영된 민족협회의 연대적 협력적 가치와 행동 체계는 사회경제의 현대적 개념의 기초를 형성하며, 이는 복합적인 세 개 유형의 조직체에 토대를 두고 있다. 협동조합, 상호 이익사회 및 협회가 바로 그것들이다. 독일도 오늘날 상호 이익사회를 사회경제 조직체에 포함시켰다. 한반도에서도 사회적 경제 단체가 1920년대 이래 계속 발전하고 있다.[20]

---

20) 한반도에서 사회경제 단체는 1920년대 농민협동조합, 도시빈곤층의 두레조합 형태로 자리 잡았다. 이후 1960년대 시작된 신용협동조합 운동이 그리고 1980년대에는 생활협동조합 운동이 일어났다. 1997년 외환위기 이후에는 구조화된 실업문제, 고용불안, 심화되는 빈부격차, 쇠락하는 지역의 문제를 해결하기 위해 자활기업, 사회적 기업, 마을기업, 자활기업협동조합 등을 필두로 하는 사회적경제론이 높아졌다. 2007년 사회적기업육성법이 제정·발효되었다(ko.wikipedia.org/wiki/사회적_경제, 검색일: 2019.12.2).

2) 유럽연합의 사회경제 정책: 일자리 창출 추구

유럽연합은 사회경제 조직체의 활동으로부터 다양한 효과를 얻고 있다. 이 다양한 효과 중에 한 부분이 바로 일자리 창출이다(아래 참조). 이는 사회경제를 수용했기에 가능했다고 추측한다. 프랑스는 정치적 입법적으로 사회적 경제의 현대 개념을 이미 1981년 12월의 법령으로 인정하는 최초의 국가였다. 그 뒤를 스페인이 따랐고, 다른 유럽 국가들도 사회적 경제를 법적으로 인정하기 시작했다. 유럽연합도 이 개념을 정식으로 수용했다. 그 후 사회경제에 관한 교섭단체 간의 협의체가 유럽의회 (Europaeisches Parliament) 내에서 설립되었다. 이는 1990년에 작업을 시작했다. 2006년에 유럽의회는 유럽위원회에 사회경제를 존중하고 유럽사회 모델의 토대를 제시하도록 촉구했다. 유럽의회는 2009년에 사회경제에 관한 중요한 보고서를 발표하면서 사회적 연대파트너와 연대경제를[21] 리스본 전략의 이행을 위한 핵심 행위자와 사회적 경제로 인정했다. 그리고 유럽위원회는 사회경제의 핵심 부분인 사회적 기업과 관련된 두 가지 중요한 이니셔티브를 도입했다. 하나는 사회적 기업가 정신이며 다른 하나는

---

21) 연대경제(Solidarwirtschaft) 개념은 20세기 후반에 프랑스에서 등장했고, 그리고 제3영역의 성장과 큰 관련이 있다. 사회적 및 공덕(meritorisch) 재화는 생산 및 유통, 공로 상품이며, 이는 광범위한 사회적, 정치적 합의에 따른다. 사회적 공덕 재화는 인간적인 삶에 필수적이므로 소득과 구매력과 무관하며, 이는 전체 인구에게 제공되어야 한다. 따라서 국가는 이러한 상품의 생산 및 유통에 책임이 있다고 보고 있다. 무료로 제공되든지 보조금을 제공 받든 상관이 없고, 이는 시장 가격보다 훨씬 낮은 가격으로 구입할 수 있어야 한다.

사회적 기업가 정신을 위한 유럽 기금의 규정에 대한 제안이다. 이러한 것들은 사회경제 단체들의 사업 활동에 중요한 영향을 미쳤다.

3) 유럽연합의 사회경제 단체들: 일자리 제공과 경제 기여

사회경제는 유럽연합에서 갈수록 큰 의미를 가지게 되었고, 2020년의 의제로 선정되었다.[22] 사회경제 단체들은 그동안 다양한 목적을 가지고 사업 활동을 해오고 있다. '유럽경제사회위원회(Europaeischer Wirtschafts- und Sozialausschuss)'에 따르면 2009년에 유럽연합 27개 회원국에는 207,000개의 활발한 사회경제적 협동조합이 있었다. 그것들은 모든 경제 영역에서, 특히 농업, 금융 중개, 소매, 주택 영역과 산업, 건설 및 서비스 영역에서 고용자─협동조합 형태로 확고하게 자리를 잡았다. 이 협동조합은 1억 8천만 명의 회원을 보유하고 있으며 470만 명에게 일자리를 직접 제공했다. 건강보험과 상호관계에 기반한 사회복지 기관은 1억2천만 명에게 보험이나 지원을 제공했다. 그래서 보험 시장의 점유율은 높다. 유럽연합 내에서 공동(상호간) 보험의 시장 점유율은 24%이다. 2010년에 이 협회들은 유럽연합 27개국에서 630만 명의 직원을 고용했다. 그들은 국내 총생산의 4% 이상 기여하고 있다.[23]

---

22) Chaves, Rafael, The Social Economy and the European Union. 2012, European Economic and Social Committee.

사회경제는 최근 수십 년 동안 새로운 문제를 해결하는 데 효과적으로 기여할 수 있는 능력을 보여주었다. 그뿐 아니다. 안정적이고 지속가능한 경제성장과 소득 및 부의 공정한 분배에 필요한 도구로도 재확인되었다. 또한, 수요에 맞는 서비스를 제공하고, 사회적 필요를 충족시키며, 경제활동의 가치를 높이고, 노동시장의 왜곡을 수정하며, 경제 민주주의를 심화시키고 강화시키는 데 일조했다.

유럽연합에서 사회경제는 2002/2003년과 2009/2010년 사이에 빠르게 성장했다. 사회경제 영역에서 활동하는 노동인구는 유럽 전체 노동인구의 6%에서 6.5%로 상승했고, 일자리 수는 1,100만에서 1,450만으로 증가했다.[24] 노동과 연동하여 유럽연합의 몇 나라를 비교해보자. 사회경제의 영역에서 종사한 노동력은 2002/2003년과 2009/2010년 사이에 벨기에는 65.42%, 덴마크 21.60%, 독일 21.00%, 프랑스 16.79% 그리고 스웨덴은 146.58%로 증가했다.[25] 2009/2010년에 전체 고용에서 사회경제 영역의 고용이 차지하는 비율은 벨기에가 10.3%, 덴마크 7.22%, 독일 6.35% 프랑스 9.02%, 스웨덴이 11.16%이다. 이는 높은 복지예산 지출 국가로 알려진 스웨덴이 유럽에서 가장 높다.[26]

---

23) Europaeischer Wirtschafts-und Sozialausschuss, op. cit., S. 12.

24) Europaeischer Wirtschafts-und Sozialausschuss, op. cit., S. 36.

25) Europaeischer Wirtschafts-und Sozialausschuss, op. cit., S. 41, Tabelle 6.3.

26) Europaeischer Wirtschafts-und Sozialausschuss, op. cit., S. 40, Tabelle 6.2.

유럽연합에서 사회경제의 조직체는 상술했듯, 일자리 부분뿐만 아니라 전체 경제 분야의 경제 가치에서도 중요한 부분을 차지한다. 독일을 예로 보자. 독일 에헤랜트라우트와 하크만 등 (Ehrentrautr und Hackmann u.a.)에 따르면 2012년에 독일 사회경제 총액은 16억5천만 유로이며, 이는 전체 경제 부가가치의 7%에 달한다. 2012년에 이 산업 분야의 고용은 440만 명이며, 이는 총 근로자의 11%에 해당한다.[27]

우리나라에서도 사회경제에 대한 관심은 높고 그동안 많은 사업 단체가 이를 토대로 설립되어 활동을 해오고 있다.[28] 이 점에 대해 2014년 5월부터 시행되는 서울시 사회적 경제 기본조례 제4조는 명확하게 설명하고 있다.[29]

---

27) Ehrentraut, Oliver und Tobias Hackmann u.a., "Ins rechte Licht geruseckt," Herausgeber: Friedrich-Ebert-Stiftung, WISO Direkt, Marz 2014, S. 1-5, (S. 2).

28) 사회적경제 언론인 포럼에서 펴낸 저서 『사회적경제 참 좋다』는 사회적 경제를 다음과 같이 규정하고 있다. 민주주의 의사결정, 사회적 목적 추구, 지분에 근거하지 않은 경제적 성과 배분의 원리, 국가로부터 독립성을 원칙으로 하는 경제주체가 만든다고 했다(사회적경제 언론인포럼, 『사회적경제 참 좋다』 2017, 서울시사회적 시장경제센터).

29) 사회적 경제 기업은 다음 각 호의 기본원칙에 따라 행동한다. 1. 조직의 주 목적이 사회적 가치 실현, 2. 민주적이고 참여적인 의사결정구조 및 관리 형태를 통해 개인과 공동체의 역량강화, 3. 주로 구성원이 수행하는 업무나 서비스, 활동을 토대로 하는 경제활동에서 획득되는 결과를 구성원이나 사회적 가치 실현에 사용하거나 그 수익을 자본보다는 사람과 노동에 우선하여 배분, 4. 경영의 투명성과 윤리성 준수 등이다.

4. 유럽의 사회적 협동조합:
독일 "자력갱생한 협동조합
(HausGemacht eG)" 사례

유럽연합의 모든 국가에서 사회경제 조직체로 인정되는 협동조합은 다양하며 활발한 활동을 해오고 있다. 협동조합의 기원, 기능, 목적 및 원칙에 주목하여 그 의미를 조명하자.

1) 협동조합의 기원과 의미

협동조합의 의미의 기원은 독일 라이파이젠(Friedrich Wilhelm Raiffeisen)과 슐체ー델리츠(Hermann Schulze-Delitzsch)로 거슬러 올라간다. 그들은 이미 150여 년 전에 농업과 공예 분야에서 최초의 협동조합을 독립적으로 설립했다.

그들은 오늘날 독일 국민자동차로 알려진 폭스바겐(Volkswagen)과 라이파이젠은행(Raiffeisenbanken)의 선구자이다.[30] 라이파이젠은 협동조합의 본질을 다음과 같이 설명했다. "혼자서 이루지 못한 것은 여러 사람이 이룰 수 있다."[31] 협동조합에 구현되는 근본적 가치는 연대를 바탕으로 하는 자조 조직을 형성하는데 있다. 이외에도 시장에서 독립적인 경제활동을 추구한다. 이를 통해 협동조합의 회원들은 정부 보조금 및 수익지향적인 투자에 의존하지 않고, 자체의 요구를 위해 해결책을 찾고자 한다.

협동조합의 법률 체계는 협동조합법이 토대이다. 그것은 1889년 이래 실존한다. 그러나 그동안 여러 차례 수정을 거쳐서 마지막으로 2006년 8월 18일에 발효되었다. 이 조합법에 의해 독일의 경제적 사회적 요구에 대한 협동조합 아이디어가 부활했다. 이를 통해 독일에서 사회적 문화적 목적을 위한 새로운 협동조합의 법적 형식이 시작되었다.[32]

30) Sozialgenossenschaften in Bayern der Ratgeber zur erfolgreichen Gruendung. Bayerisches Staatsministerium fuer Arbeit, Sozialordnung, Familien und Frauen, (o.J.), S. 11(file:///F:/2%20-%20Forschungsinstitution/1%20-%20%EB%8F%99%EB%B6%81%EC%95%84%20%EC%97%B0%EA%B5%AC%EC%86%8C/1%20-%20Artikel/1%20-%20Sozialwirtschaft/Literatur/ratgeber-sozialgenossenschaften.pdf. 검색일: 2019.2.20).

31) Sozialgenossenschaften in Bayern, op. cit., (o.J.), S. 12.

32) Theurl, Theresia und Caroline Wendler, "Was heisst Deutschland ueber Genossenscahften." In: Band der Muensterchen Schriften zur Kooperation. 2011, Aachen.

협동조합은 토착적이자 협력적이고, 공생하려는 사회적 가치에 상응하려는 특성이 있다. 이러한 점들은 특히 세계금융시장 위기 이후 더욱더 중요해졌다. 지역적 지향, 장기 전략추구 및 회원의 이익을 위한 사고와 행동은 특히 협동조합을 형성하고 유지하는 데 중요한 요인들이다.

2) 협동조합의 목적 및 원칙

협동조합법(Cooperative Act)은 협동조합을 회원들의 참여가 개방된 사회로서, 그들의 공동 사업운영을 통해 사회적 또는 문화적 이익을 획득하거나 또는 경제를 장려하는 것을 목표로 한다. 이는 다른 유형의 회사와 차이가 있다. 협동조합의 핵심은 회원을 장려(후원)하는 것이다. 이것은 협동의 기본이 되는 구조적 원칙에 있고, 자조, 자체 관리 및 자기 책임을 통해 이루어진다. 다른 법적 조직과 다른 점은 협동조합의 회원은 의사결정자인 동시에 경영파트너 및 투자자라는 것이다. 협동조합 핵심은 자본을 증식하는 데 있지 않다. 오히려 부가가치(Wertschoepfung)는 투자자나 상부조직(Dachorganisation)이 아닌 조합원이나 협동조합의 목적에 직접적으로 유용하다. 협동조합의 형태는 각 회원이 재정적 이익을 얻고, 다양한 기술과 재정 자원을 활용하고 재조정하는 데 적합하다. 협동조합에서 모든 회원은 기부금과 관계없이 동일한 투표권을 가진다. 이는 소위 민주주의 원칙이며, 협동조합을 시민사회의 모델로 만드는 하나의 토대이다.

사회적 협동조합은 개인이 사회적 과제를 이와 관련된 투자 및 운영비용 때문에 혼자서 수행할 수 없을 때 시민들의 자조적 틀 안에서 할 수 있는 프로젝트를 일종의 조직 형태로 제공한다. 협동조합의 기본 생각은 혼자보다 모두가 '함께 더 나은 목표를 달성'하는 데 있고, 이는 다른 사람들을 위해 사회적 과제를 함께 수행하는 데 의의가 주어진다.[33]

사회적 협동조합은 같은 협력원칙에 따라 운영된다. 협동조합의 회원은 협동조합의 일정 부분의 지분을 담당한다. 협동조합을 탈퇴할 때, 본인이 지불한 지분을 돌려받는다. 협동조합은 회원을 위해, 연대적 사회적 협동조합의 경우, 지역 사회를 위한 서비스를 창출한다. 그것은 시장을 위한 생산이 아니고, 즉 이익극대화가 아니고 항상 회원과 그들의 사회적 또는 문화적 이익을 증진시키는 데 있다.

협동조합을 등록하려면 최소한 3명의 자연인 또는 법인이 있어야 한다. 등록된 협동조합은 법인이며 민주적인 법적 형태 및 기업형태이다. 이는 사업결합의 법적 형식으로 간주될 수 있지만 자본회사나 동반자 관계(독어: Personengesellschaft, 영어: partnership)는 아니다. 협동조합은 회원가입이 개방적이고, 공동 사업운영을 통해 그들의 사회적 또는 문화적 이익을 얻고, 경제를 장려하려는 목적도 가지고 있다. 그뿐 아니다. 협동조합의 목적은 일차적으로 안전하고 책임감 있는 공급, 예컨대 주택공급을 보장하며 회원을 증진시키는 데 있고, 공통의 사업을 통해 경제

---

33) Sozialgenossenschaften in Bayern, op. cit., (o. J.), S. 10.

적, 사회적 또는 문화적 이해를 촉진하는 데 있다.

협동조합의 기본 원칙은 자조, 자치 및 자급자족이다. 협동조합의 회원들은 개인들의 자유로운 결합으로 구성되며, 협동조합 활동이 일반 대중을 지향하고 법령이 세금법의 요구 사항에 적절하게 설계되었다면 공익단체로 인정될 수 있다. 등록된 협동조합은 단지 조합의 자산에만 '책임'을 갖는다. 따라서 협동조합의 회원은 협동조합의 '자본 지분'의 일부 주식에 지불한 입금액에만 책임을 진다.

3) 유럽의 사회적 협동조합: 유형 및 기능

유럽에서 사회협동조합(Sozialgenossenschaften) 또는 사회적 협동조합은 조직화된 시민 및 기업 자조(Selbsthilfe) 조직의 혁신적인 형태이다. 사회적 협동조합은 경제적으로 자급자족의 형태로 특징지을 수 있다. 따라서 사회적 협동조합은 사회적 요구나 욕구를 해결하기 위한 프로젝트가 시작될 때 투자나 지속적인 지출을 혼자서 감당할 수 없을 때, 여러 회원들에 의해 설립된다.[34]

---

34) Sozialgenossenschaften in Bayern, op. cit., (o.J.), S. 10.

유럽에서 사회적 협동조합은 정확하게 파악이 어려울 정도로 많고, 그들의 활동은 다양하다. 협동조합 활동이 가장 활발한 이탈리아를 보자. 이탈리아는 2005년에 7,300개 이상의 사회적 협동조합과 260,000명 이상의 회원을 확보했다.[35] 세계에서 사회적 협동조합 운동의 선구자이다. 프랑스와 남유럽도 사회적 협동조합이 증가하고 있으며, 점점 커가는 사회경제의 일부이다. 협동조합은 여러 형태가 있고, 이에 따라 조합의 활동 및 목적은 다르다. 예컨대 주택협동조합(Wohnungsbaugenossenschaft)은 회원들에게 저렴한 주택을 제공하기 위해 노력한다. 같은 의미로 건축협동조합(Baugenossenschaft), 건축협회(Bauverein) 등의 개념이 있다.

독일에서 2005년에서 2014년 사이에 332개의 사회적 협동조합이 설립되었다.[36] 그 중 절반은 자조 기관이고 1/3은 제3자(지역사회의 이익)를 위한 소위 '연대적 사회협동조합'인 것으로 나타났다. 이것은 마을 상점, 주택 프로젝트, 시민버스, 영화 및 요식업, 수영장, 노인 및 이웃 지원, 지역과 난민 주거를 위한 주택, 과수원 유지 및 관리 등을 위한 협동조합이다. 이 협동조합의 형

---

35) Muenkner, Hans-H. und Werner Grosskopf und Guenther Ringle, Unsere Genossenschaft: Idee-Auftrag-Leistungen. September 2017, Deutscher Genossenschafts-Verlag.

36) Stappel, Michael, "Zu genossenschaftlichen Neugruendungen mit sozialer Zielsetzungen," In: Schmale, Ingrid und Johannes Blome-Drees (Hrsg.), Genossenschaften innovativ. Genossenschaften als neue Organisationsform in der Sozialgesellschaft. 2017, Wiesbaden: Springer VS, S. 147~160.

태에서 자주 볼 수 있는 점은 전문가들은 동등한 권리를 가진 서비스를 제공하기 위해 특히 건강 및 사회 영역에서 사회적 협동조합을 창출했다는 것이다.

협동조합은 두 가지 기능을 결합한다.[37] 예를 들어, 회원은 운영자인 동시에 사용자, 소유자인 동시에 고객, 협동조합의 고용주인 동시에 직원인 것이다. 이는 협동조합의 참여에 동기를 부여하고 동질성을 강화하는데 유리하다. 아울러 협동 사업이나 활동정신은 모든 회원의 상호 간 책임과 사업 노하우 발전을 촉구한다. 회원들은 참가와 탈퇴를 자유롭게 할 수 있다. 그러나 법적으로 규정한 최소한의 회원 수는 유지해야 한다.[38]

협동조합은 협회 및 기타 법적 조직체와 많은 차이점이 있다.[39] 협동조합과 등록된 이상적인 협회를 비교하면, 이 두 조직의 주요한 차이점은 경영에 있다. 협동조합의 주목적 중 하나는 자체 경영이다. 또 다른 점은 협동조합은 공통 자본을 회원의 목적을 위해 사용한다. 이와 반면 협회는 일반적으로 경제적인 활동을 하지 않고, 훨씬 더 이상적인 목적을 추구한다. 단지 경제협회만이 경제 목적을 추구하는 데 중점을 두고 있다. 기업이나 협동조합과 같은 다른 법적 형태를 이용할 수 없는 경우 경제협회는 예외적인 경우에만 고려된다. 그러나 협동조합과 협회에는 유사점도 있다.

---

[37] Elsen, Susanne, Gemeinwesenoekonomie. 1998, Neuwied: Luchterhand Verllag, S. 222f.

[38] Sozialgenossenschaften in Bauern, (o.J.), S. 13.

[39] Sozialgenossenschaften in Bauern, (o.J.), S. 13~14.

협회와 마찬가지로 등록된 협동조합도 자산에 대한 책임이 제한되며, 최소한의 자본을 요구하지 않는다. 공익(Gemeinnuetzigkeit)은 협회와 협동조합 모두에게 가능하며, 협회와 협동조합의 회원은 자본 지분에 관계없이 각 1표를 가진다. 이로 인해 회원들과 협회 또는 협동조합 간에 높은 수준의 동질성이 이루어질 수 있다. 그러나 협동조합과 자본회사인 예컨대 '유한(책임)회사(GmbH)' 또는 '주식회사(AG)'와는 차이점이 있다. 주요 차이점은 협동조합은 규정된 최소 자본을 조달할 필요가 없다는 것이다. 또한 협동조합은 일반적으로 협동조합의 특성으로 인해 회원 간에 더 높은 수준의 동질성을 보이고 있다.[40] 협동조합이 최소한의 자본을 조달할 필요가 없다고 해서 협동조합을 설립할 때 자본을 가질 수 없다는 뜻은 아니다. 다른 경제활동과 마찬가지로 협동조합은 명확하고 차별화된 금융 및 비즈니스 개념이 개발된 경우에만 지속 가능하게 발전할 수 있다. 협동조합은 또한 감사협회에 의해 의무적으로 창립에 대한 조사를 받아야 한다. 여기에 물론 특정 비용을 지불해야 한다. 이러한 감사 의무가 협동조합 파산의 주요 원인이더라도, 새로운 창립자들은 이 자본을 조달해야한다.[41]

---

40) Nestler, Eva-Maria, "Das Genossenschaftsmodell—Stärken und Schwächen Analyse," In: Studienarbeit. (o.J.), Steinbeis-Hochschule Berlin SHB; abrufbar(www.iaq-hd.de/veroeff entlichungen/studienarbeiten/, 검색일: 2019.12.10).

41) Sozialgenossenschaften in Bauern, (o.J.), S. 15.

4) 독일의 사회적 협동조합 사례:
"자력갱생한 협동조합(HausGemacht eG)"

사회적 협동조합은 연대를 바탕으로 서로를 지원하며 일자리를 창출한다. 그 중 하나의 사례가 독일의 협동조합 "자력갱생한 협동조합(HausGemacht eG)"이다. 이 사회적 협동조합은 일자리 창출을 위해 등록 · 설립되었고, 독일에서 성공적인 하나의 사례로 회자되고 있다. 이는 뮌헨에서 1998년에 "실업 대신 금융 업무"라는 모토로 출발했고[42] 구직 기회가 거의 없는 장기 실직자인 여성의 일자리 창출에 크게 기여했다. 이 여성들은 주로 저숙련 노동자, 장기 실직자, 한부모(주로 여성), 이주 여성 등이다. 이들은 주로 사회복지에 의존한 여성들이었다.

이러한 여성들의 문제는 사회적, 문화적, 경제적 구조와 밀접한 관계가 있다. 이는 남성과 여성에게 각각 다르게 부여되는 "성별 특정(geschlechtsspezifisch)" 역할, 예컨대 여자는 가사노동 그리고 남성은 생산노동의 분담과 이의 가치를 산출하는 가치관 및 가부장적 위계질서에 기인한다.[43] 여성들은 아이들의 취학 전까지 일을, 즉 경제활동을 해서는 안 된다는 사회적 통념이 있다.[44] 남녀의 노동 분업은 여성은 가사노동과 자녀양육에 책임

---

42) Sozialgenossenschaften in Bauern, (o.J.), S. 33.

43) 김해순, 「독일통일 이후 일—가족 조화정책과 여성경제활동: 성별분업을 위주로」, 『젠더와 문화』 제6권 2호, 2013, 7~42쪽. (11쪽).

44) Spellberg, Annette, "Frauen zwischen Familie und Beruf," In: Zapf, Wolfgang und Richard Habisch (Hrsg.), Wohnfahrt im vereinten Deutschland. Sozialer Wandel und Lebensqualitaet. 1996, Berlin: Edition Sigma, S. 99~120, (S. 102).

을 지고, 남성은 가족부양자로서 노동시장에서 경제활동을 하는 형태로 나타난다. 이는 성별(Geschlecht, Gender)에 의거한 분업이며, 그 결과는 여성 활동은 무보수 근로이며 남성의 생산직 활동은 유급 노동이다. 이 노동 분업에서 남녀의 다른 노동 가치를 산출한다. 그러나 이 노동 분업은 국가 경제적 차원에서 보면 보완적이다. 여성은 아이들을 키운 후 생산직 노동세계에 진입하는 것이 어려워 경력단절을 경험한다. 이는 여성 개인의 문제로 남는다.

남녀가 받았던 교육도 성별 특정적이다. 여성은 주로 서비스 등에 맞춰진 교육, 돌봄, 간호, 사무직 등의 교육 등을 받고, 노동시장에서 남성에 비해 저학력이 집중되는 경공업 분야(섬유업체, 식품산업 등)와 서비스 분야(판매 사업 등)에 치중해 있다. 이 분야는 임금이 낮고, 의사결정 단위까지 승진이 어렵고, 결정권을 가지기도 어렵다. 이에 비해 남성은 주로 중공업과 전문직에 중점을 두고 교육을 받고, 여성에 비해 전문 직종 진입과 진급이 이롭고 임금이 높은 직에서 경제활동을 한다. 여성은 경력단절 후 본인이 받았던 교육과 전 직업으로의 회귀는 어렵고, 노동 세계를 떠나 있어서 직업교육도 받지 못하고, 인적 관계도 발전시키기 어렵다.

아울러 경제활동에 필요한 정보도 접하기가 어렵다. 주로 시간제 근무를 하게 되고, 이는 연금이나 보험 등을 받는 데 불리하다. 이러한 상황에다 1980년대 초부터 신보수주의 정책이 등장하면서 여성은 더 불리한 상황에 내몰리게 되었다. 노동계에서는 구조조정이 시작되었고, 신보수주의 경제학 정책에서 여성들은 먼저 구조조정의 대상이 되었다. 갈수록 여성들에게는 노동시장의 진입이 어려워졌다.

이러한 문제를 극복하고 경제적 활동을 원하던 여성들이 여성협동조합 운동을 일으킨 것이다. 이 운동은 당대의 여성운동과 밀접한 관계가 있고(아래 참조), 이에 큰 영향을 받았다. 그 하나의 분야가 바로 "여성경제(WeiberWirtschaft)"이다. 여성들이 자신들의 일자리 창출을 스스로 시작한 것이다. 그들은 협동조합을 창립하여 창업을 시작했다.[45] 1993년 통계에 따르면 서독 여성 경제활동 인구는 전체 55%였고, 그 중에 62%는 전일제, 38%는 시간제이다.[46] 여성들이 가장 많이 창업했던 10대 분야 중에 가장 많은 부문은 1992년에 섬유유통 38개(7.9%) 다음은 사무직 35개(7.3%)이다. 이에 비해 남성은 컴퓨터 정보처리서비스 81개(5.9%) 다음은 기업분야가 97개(5.6%)로 가장 많다.[47] 여성에게는 창업이 어려웠는데, 그 이유 중 하나는 은행 대출을 받기가 어려웠기 때문이다. 남성들은 여성에 비해 더 쉽게 대출도 받을 수 있었고, 대출금도 높았고, 매출규모도 컸다. 남성의 대출규모는 1년차 906,000마르크였고 4년차에는 1,726,000마르크였다. 여

---

45) 김태근, 「독일여성협동조합 바이버비르트샤프트(Weiberwirtschaft, Wonemen's Economy)의 등장 배경과 향후 역할 전망: 경제활동에서 성불평등과 여성, 협동조합의 새로운 함의」, 『한·독사회과학논총』제29권 제2호, 2019 여름, 183~213쪽, (187, 192쪽).

46) Spellberg, 언급된 논문, 1996, S. 104.

47) 김태근, 위에서 언급된 논문, 2019, 193쪽.

성은 1년차 367,000마르크였고 4년차에는 926,000마르크였다.[48]

 1980년대 여성운동은 여러 면에서 사회적 정치적 변혁을 가져왔다. 그들은 예전과 다르게 성 차이를 인정하고, 여성 특유의 결속과 배려의 덕목을 최대한 살릴 수 있는 방향으로 진전하면서 신자유주의에 대처하고 남성중심직 지배실서를 떠나 공동체를 토대로 여성창업센터를 설립하기 시작했다.[49] 이들은 경쟁을 통한 이윤 극대화가 아니고 상호협력과 연대를 통한 공존을 지향하는 경제구조를 추구했다. 1990년대 이후 무한한 경쟁을 부추기는 신자유주의에 의해 부상하는 빈곤과 경제적 양극화를 해소하기 위해 사회적 협력이 요구되었고, 이에 대한 답으로 상호공존을 추구하는 협동조합, 사회부조, 결사체, 재단 등이 설립되기 시작했다. 여성들은 상호협력과 연대로 자신의 길을 개척하고, 공적이고 조직화된 직업적 형태를 만들고자 하였다.[50] 소외되고 배제된 노동사회에서 지불되지 않았던 가사노동을 경제에 포함하기 위해 가사노동을 경제화하여 여성들은 더불어 살아가는 노동세계를 만들었다. 그 하나의 예가 바로 '자력갱생한 협동조합'이다. 이 협동조합 회원들은 사업금융 금 50유로를 가지고 협동조합의 공동 소유주가 되어 자신의 일자리를 창출하고 노동 임금을 스스로 마련했

---

48) 김태근, 위에서 언급된 논문, 2019, 193쪽.

49) 김태근, 위에서 언급된 논문, 2019, 202쪽.

50) Ruschenbach, Thomas, "Inszenierte Solidaritaet: soziale Gesellschaft in der Risikogesellschaft," In: Beck Ulrich (Hrsg.), Riskante Freiheiten: Individualisierung in der modernen Gesellschaft. Frankfurt am Main: Suhrkamp, 1994, S. 89~111, (S. 96~97); 김태근, 위에서 언급된 논문, 2019, 207쪽.

다. 그들은 우선 이 협동조합에서 실시한 교육을 통해 가정경제 서비스 분야에서 일할 수 있는 자격을 얻었고 그 후 약 180명 고객의 가사에 시간별로 배치되었다. 고객은 합의한 금액을 시간당 이 협동조합에 지불하지만 추가 고용주의 의무를 이행할 필요는 없었다. 이 협동조합에 의해 중재된 활동으로 인한 수입은 연간 약 400,000유로이며, 이 수입의 대부분은 다시 직원의 임금으로 지불되었다. 그리고 시간당 임금은 8.80유로에서 9.80유로 사이의 협정임금 범위에 있었다.[51] 이 협동조합의 합법적인 형태는 특히 창업자인 여성들에게 매력적이었다. 그 이유는 그들에게 공동결정권이 부여되었기 때문이다. 이를 통해 여성들은 협동조합에 높은 일체감을 가졌다. 그들은 회사뿐만 아니라 사실상 자신을 위해 일한 것이다. 아울러 그들은 자신의 회사 개발에 대한 공동결정권을 가지고 지도적인 관리 업무도 수행할 수도 있었다. 초기 교육단계가 지나면 신입 직원을 교육할 수 있었다. 이렇게 그들은 노동시장에서 활동하면서 새로운 평등의식을 가지고 일할 수 있는 환경을 스스로 만든 것이다.

이 협동조합의 15년 역사를 검토해 보면 빠른 성장을 볼 수 있다. 협동조합은 처음에 세 사람의 고객으로 시작했으나 15년 동안 고객 수는 180명으로 증가했고, 직원 수는 4명에서 42명으로 늘었다. 최근 몇 년 동안 약 150명의 여성들은 노동시장에 다시 진입할 기회를 가졌고, 그 중 많은 사람들이 이 협동조합을 자신의 근무나 다른 활동 부분으로 옮겨가는 발판으로 사용할

---

51) Sozialgenossenschaften in Bayern, op. cit., (o.J.), S, 33.

수 있었다.[52]

　이 협동조합은 긍정적인 발전 덕분에 국가 보조금 지원도 줄일 수 있었다. 처음에는 연방주 바이에른 수도인 뮌헨과 자유국가 바이에른(Freistaat Bayern)으로부터 재정지원을 받았다. 그 할당은 90%였고, 15년 후에는 19%로 줄었다.[53] 그러나 보조금을 여전히 받고 있다. 재정이 넉넉하지 않기 때문이다. 이 협동조합은 경쟁이 치열하고 노동과 임금 덤핑이 일어나는 시장에 노동력을 제공하고 있다. 여기서 자유로운 가격 형성이 매우 제한되어서 큰 수익을 얻지는 못한다. 이 협동조합은 행정 분야 비용을 가능한 한 낮게 유지하지만 그럼에도 여전히 보조금에 의존할 수밖에 없다. 많은 판매세, 근로소득세 및 사회보장금을 지불해야 하는데, 이는 정부 보조금의 2배 이상이 되기 때문이다.[54]

---

52) Sozialgenossenschaften in Bayern, op. cit., (o.J.), S, 34.

53) Sozialgenossenschaften in Bayern, op. cit., (o.J.), S, 35.

54) 자세한 내용은 다음 홈페이지 참고: "Hausgemacht eG"(www.hausgemacht-muenchen.de)

5. 요약 및 시사점

　사회경제와 이에 기반한 자조 조직인 사회적 협동조합을 그 의미, 목적, 기능, 형태를 살펴보면서 사회·경제 발전에 미치는 영향을 조명하였다. 이는 세 가지 결론으로 집결할 수 있다.

　첫째, 사회경제에 대한 이론적 이해를 조명한 결과 이에 대한 정의가 아직 명확하게 정리되지 않았다. 사회경제와 그 목적, 형태, 기능 등도 역사적 진화과정에서 계속 변화했다. 그럼에도 개인보다는 공동의 복지를, 그리고 부의 축적보다는 공생을 추구하는 근본적인 목적과 가치관은 그대로 유지되었다. 이에 대한 이론적 이해는 이와 관련된 담론의 주제 확장과 함의 및 한국에 부응하는 이론적 틀을 구체화하는 데 기여하리라 본다.

　둘째, 유럽연합도 사회경제와 사회적 협동조합을 토대로 다양한 목적을 달성하고자 했다. 일자리 창출뿐만 아니라 사회적 서비스를 제공하면서 복지와 사회적 응집력, 즉 통합을 높이고자 했다. 이외도 민주주의 발전, 지방개발 및 지속가능한 경제발전도 촉구했다. 이러한 목적을 위해 다양한 자조 조직과 단체가 형성되었고, 이들의 활동은 경제발전에도 크게 기여했다. 이는 사회통합을 위해 중요한 수단임을 확인할 수 있다.

셋째, 사회경제에 기반하는 자조 조직인 협동조합은 오래된 역사를 거쳐서 오늘날 다양한 분야에서 설립되어 활동하고 있다. 비슷한 상황에 처해있고 지역적으로 가깝게 사는 사람들은 자신의 어려운 상황을 개척하기 위해 협동조합을 설립하여 연대를 바탕으로 생산 활동을 한다. 이는 사급자속의 목적에 맞춰져 있고, 회원들은 국가 보조금 등, 외부 지원금에 의존하지 않고 자신의 독립적인 경제 활동을 지향한다. 독일의 '자력갱생한 협동조합'에서 볼 수 있듯이, 장기 실업자인 빈곤층 여성들은 스스로 협동조합을 조직하여 일자리를 만들어 노동을 하면서 실직에서 벗어나 독립적인 삶을 영위한다. 이는 여성들의 자존감을 높이고, 외부의 의존을 줄이면서 생활을 개척하는 데 주요한 수단임을 알 수 있다.

유럽의 사회경제와 자조 조직인 사회적 협동조합은 다음과 같은 면에서 시사하는 바가 크다고 본다.

첫째, 유럽의 사회경제와 협동조합은 산업경제와 신자유적 시장주의 경제에 의해 부상하는 지역적 격차, 계급의 격차, 여성에게 불리한 생산 활동의 문제 등을 어느 정도 해결하는 데 유익한 기여를 해오고 있다. 그들의 경험은 우리나라에서도 다양한 분야에서 다양한 목적을 가지고 활발하게 활동하고 있는 사회적 경제와 협동조합 발전에 유익한 시사점이 될 것으로 간주한다.

둘째, 사회적 협동조합의 기본 의도는 혼자보다 모두가 '함께 더 나은 목표를 달성'하는 데 있고, 자립과 안정적이고 지속가능한 경제성장과 소득 및 부의 공정한 분배를 목적으로 한다. 이러한 정신은 남북한이 함께 통일의 과제를 이루기 위해 필요하다. 해외 및 남측의 자본으로 북측에 미국식의 신자유주의적 시장경제가 자리를 잡고 강자독식하기 전에 남북한이 미래의 공동의 삶을 위해 사회적 협동조합을 함께 세우는 것은 의의가 있다. 이는 빠르고 많을수록 유익하다고 본다. 사회경제와 협동조합은 유럽에서 자본주의 노동시장의 왜곡을 수정하며, 경제 민주주의를 심화시키고 강화시키는 데도 일조해오고 있다.

셋째, 남측이 남북한이 공동으로 운영할 수 있는 사회적 협동조합을 북측에 개설하고 이에 필요한 물질적 지원을 한다면 북한 주민의 자립과 자치를 지원할 수 있다고 본다. 그렇게 되면 남북한의 협동과 역량이 강화될 것이다. 이는 또한 통일 후에 북측의 자립 경제를 유지하는 데 한몫할 것으로 본다.

본서는 사회적 경제라는 패러다임으로 북한 인도지원 및 경제협
력 사업을 추진할 수 있는지에 대한 가능성을 탐색하는 것이 주된
목적이다. 따라서 전체 내용도 방법론적인 접근법이 강하다는 특징
이 있다. 그러다 보니 사회적 경제에 대한 이론적 탐색이 상대적으
로 약하다. 이러한 점에서 본장은 근대적 의미의 사회적 경제가 출
현하고 발전해온 유럽을 배경으로 하여, 특히 오늘날 유럽연합의 관
점에서 사회적 경제에 대한 이론적 기초를 제시하고, 구체적인 사례
로 독일의 사회적 협동조합을 살펴보았다.

한국에서 사회적 경제 및 협동조합에 대한 이론적 담론이 아직
크게 활성화 되지 않았다. 이를 진전시키고 한국에 부응하는 이론적
틀을 마련하는 데 유럽연합 연구자인 김해순의 글이 기여하고 있다
고 본다. 특히 무엇보다 큰 의미는 유럽연합의 관점에서 동북아 및
북한을 대상으로 사회적 경제가 어떤 의미를 갖는지, 그리고 어떻게
접목할 수 있는지를 조망할 수 있는 이론적, 경험적 근거를 제시해
주고 있다는 점이다.

가령, 본 장에서 사례로 다루고 있는 독일의 사회적 협동조합 사례
인 '자력갱생한 협동조합(HausGemacht eG)'은 독일의 소외된 여성
들이 어떻게 협동조합을 통해 자조적 삶을 살게 되었는지에 대한 간
략하지만 설득력 있는 설명을 제시했다. 이러한 사례는 (사)하나누리
가 라선에서 목도리 뜨기 프로젝트를 추진하고자 할 때, 이를 감당할
생산단위가 청진시의 여성협동조합이라는 점과 유사하다.

본 장이 주는 핵심적인 메시지는, 사회적 경제라는 것이 자본주의
의 한계를 극복하기 위한 대안 경제체제이면서 궁극적으로는 자본주
의와 사회주의를 모두 포괄할 수 있는 일반화 가능한 경제체제라는
점이다.

사회주의 체제의
개혁과 협동조합

◆

김창진
(성공회대 사회적경제대학원장)

1. 협동조합과 사회연대경제:
사회적 맥락과 인식의 비대칭

협동조합이나 사회적기업, 마을기업 등에 대해 조금이라도 들어본 대부분의 한국인들에게 그것들은 마치 최근에 나타난 새로운 현상인 것처럼 인식되고 있다. 2007년 '사회적기업육성법'과 2011년 '협동조합기본법'이 통과된 이후 관련 사안들에 대한 소식이 여기저기서 들려오기 시작했기 때문일 것이다. 하지만 그것은 새로운 법률 제정과 정책 추진에 따른 한국적 현상이지 협동조합, 사회기업, 마을기업, 비영리단체(NPO), 공익법인, 지역 공동체기금 등을 포괄하는 사회연대경제[55] 자체의 새로움을 뜻하는 것은 결코 아니다. 한국에서 협동조합의 경험만 해도 벌써 한 세기[56]를 헤아리거니와 사회연대경제는 짧게 잡아도 근대 자본

---

[55] 필자는 흔히 쓰이는 '사회적경제'라는 용어 대신 '사회연대경제(social & solidarity economy)'라는 표현을 선호한다. 전자가 사업의 성과를 중시하는 영미권에서 주로 쓰이고 후자가 사회(운동)적 가치를 중시하는 유럽에서 점점 더 자주 쓰이고 있는 국제적 용법일 뿐만 아니라 한국에서 '사회적경제'라는 용어가 해당 조직들의 법적·행정적 차이에 따라 구분이 이루어지고 있기 때문이다. '사회적(social)'이라는 표현은 그 기업/조직들이 추구하는 가치·목적·성격을 지칭하는 것이지 정책적 관점을 반영하는 것일 수가 없다.

주의 체제의 이면에서 19세기 초반부터 본격적으로 나타난 것을 감안하면 벌써 200년 이상의 역사를 지니고 있는 것이다. 요컨 대, 근대 사회연대경제 제도의 원조인 협동조합은 초기 자본주의 체제의 암울한 그늘에서 생존권을 추구한 민중의 자구책으로 등 장하고 거기에 선구적인 지식인·종교인·개혁적 정치가들이 결 합하면서 주류 경제체제의 실패를 보완하거나 그에 대한 대안의 사회경제 모델로 발전해 온 것이다.

그렇다면 사회주의 체제와 협동조합을 비롯한 사회연대경제는 양립 가능할까? 물론이다. 19세기 중반 유럽에서 정립된 '사회주 의(socialism)'는 고립된 개인이나 권위주의 국가가 아니라 '개인 과 단체들의 집합체로서 사회'를 인간생활의 중심적 제도로 간주 하는 사회사상이기 때문이다. 따라서 사회주의는 사회연대경제 자체를 그 기반으로 성립되는 사회체제라고도 말할 수 있을 것이 다. 물론 19세기 유럽의 사회주의 조류에도 다양한 경향이 존재 했고, '이념형 사회주의'와 '현실사회주의'는 큰 차이를 보인 것이 사실이다. 하지만 1917년 10월 러시아혁명을 필두로 동유럽과 아 시아 각국에서 성립된 20세기 국가사회주의 체제에서도 협동조합 과 마을공동체는 사회·경제조직의 기본을 이루는 제도로 채택되 고 유지되어 왔다. 개인별로 각자의 이윤추구를 첫 번째 목적으로 삼는 자본의 논리가 아니라 조직(사회)구성원들의 공통이익 증진 을 우선적 원칙으로 삼는다는 점에서 사회주의 체제와 협동조

---

56) 이에 관해서는 김성보 책임편집,『한국협동조합운동 100년사』과 김창진 책임편집, 『한국협동조합운동 100년사II』(가을의아침, 2019) 참조.

합·공동체는 서로를 배척할 필요가 없었기 때문이다. 러시아혁명 지도자로서 혁명 직후 협동조합을 국영화했던 레닌이 '소련(소비에트사회주의공화국연방)'으로 바뀐 체제에서 1920년대 초반 신경제정책(New Economic Policy)을 천명하고 무엇보다도 먼저 협동조합 활동의 합법화는 물론 제도적 지원을 강조한 것도 양자가 상호보완적이라는 점을 뒤늦게 인식했기 때문이었다.[57]

이렇게 보면 협동조합을 비롯한 각종 사회연대경제 제도는 자본주의와 사회주의 체제를 막론하고 주민들의 생활에 필요한 조직으로서 나타나거나 허용되거나 장려되는 것이다. 실제로 협동조합조직은 그 현실 적응성과 범용성이 뛰어나기 때문에 전 세계에서 협동조합이 부재하는 나라는 찾아보기 어려울 정도이다. 다만 자본주의와 사회주의가 국가마다 매우 다른 제도적 양태로 전개되는 것처럼, 협동조합 또한 나라와 지역과 업종에 따라 큰 차이를 보이면서 발전되어왔다. 따라서 소련이나 헝가리, 유고슬라비아, 중국, 쿠바, 베트남 등지에서와 마찬가지로 북한에서도 1950년대 이후 지금까지 '협동농장'을 비롯하여 제도적으로 협동조합이 존재해 왔다는 사실은 이상할 것도 새로울 것도 없는 당연한 현상이다.[58]

---

57) 이에 관해서는 김창진, 『사회주의와 협동조합』(한울아카데미, 2008) 참조

58) 북한의 협동조합에 관해서는 다음 자료를 참조. 이찬우, 『북한경제와 협동하자』(라이프인, 2019); 이찬우, "평양의 협동조합 경험 및 사회적 경제의 적용 가능성", [사회적 경제를 통한 남북 인도지원 및 도시협력 모델 탐색: 2019 서울–평양 사회적 경제 심포지움 자료], 하나누리 동북아연구원, 2019년 9월

하지만 협동조합을 비롯한 사회연대경제의 개념과 실제의 성과에 대하여 자본주의시장경제를 채택한 나라들과 국가사회주의 체제를 경험한 나라들에서는 상당한 인식의 차이를 발견할 수 있다. 전자의 경우 그저 좀 특이한 사업체라는 전통적 인식도 있지만, 근래 적극적으로 소개된 이탈리아의 볼로냐, 스페인의 몬드라곤, 그리고 캐나다의 퀘벡 등지 협동조합들의 놀라운 성과를 기존 주류 경제체계의 실패를 제도적으로 보완하거나 또는 일종의 대안경제체계로까지 해석하는 경향을 보이고 있다. 이런 현상은 특히 2008년 세계경제위기를 겪으면서 더욱 두드러졌다.

이와는 대조적으로 기존 국가사회주의 또는 탈사회주의 체제(Post-socialist states)에서 협동조합은 대개의 경우 '구태의연한, 비효율적 사업체'로 인식되는 경향이 강하다. 기본 원리상 자본주의 체제보다 오히려 더 친화성이 크다고 할 수 있는 사회주의 체제에서 왜 그럴까? 그것은 그들 국가에서 협동조합 정신의 본질이라고 할 수 있는 구성원(조합원)들의 자율성이 제대로 보장되지 못하고 관변기구로 변질된 경우가 많았던 데다 대체로 그 위상이 국영경제의 하위범주로 배치되었기 때문이다. 따라서 일반 인민들은 물론 자유주의적 엘리트들까지도 체제전환 국면에서 자본주의 시장경제제도의 도입을 자기네 경제제도의 '혁신과 도약'의 능사로 여기고, 협동조합은 익숙하지만 혁신적 성격은 찾아볼 수 없는 전통적 제도의 하나일 뿐이라고 간주하게 되는 것이다. '시장 독재' 또는 '시장 전체주의'라는 말이 나올 정도로 자본주의의 배타적 승자독식체제와 주기적 공황, 커다란 실업 사태를 자주 경험한 나라들에서는 민간의 자율적 협동조합을 비롯한 다양한 사회연대경제 제도가 사적 이익과 공적 관심사를 결합하는 집합기업으로서 기존 체제에 대한 '대안'이자 '사회경제운동'으로 인식되고 있는 것과는 판이한 차이라고 할 수 있다.

근래 한국에서 유행하는 사회석 경제 또는 사회연대경제 또한 북한과 같은 국가사회주의 체제 구성원들에게는 생소한 개념일 것이다. 하지만 그것은 본래 사회주의 이념에 배태(착근)되어 있는 것이며, 오히려 기존 국가사회주의 체제에서는 과잉제도화(= 사실상 국영화)가 문제라고 할 수 있다. 극도로 개별화된, 사기업이 발전된, 자본주의 시장경제체제의 틀 안에서 살아온 남한 사람들과, 극도로 국영화된, 관료적 기업경영 문화에 익숙한, 국가사회주의 체제 속에서 살아온 사람들의 인식은 다를 수밖에 없다. 과거 경험의 차이는 현실 인식의 차이를 낳고 정책과 제도 설계의 차이를 초래한다. 이것이 공공정책 수용의 보이지 않는 기반을 구성하는 사회적 맥락의 중대한 차이이다. 따라서 외부에서 북한의 개혁에 대한 정책 조언과 제도 설계를 고민하는 경우 바로 이러한 '메타 현실'이 신중하게 고려되어야 할 것이다.

2. 사회주의 체제 개혁과
    대안 구상을 위한 개념적
    전제

그런데 국가사회주의 체제의 개혁과 협동조합의 관계에 대해 논하기 전에 먼저 검토해야 할 중요한 문제가 있다. 그것은 흔히 사회주의와 대척점에 위치한 것으로 여겨지는 시장경제 개념, 그리고 시장경제와 자본주의 및 시장경제와 사회연대경제의 상호관계 문제이다. 오늘날 주류 경제학자들뿐만 아니라 진보적 지식인, 정책결정자들, 언론인을 포함하여 거의 모든 사람들이 '자본주의＝시장경제'라는 오해를 전제로 자신들의 주장을 펴고 있다. 이런 인식은 놀랍게도 1917년 10월 러시아혁명 이후 세계 곳곳에 수립된 국가사회주의 체제의 주도자들, 이른바 레닌 이래 '정통 사회주의자들'의 인식과도 상통한다. 그들은 "사회주의는 자본주의제도, 즉 시장경제의 폐지와 동일한 것"이라는 편견의 함정에 빠져 '시장경제'의 본질적인 사회적 기능을 무시하거나 왜곡하면서 잘못된 제도를 설계, 운영함으로써 '반(反)시장적 사회주의, 곧 권위주의적 국가주의'라는 깊은 계곡으로 빠져들었다. 그 결과 만성적인 생필품 부족의 경제, 주민들의 일상생활과 직결된 경공업의 혁신 봉쇄, 암시장 번성, 부정부패로 연결되는 악순환의 고리가 만들어진 것이다. 물론 1980년대 말 이후 사회주의 진영의 해체가 경제체제의 비효율성이라는 단 하나의 요인으로 귀결될 수는 없다. 특수한 통치형태를 조건 지은 전통적인 정치문화는 물론 세계적인 냉전의 격화에 따른 자본주의 진영과 경쟁 및 압박이라는 외부요인이 큰 역할을 한 것이 분명하다. 그럼에도 불구하고 바깥의 압력은 그 체제의 특성을 통해 작용한다는 기본적인 사실을 감안한다면, 20세기 국가사회주의 체제의 지속가능성은 초반부터 그 사회경제적 자기진화의 분명한 한계 속에 갇혀 있었던 것이나 다름없다. 따라서 우리는 '시장경제=자본주의'라는 동일시의 오류를 극복해야 적절한 사회경제정책과 제도 설계가 가능하다는 점을 이해할 필요가 있다.

'시장경제'와 그것의 특수한 기생형태(또는 층위)로 서식하면서 무차별적 이윤 활동을 전개하는 '자본주의'를 혼동하게 되면 심각한 사상적 · 제도적 · 정책적 문제들이 발생하게 된다. 역사적으로 시장경제 제도는 자본주의 제도보다 훨씬 먼저 전 세계에 걸쳐 나타났으며, 또 시장경제와 자본주의는 거기에 참여하는 행위자들이 추구하는 바, 그리고 두 제도의 사회적 효용이 매우 다르다.[59]

---

59) 이에 대해서는 브로델과 자마니의 논의가 중요한데, 필자가 이들의 논의를 정리한 것으로는 『퀘벡모델』(가을의아침, 2015)의 '서장' 중 특히 42~58쪽 참조. 그리고 이 주제에 대해 좀 더 깊이 공부하려면 페르낭 브로델, 주경철 옮김, 『물질문명과 자본주의 I-1:일상생활의 구조』와 『물질문명과 자본주의 II-1: 교환의 세계 상』(까치, 1995); 페르낭 브로델, 김홍식 옮김, 『물질문명과 자본주의 읽기』(갈라파고스, 2012); 스테파노 자마니 · 베라 자마니, 송성호 옮김, 『협동조합으로 기업하라』(한국협동조합연구소/북돋움, 2012)를 참조하기 바란다.

그럼에도 불구하고 '시장과 시장경제＝자본주의의 고유한 속성'이라고 간주하게 되면 '비자본주의적 시장경제', 나아가 '비자본주의적 시장사회'의 존재 가능성을 아예 인식론적으로 차단해버리게 된다.[60] 그렇게 되면 '사회주의는 반시장적 제도'라는 심각한 오해로 치닫게 되고 결국 현실에서 실천 가능한 것은 그 용어 자체가 형용모순인 '국가사회주의'밖에 남지 않는 결과가 된다.

다른 한편, 흔히 협동조합을 비롯한 사회연대경제 조직을 "시장의 실패와 국가의 실패를 보완해주는, 시장과 공공(정부) 영역 사이에서 활동하는 것"으로 말하는 것도 적절한 관점이 아니다. 그 일부가 시장경제와 상관없이 존재하는 경우도 있지만, 대부분의 사회연대경제 조직은 바로 시장경제 조건에서 활동하고 있고, 적지 않은 조직들이 공공부문과 함께 협력하여 일하고 있다. 따라서 사회연대경제 조직은 대체로 시장 및 공공부문과 서로 겹치는 것이지 '시장도 아니고 정부도 아닌 것'이 아니다. 한 발 더 나아가 본래 자신의 정의에 부합하는 협동조합과 사회연대경제 조직들이야말로 '건전한 시장경제'의 구성요소들이라고 할 수 있다. 협동조합을 비롯한 사회연대경제가 개념적으로 자본주의의 잔여 범주, 기껏해야 그 보완물이거나 심지어 그것의 부정적 측면을 정당화하고 강화해주는 역할로부터 벗어나려면 무엇보다 먼저 그 종사자들부터 시장경제의 사회적 성격과 기능에 대한 적절한 인식을 할 필요가 있는 것이다.

---

60) 『퀘벡모델』, 45쪽

다른 하나의 문제는 사회주의와 농업문제의 관계이다. 최근까지도 대부분의 국가사회주의 체제에서 협동조합은, 도시에 소비조합이나 수공업조합이 일부 있기는 하지만, 대부분 농업협동조합을 가리켰다. 농업문제는 국가사회주의 체제의 핵심적 아킬레스건이었다. 식량 문제를 제대로 해결하지 못한 정책과 제도의 실패는 빈번하게 사회 상황의 악화, 나아가 정치체제의 정통성 문제로까지 비화되었다. 잘 알려진 바와 같이 북한은 여전히 식량문제를 해결하지 못해 인민들이 고통을 겪고 있고, 정권도 외부세계에서 계속 인도주의적 지원을 받아야 하는 수모를 당하고 있다.

유럽의 자본주의 체제 성장기에 이론화의 과정을 겪은 마르크스주의에서 농업·농민·농촌문제는 미해결의 '거북한 문제(awkward problem)'[61]로 남아있었다. 그것은 마르크스와 엥겔스 이래 마르크스주의자들이 기본적으로 농업·농민문제를 본격적으로 연구하고 대안을 제시해야 할 대상(주제)이 아니라, '사라지거나 극복해야 할 구체제의 유산'으로 본, 강력한 부정적 편견을 갖고 있었던 데서 연유한 것이라고 할 수 있다. 거기에 더해 사회계급으로서 농민은 소(小)소유자이면서 동시에 노동자(즉 자가 생산자)라는 이중성 탓에 '과학적 사회주의'의 개념적·이론적 난제가 된 것이다. 레닌을 비롯한 20세기 사회주의 혁명가들 또한 이런 편견과 인식을 공유했다. 따라서 '사회주의 농업문제'는

---

61) 이에 관해서는 T. Shanin, *The awkward class: political sociology of peasantry in a developing society, Russia 1910~1925*(Oxford: The Clarendon Press, 1972) 참조 Shanin.

혁명 과정에서 '노농동맹'이라는 전략적 접근, 그리고 서구 자본주의 체제를 따라잡기 위한 추격 근대화 과정에서 '대규모 영농의 효율성'이라는 기술적 접근 외에는 현실에 기반을 둔 효과적인 사회경제적 해결책이 제시되지 못했던 것이다.

　바로 이 지점에서 우리가 새삼 상기해야 할 학자가 바로 20세기 초반 러시아에서 활발한 이론적·실천적 활동을 펼친 알렉산드르 차야노프(A. Chayanov)이다. 그는 시장경제 조건에서 조직되고 사업을 전개한 협동조합들의 실제 상황을 면밀하게 관찰, 분석하여 당대 농업·농민문제, 협동조합에 대한 대안적 인식과 정책을 제시했다. '조직·생산학파'로 불린 그와 동료들의 접근과 연구 성과는 매우 심대한 이론적·정책적·사회적 의미를 갖는 것이었다. 차야노프 학파의 인식은 기본적으로 농업과 공업은 다른 산업이고, 농민과 노동자는 다른 사회계급이기 때문에 각기 다른 제도적·정책적 접근을 해야 한다는 것이었다. 그것은 농업의 공업화, 즉 집산농장이라는 일률적 형태로 귀결된 농업의 공장식 경영의 문제점을 근본적으로 지적한 것이다. 그들이 제시한 농업문제의 바람직한 해결책은 유연성이 강한 소농(가족경영)의 특성을 잘 반영하는 부문별 협동조합 조직화였다. 그것은 자본주의 시장경제 조건에서 소농들로 하여금 '규모의 경제' 효과를 거둘 수 있게 할 뿐만 아니라 사회주의 체제에서도 농업의 사회화를 향한 중요한 첫걸음이 될 수 있었다. 차야노프는 소농 협동조합들의 (2차)협동화를 통해 상대적으로 대규모 집산농장 조직도 가능하다고 보았기 때문이다. 물론 이 모든 단계에서는 협동화에

동의하는 농민들의 자발성이 전제가 되어야 함은 당연한 사실이었다. 바로 그럴 때만이 협동조합은 단지 좁은 의미의 경제사업체일 뿐만 아니라 대중적 사회운동으로서 의의가 발견될 수 있을 것이었다.[62]

하지만 차야노프외 그의 동료들이 1930년대 스탈린체제의 희생양이 됨으로써 '사회주의 체제하 합리적 농업문제 해결'의 기회의 창은 닫히고 말았다. 이후 소련식 농업집산화 정책이 사회주의 진영 농업정책의 모범으로서 각지에서 모방되고 복제됨으로써 농업문제는 '사회주의 낙원'의 가장 훌륭한 선전 재료가 될 수 있는 가능성의 공간으로부터 사회주의 체제 실패의 가장 적나라한 전시장으로 전락하고 말았다. 안타깝게도 이런 역사적 유산은 1990년대 러시아·동유럽의 탈사회주의 체제에서도 경로의존의 조건으로 작용하고 있다. 여전히 대규모 영농[63]의 효율성과 경쟁력을 확신하는 '대농주의' 인식과 정책이 러시아, 벨라루시, 동독의 농업 현장에서 널리 관찰되고 있기 때문이다.

---

62) 차야노프의 협동조합론과 그 이론적, 정책적 중요성에 관해서는 김창진, 『사회주의와 협동조합』(한울아카데미, 2008) 참조

63) 러시아·동유럽과 한국의 영농 규모(농지 면적)는 엄청난 격차를 보인다. 동독 지역에서 소농은 10헥타르(약 3만평) 미만, 대농은 50헥타르(약 15만평) 이상을 가리킨다. 러시아·벨라루시에서는 규모가 더욱 커져서 대농은 수백만 평~수천만 평 규모에 이른다. 즉 벨라루시에서 확인한 바에 따르면 대농장은 17,000~24,000헥타르(5,100만~7,200만평), 중농장은 4,000~6,000헥타르(1,200만~1,800만 평), 소농장은 4,000헥타르(1,200만평) 이하, 그리고 개인 농장의 최소규모는 70헥타르(21만 평)이다. 즉 한국에서 '대농'은 러시아·동유럽에서는 '소농'에 불과하고, 한국의 '소농'은 러시아·동유럽에서는 가정텃밭 규모에 불과한 것이다.

3. 소련-러시아의
경제개혁과 협동조합

1) 소련의 경제개혁과 협동조합

1917년 10월 러시아혁명 이후 1930년대 초반까지 소련에서 시행된 농업정책과 협동조합 관련 제도 형성은 2차 대전 이후 동유럽과 북한을 비롯한 사회주의권의 모델이 되었다. 물론 워낙 광대한 지역들을 포괄하고 있는 소련 자체에서도 지역별로, 시기별로 사정이 달랐고, 사회주의권 나라들 각자 산업구조와 농촌 상황이 상이했기 때문에 똑같은 정책과 제도가 모든 곳에서 판박이처럼 적용될 수는 없었다. 그럼에도 불구하고 러시아 혁명 직후 토지개혁-농업협동화-집산화로 이어진 농업정책, 그리고 도시와 농촌의 소비조합 제도는 기본적으로 소련 모델을 본받되 자기 나라 사정에 따라 조금씩 변형된 것이었다. 따라서 소련-러시아에서 행해진 일련의 개혁정책 및 그와 관련된 제도들의 추이를 검토하는 것은 20세기 국가사회주의권 전체의 원형을 살펴본다는 의미를 갖는다. 소련의 경우를 알고 나면 북한에서 전개된 일련의 사태도 훨씬 잘 이해가 되고, 많은 이들이 북한의 '특수성'으로 알고 있는 사실이 바로 20~30년 전 소련에서 행해진 선례의 연속

선상에서 비교·평가되어야만 할 것임을 깨닫게 될 것이다.

소련체제의 존속 기간에는 1920년대, 1950~60년대, 그리고 1980년대 등 크게 보아 세 차례의 경제개혁 및 그와 연관된 협동조합의 재평가 경험이 있었다. 그리고 소련이 해체된 1990년 대 이후에는 자본주의 시장경제로 제체전환이 진행되고 그 이념에 따라 현대 러시아의 농업개혁과 집산농장의 해체 및 재조직 상황이 발생했다. 여기서는 소련 초기의 경험과 소련 해체 후 현대 러시아 상황을 중심으로 살펴보면서 다른 시기들도 부분적으로 언급하기로 한다.

먼저 1920년대 최고 지도자 레닌의 주도로 도입된 '신경제정책(NEP)'은 소련체제의 성립 이후 최초의 경제개혁 시도였고 그에 따라 협동조합 제도에 대해 극히 긍정적인 재평가가 이루어진 시기였다. 본래 레닌을 비롯한 볼셰비키는 "협동조합은 부르주아 체제의 유산"이라고 보는 부정적 인식을 가지고 있었기 때문에 1917년 10월 혁명 직후 각종 협동조합 제도를 국영화하게 되었다. 하지만 1차 대전의 여파 속에서 3년에 걸친 내전까지 치루며 경제가 완전히 황폐화되자 소비에트 경제운용 모델을 근본적으로 재검토하지 않으면 안 된다는 결론에 도달했다. '전시 공산주의(war communism)' 정책이 상황을 오판한 모험주의 정책이자 이데올로기적 환상이었다는 점을 인정하고 보다 현실주의적으로 경제복구와 사회주의 체제 건설의 문제에 접근하고자 한 것이다.

레닌은 자신의 추종자들보다 더 리얼리스트였던 정치가이자 국가경영자로서 1921년 초 신경제정책을 선포하며 협동조합에 다시 운영의 자율권을 부여하도록 조치했다. 그는 심지어 "협동조합을 신경제정책에 맞추려 하지 말고 신경제정책을 협동조합에 맞추도록 하라"고까지 말할 정도였다. 그리고 레닌이 죽기 전에 썼던 마지막 논문이 소비에트 관료주의의 폐해에 대한 비판과 더불어 「협동조합에 관하여」였다는 사실은 신생 소련 체제의 지도자가 협동조합의 경제적 역할과 사회적 가치를 얼마나 신중하게 재평가했는지를 보여준다. 이에 따라 1920년대 소련 전역에서는 농협, 소협(소비자협동조합), 신협(신용협동조합) 등 각종 협동조합 형태가 번성했고, 소련 경제의 신속한 전후 복구와 경제 성장에 큰 역할을 담당했다.

1924년 레닌 사후 그 후계자 중 한 명으로 거론된 부하린은 '레닌의 유언'에 따라, "러시아와 같은 농업·농민의 나라에서는 협동조합이야말로 사회주의로 가는 간선대로다"라고 하면서 이른바 '협동조합의 사다리' 개념을 주창했다. 훗날 스딸린에 의해 의도적으로 격화되었던 농촌의 계급투쟁 방식이 아니라 농촌의 모든 계층이 협동조합을 통해 이익을 보면서 동시에 농업의 사회화를 이루어가는 모델을 제시한 것이다. 즉 빈농·소농은 집산농장을 통해, 중농은 소비조합을 통해, 그리고 심지어 부농도 신용조합을 통해 사회주의 경제체계에 포섭될 수 있다고 본 것이다. 부하린의 전략은 농민들의 자기 이해를 충족시켜 주면서 점진적으로 사회주의로 이행하자는 것, 즉 점진적 농업협동화 방식을 통한 사회주의 건설이었다.

부하린의 제안은 1920년대 중반까지 소련의 현실을 반영하면서 실천 가능한 것으로 보였지만, 1930년대 초반 스딸린의 정치적 승리가 확정되면서 폐기되고 말았다. 정치적·안보적 고려를 앞세운 농업집산화 정책(1929~)으로 말미암아 자발적 협동조합운동은 종말을 고하였다. 정권의 강제적 집산농장 조직화 캠페인에 대한 농민들의 저항은 지역에 따라 무장투쟁 수준까지 이르렀으나 유혈사태를 동반하며 진압되었다. 이후 소련의 집산농장은 공식적으로는 협동조합의 형태를 유지했지만, 실제적으로는 국가의 하위 농업생산 단위로 기능하게 되었다. 소련 전역의 도시와 농촌의 소비조합 역시 소비조합중앙회(쩬뜨로싸유즈, Цен трсоюз) 중심으로 국가의 물품 공급기관이자 상품 판매망의 역할을 하는 조직으로 변질되었다. 인민의 자발성과 자율성에 기초하지 않은, 국가의 경제정책을 집행하는 관변조합이 된 것이다.

하지만 소련의 집산농장은 매우 흥미로운 역사적 진화과정을 보여주었다. 처음에는 농민의 엄청난 희생 위에 건설되었지만, 시간이 지나면서 점차 농민의 경제적·사회적 이익을 보호하는 방향으로 조직의 성격에서 변화가 나타나게 된 것이다. 위로부터 내려오는 국가의 강압적 조치만으로는 집산농장의 생산성이 보장되지 않았기 때문에 국가의 규제는 완화되면서 농민들의 이해관계와 타협하지 않을 수 없었다. 농민들에게 공식적으로 허용된 텃밭과 가축은 주민들 가정의 자가소비를 충족하는데 큰 도움을 주었다. 도시주민들도 소련의 고유한 제도인 다차(dacha)—주말별장 겸 농장—를 통해 농식품의 상당 부분을 스스로 공급할 수 있었다.

또한 소련 전역의 수많은 집산농장과 국영농장은 그 영농규모와 수익성 측면에서 일률적이지 않았으며 상당한 격차가 존재했다는 것을 알아야 한다. 1950년대 중반 이후 흐루쇼프 시대는 생산성 증대를 목표로 소련 전역에서 소규모 농장의 통폐합을 통한 대농 기업화를 시도했다. 그 결과는 지역에 따라, 품목에 따라 일률적이지 않았다. 경우에 따라서는 성공적인 경영을 통해 여기저기서 '백만장자 집산농장'이 출현하고 농장원들의 만족도가 매우 높았다. 집산농장은 이처럼 경제적으로 농업생산기관이기도 했지만, 동시에 사회적으로는 농촌공동체를 유지하는데 중심적인 기관으로서 기능했다. 예컨대, 농촌지역의 도로 보수나 학교 시설의 유지, 동네 축제, 지역사회 주민들의 경조사 등에서 평소 적립되는 농장의 공동기금은 매우 중요한 자금원이 되었다. 최근에 한국에서 시도되고 있는 지역사회공동체기금이 소련을 비롯한 사회주의권에서는 이미 반세기 전에 잘 실천되고 있었던 것이다.

1980년대 중반 미하일 고르바초프가 '페레스트로이카'라는 이름으로 개시한 개혁정책은 다시 한번 협동조합의 가치를 인식하는 계기가 되었다. 정체 상태에 빠진 인민의 자발성을 회복하여 '사회주의의 갱신'을 목표로 했던 고르바초프 정부는 1988년 협동조합법을 통해 1920년대 신경제정책 시기처럼 협동조합의 긍정적 기능을 재평가했다. 3인 이상이 모이면 자율적인 협동조합의 설립이 허용되었다. 하지만 이미 오랜 기간 국가경제의 운영 과정에서 자율성을 상실한 대다수 인민들은 협동조합을 그 사회적 가치 측면에서 받아들이기보다는 '또 다른 형태의 변질된 사기업'으로 인식하는 태도를 보였다. 협동조합의 가치와 원칙에 대한 진지한 재교육이 이루어지지 않은 채 법적으로 허용된 조직이 실제로 어떤 사회적 결과를 낳는가를 보여준 사례가 되었다. 더구나 당시 소련 경제는 성장이 정체되고 정치와 국가체제는 분열을 거듭했다. 그리하여 1980년대 말~90년대 초 시기에 진행된 급격한 사유화/자본주의화 과정에서 협동조합의 본질은 채 복구되기도 전에 유실되고 말았다.

2) 1990년대 이후 러시아의 농업협동조합과 소비조합

자본주의 시장경제체제로 전환된 현대 러시아에서 "협동조합은 옛날 소련 시대의 낡은, 비효율적 관변 경제조직"이라는 인식이 지배적이다. 일반 대중은 물론 정부관료들까지 주식회사나 지주회사(holdings) 형태가 현대적이며 효율적인 기업형태라는 '때늦은 자본주의적 각성'의 결과라고 할 수 있다. 이런 상황에서 협동조합은 기존 체제의 대안이 아니라 그 자체가 극복되어야 할 기존 체제의 일부라고 여겨지는 것이다.

현재 러시아에는 법적으로 두 유형의 농업협동조합과 소비조합이 존재한다. 먼저 농협의 첫 번째 유형은 농업생산협동조합(СПК)으로서 기존 소련 집산농장(колхоз)의 후신이고, 두 번째 유형은 농업소비조합(СПоК)으로서 생산물의 가공·보관·판매, 비료·사료·씨앗의 구매, 조합원들에 대한 신용 제공 등의 활동을 포괄하는 다목적 협동조합이다. 이것은 신용조합을 포함하는 사적 소기업가들의 연합체이다. 그리고 소비조합은 소련의 소비조합중앙회(젠뜨로싸유즈)의 후신으로서 그간의 부실경영 탓에 전국의 점포망이 점차 쇠퇴하고, 사실상 그 경영자들의 사기업이 되어버렸다.

현대 러시아에서 농협과 관련하여 특기할만한 사실은 기존 대규모 집산농장·국영농장들이 도시 기반 자본가들이 투자하는 대규모영농 지주회사(Agroholdings)로 법인격을 전환하여 사실상 농업과두제(재벌)로 변형되고 있다는 사실이다. 이것은 러시아 전역에 걸쳐 도시에서 자본 축적의 한계에 봉착한 신흥 부르주아들이 엄청난 토지겸병을 통해 농촌지역을 무대로 초거대기업을 조직하고 있는 특이한 현상이다. 이들 자본가들은 농업·농촌 상황을 잘 모르는 관리자들을 지역에 파견하여 많은 농장들이 경영 부실 상태에 처한 것으로 보고되고 있다.

중요한 사실은 '대농주의'에 젖어있는 러시아 정부(연방·지방)의 재정·행정 지원 정책 또한 소농이나 중농, 또는 그들의 협동조합보다는 이들 대형 영농그룹 위주로 진행되고 있다는 것이다. 러시아 연방정부의 협동조합 지원 정책이 존재하기는 하지만 실제 대부분 지방정부에서는 그것을 형식적·소극적으로 수용하는 것에 그치고 있기 때문에 전체적으로 효과는 미미하다고 할 수 있다. 바로 이런 상황에서 기존 집산농장의 초기 변형인 농업생산협동조합(СПК)은 쇠퇴하고 있으며, 자주적 농협 또한 아직 저발전 상태에 놓여있다. 다음은 러시아 협동조합에 관한 개략적 통계이다.'

- 농업협동조합—생산조합 · 소비조합 · 신용조합의 현황(2012 → 2016년)
  - 농업생산협동조합(СПК): 10,319 → 8,405
  - 농업소비조합(СПоК): 7,314 → 5,839
  - 실제 활동하는 농업소비조합: 4,616 → 3,750

- 2017년 1월 1일 현재 농업소비조합(СПоК)의 업종별 비중
  - 협동조합의 수: 전체 5,839개
  - 신용조합 1,381(24%)
  - 가공조합 1,032(18%)
  - 판매조합 985(17%)
  - 서비스조합 813(13%)

- 전체 조합원 수: 392,420명
  - 신용조합원 289,935명
  - 공급 · 판매조합원 46,162명
  - 서비스 · 기타조합원 33,681명
  - 가공조합원 22,712명

이와 같은 러시아의 전체 상황과는 다르게 벨고로드(Белгород)에서는 지방정부가 협동조합 조직을 지원하여 상당한 성공을 거두고 있어 이것이 "러시아적 협동조합 발전의 길"이 아닌가 여겨지고 있다. 즉 대규모 영농기업을 지원하는 일반적 관례를 따르면서도 나머지 행정 자원을 동시에 농업협동조합의 설립 지원에 할당함으로써 나름대로 성과를 거두고 있다는 것이다. 이 모델은

행정이 주도하여 협동조합을 설립하지만, 민간에서 적절한 담당
자를 발굴하여 운영을 전담하게 하는 것이 골자이다. 즉 전형적
인 관·민협력 모델인 것이다. 일부 러시아 연구자들은 벨고로드
프로젝트의 성공은 행정 쪽에서 농협의 경제적 수익성·효율성
측면보다는 그 사회적 기능을 중시한 접근법을 택한 것이 적중
한 것으로 평가하고 있다. 농협의 경제적 기능과 사회적 기능 양
면 중에서 당장은 전자의 실적을 거둘 수 없다고 보고 후자, 즉
농촌공동체 유지 기능을 담당했던 소련 시대 집산농장 모델을
원용하여 현대 러시아 실정에 맞게 변형하여 성공했다는 것이다.

4. 러시아와 다르면서도
    비슷한 벨라루시

　벨라루시는 과거 소련을 구성했던 15개 공화국 중 하나로서 1990년대 후반부터 지금까지 러시아와 국가연합(State Union) 상태의 긴밀하고 특수한 관계에 있다. 인구 약 1,000만 명이 채 안 되는 나라인 벨라루시는 한국에 거의 알려져 있지 않지만 빈부격차가 작고 범죄가 거의 없는 안정된 사회로서 평판을 얻고 있다. 서구식 측정법으로 나타나는 수치인 명목 소득만 보아서는 이해할 수 없을 정도로 이 나라는 깔끔하게 잘 정비된 자연 및 사회 환경에 더해 높은 교육 수준과 특히 소프트웨어 분야에서 훌륭한 인적 자원을 보유하고 있다.

　벨라루시가 이렇게 정치·경제·사회적으로 혼돈의 와중에 있는 이웃 우크라이나와 날카롭게 대비됨은 물론 다른 소련 공화국들과도 확연히 차별되는 사회적 안정성을 유지할 수 있었던 이유는 무엇인가? 그것은 무엇보다도 이 나라에서 과거 국유재산의 대규모 사유화조치(Mass Privatization)가 취해지지 않았던 것이 기본적인 이유라고 할 수 있다. 자본주의 체제의 효율성을 신봉하는 주류경제학적 접근방법에 따르자면 국유재산은 당연히 사유화되어 확실한 재산권이 보장되어야만 경제성장과 국민들의 소득증대, 관리들의 부정부패 극복이 가능하다. 하지만 과거 소련 연방에 속했던 나라들 중 1990년대에 국유재산의 대량 사유화 조치를 취하고서 그런 바람직한 결과를 보여준 나라들은 거의 없다. 러시아를 비롯한 나머지 소련공화국들에서 행해진 '충격요법'과 전면적 사유화 조치의 결과는 참담한 것이었다. 이들 국가에서는 과두제를 형성한 소수에게 극단적으로 부와 권력이 집중되고 다수의 빈민이 발생했다. 사회보장제도는 골간이 무너지고 교육제도는 혼란 속에 방치되다시피 했으며, 과거 소련 시절에 비해 월등히 높은 범죄율을 보였다.

이에 비해 벨라루시는 1980년대 말~1990년대 초반 체제전환기에 잠시 혼란을 겪었지만, 1990년대 중반부터는 사회·경제적 안정을 회복하여 지금에 이르고 있다. 극도의 혼란과 추락을 겪은 이웃 러시아를 보면서 반면교사로 삼은 벨라루시 최고 지도부의 결단(신중함)과 급격한 사회변화를 싫어한 다수 인민의 지지가 기반이 되어 선택한 정책의 결과이다. 벨라루시에서는 소련 시기에 확립된 사회보장제도와 교육 제도에 부분적 변화가 있었지만, 대체로 구체제의 장점을 유지하면서 점진적 변화를 추진하고 있다.

농업과 협동조합 부문의 경우 벨라루시에서는 1980년대 말 이후 과거 집산농장·국영농장은 생산협동조합이나 대형 영농기업(주식회사), 또는 소형 영농기업(개인자영농) 등 세 가지 형태로 선택 전환이 가능했다. '생산협동조합'은 전환 초기에 각광을 받았지만 시간이 지나면서 경험적으로 '비효율적'이라는 인식이 정부와 민간 모두에서 일반적으로 확산되었다. 그것은 생산협동조합을 새로운 사회경제적 조건에 맞춰 효율적으로 운영할 수 있는 자본과 자원의 부족, 농장경영 경험 및 진취적 경영전략의 부재가 주요인이었던 것으로 보인다. 거기에 더해 정부의 효율적인 지원도 부족했다.

현재 벨라루시 농업의 영농 규모는 대농장 79%, 자영농장 2%, 개인부업 농장 19%의 비중을 보이고 있다. 필자가 현장에서 관찰한 바에 따르면 자영농장인 소형 영농기업은 비교적 효율적으로 운영되고 있으나, 전체 농업 부문에서 아직 비중이 매우 낮은 실정에 있다. 앞으로 이 형태의 농장 비중을 늘리면서 그들의 협동화를 통해 규모의 경제를 달성하는 농업정책이 필요하다 하겠다.

하지만 벨라루시에서는 러시아에서처럼 '대농주의'(대규모 영농 우선주의) 인식이 일반적으로 퍼져 있다. 대농기업들은 과거 소련에서 존속했던 집산농장들이 1990년대 중반 이후 주식회사 형태의 대형 영농기업으로 전환한 것들이다. 이들이 정부의 각종 지원을 가장 많이 받고 있다는 점도 러시아의 경우와 비슷하다. 그런데 러시아와 다른 점은 소유권 측면에서 볼 때 이들 농장 주식의 대부분을 대형 영농기업이 위치한 지역을 관할하는 지방정부가 보유하고 있다는 것이다. '주식회사'라는 현대적 기업형태를 취하되 공공의 통제가 가능한 장치를 마련해두고 있다는 점에서 이들은 체제전환기 벨라루시 정부의 고민을 반영한 '사기업 형태의 공기업'이라고 할 수 있겠다.

사회주의 체제의 개혁 과정에서 벨라루시의 경험이 주는 교훈은 무엇일까? 그것은 먼저 국유재산의 전면적 사유화와 대규모 외국자본의 유치만이 능사는 아니라는 점이다. 사회경제 제도의 전환 과정에서 주류 경제학적 접근이 초래한 파국적 결과를 잘 기억해야 한다. 오히려 정책결정자들이 좀 더 깊게 고민하고 창의적 해법을 마련해야 할 것은 국유제와 공유제, 사유제의 균형을 유지하면서 경제체계에 역동성을 부여하는 방안일 것이다. 예컨대, 벨라루시에서는 보다 유연한 토지임대제도를 통해 효율적인 자영농장 비중을 확대하고, 동시에 대자본의 침투와 무한정 토지 겸병을 억제하기 위한 확실한 조세제도를 구비하는 것 등을 거론할 수 있을 것이다.

5. 독일 통일과 동독 농업생산협동조합의 부활

1990년 이전 동독의 국가사회주의 체제에서 국영경제와 그 하위 체계로서 농업협동조합은 소련을 비롯한 다른 사회주의권 국가들의 그것과, 기본적으로는 유사한 제도라고 할 수 있었다. 물론 구체적인 운영방식과 발전 정도에서는 각자 차이가 존재했다. 따라서 통일 이후 서독에 흡수·통합된 동독의 집산농장 중심 농업협동조합체계가 자본주의 시장경제 조건에서 어떻게 적응, 변용되었는가를 살펴보는 것은 향후 가능할법한 시나리오의 하나로서 '북한의 미래'를 예상해보는, 일종의 가상 실험 사례로서 중요한 의미가 있다. 경제지리 측면에서 보더라도 동독 지역은 서독 지역에 비해 상대적으로 척박한 토질 조건을 갖고 있는데, 이는 상대적으로 논이 많고 경작면적이 넓은 남한에 비해 밭이 많고 산악지형이 큰 비중을 차지하는 북한의 지리적 조건 차이와도 흡사한 면이 있다. 또한 동서독 통일 이후 주로 육류 가공과정에 대한 서독인들의 불신 탓에 동독의 축산업이 쇠퇴한 반면, 동독지역의 곡물과 채소농업이 오히려 서독에 비해 경쟁력의 우위를 보인 상황이 매우 흥미롭다. 이는 향후 남한 농업이 북한 농업에 비해 모든 면에서 월등할 것이라고 지레짐작하는 것이 현실과 동떨어진 이데올로기적 태도를 반영하는 것일 수도 있음을 미리 보여주는 사례로서 시사점을 준다고 할 것이다.

1960년대 후반 빌리 브란트의 동방정책 이래 1990년에 이르기까지 서독인들은 동독인들과 다양한 채널로 교류하면서 지금 남한 사람들이 북한에 관해 피상적으로 알고 있는 것보다 훨씬 많은 것을 알고 있었다. 그럼에도 불구하고 서독인들의 동독 사회제도 및 동독인들의 생활에 대한 이해가 매우 단편적이었음을 보여주는 사례가 바로 농업 부문, 그 가운데서도 집산농장에 대한 이념적 편견이었다고 할 수 있다. 통독 당시 서독인들과 외부의 자유주의자들은 동독의 '사회주의식 농업생산협동조합(집산농장)'의 비효율성을 지적하며 그 몰락을 예상하고 또 그런 방향으로(즉 동독 농업생산조합의 해체 쪽으로) 정책을 시행했다. 하지만 서독정부의 정책과 자유주의자들의 사고방식은 동독 농업생산체계의 실상과 특성을 알지 못한, 비실용적인 일방적 정책임이 곧 드러나게 되었다. 그것은 서독의 소농체제를 오랫동안 대농체제가 존속해온 동독 지역에 이식해야 한다는 생각에 기초한 이념적 태도[64]였기 때문에 다수 동독인들의 지지를 받지도 못했고, 실제 원활하게 실행되지도 못했다.

---

[64] 통독 이후 독일정부의 농업정책과 동독 지역에서 전개된 농업의 구조 개혁 상황에 관해서는 주로 다음 자료에 의존했다. 김호균·이은정 외, 『농업분야 관련 정책 문서: 독일 통일 총서 24』 (통일부, 2018년 2월).

통독 이후 동독 지역에서는 대형 농업생산조합(LPG, Landwirtschaftliche Produktivgenossenschaft)의 우월성이 입증되었다. 본래 1952년 설립된 동독의 농업생산조직[65]으로서, 사라지리라고 예상했던 LPG가 서독식으로 법인격을 바꾸어 대규모 영농기업으로 화려하게 부활했기 때문이었다. 통독 이후 LPG는 대규모 생산체계의 이점을 살려 생산성과 시장경쟁력 면에서 서독의 소농체제를 능가하게 되었다. 기존에 서독농업에만 해당되던 유럽연합(EU) 농업정책의 혜택도 이제 독일 전역에 해당됨으로써 동독지역 LPG의 경쟁력 확보에 도움을 주었다. 이는 기존 체계가 새로운 법적·사회경제적 환경에서 어떻게 적응 또는 쇠퇴할 것인가에 관한, 즉 농업개혁의 경로의존성에 관한 보다 면밀한 연구의 필요성을 제기해준다.

동독 사회주의 정부 성립 전에도 동독 지역에는 대지주(융커) 중심 대규모 생산체계가 광범위하게 존속했다는 사실은 역사가들에게 잘 알려져 있다. 서독 지역에 비해 척박한 토질과 봉건적 사회관계가 그 주된 배경이었다. 동서독 분단 이후 이번에는 1945~46년 동독지역의 토지개혁, 1952년 국가 주도 농업집산화를 통해 대형 생산협동조합체계가 형성되었다. 이는 동독 지역의

---

65) 동독에서 생산수단의 사회화 정도에 따른 LPG의 세 유형은 아래와 같다.
- 공통 사항: 토지는 법적으로 농민 (사적)소유, 생산조합에 위임, 처분권은 갖지 못함
- 유형I: 농지만 공동경작, 가축·농기계·기구는 개별농민 소유
- 유형II: 농지, 역축, 농기계·기구 LPG가 인수·공동 이용, 실제 거의 무의미
- 유형III: 농지, 과수원, 초원, 건물 등 모두 LPG로 편입, 식물+동물 사육조합, 개인 가정경제 예외 인정

경제지리적 조건과 역사문화적 유산이 사회주의 체제라는 이념적 제도형성 계기와 일맥상통한 경우였다고 할 수 있다. 그리고 1990년 통독 이후 동독 지역에 다시 LPG가 부활했다.[66] 이처럼 동독 생산협동조합 사례는 특정 체계나 조직의 역사적 경과와 사회문화적 특성을 무시한 채 '현재 작동하는 체계의 경제적 효율성'을 미래의 판단 기준으로 삼으면 잘못된 예측을 낳게 되고, 그에 따른 높은 사회적 비용을 치르게 된다는 교훈을 말해준다.

이처럼 제도적으로는 LPG의 부활, 상업적으로는 서독 지역에 비해 곡물 농업과 채소 농업의 상대적 우월성 확보라는 '승리'에도 불구하고 동독지역에서 진행된 체제전환 과정은 심대한 사회적 비용을 치러야만 했다. 먼저, 동독 지역의 가축 사육과 낙농업은 쇠퇴의 길을 걸었다. 동독의 축산물 및 낙농제품의 관리 능력에 대한 서독인들의 신뢰가 부재한 결과 동독 생산물의 판매 시장이 상실되었기 때문이다. 이로 인해 기존 가축생산조합에서 가축 관리와 젖짜기를 담당했던 여성들과 고학력자들 상당수의 실업이 초래되는 사회문제가 발생했다. 두 번째로 통독 이후 동독 지역에서는 사회주의 체제에서 유지되어 온 농촌공동체성의 상실이라는 대가를 치렀다. 서독인들의 동독사회에 대한 무지와 편견의 하나가 바로 과거 집산농장이 단지 동독정부의 잘못된 농업정책의 관철 통로로서 기능한 집단적 생산조직이었을 뿐이라고

---

66) 비판적인 논자들은 통독 이후 '신연방주(동독 지역)'에서 토지집중과 '붉은 융커'의 등장에 대해 "1910년대 대공국 시기 메클렌부르크에서보다 더 봉건적"인 토지집중과 대농의 권력 강화라고 말한다.

본 것이다. 하지만 소련에서도 동독에서도 집산농장은 그 제도 자체가 농촌공동체 유지의 핵심적인 사회적 기제였다는 사실을 서방 측에서는 알지 못했다. 사회주의권에서 진행된 모든 사태를 극히 부정적인 이데올로기적 시각으로 판단한 커다란 판단 착오의 결과였다. 동독 시절의 LPG는 평소 농장원들이 구성원이 되어 보너스 기금·문화기금·사회기금 등을 설치하여 주택·도로·문화시설 등 농촌사회의 물적 인프라 확충·유지, 유치원·학교·마을축제·지역예술가 지원 등 지역사회 공동체의 중심적 제도로서 기능하고 있었다. 곧 사회주의권의 집산농장은 경제기관인 동시에 사회제도였던 것이다. 생산협동조합을 오직 경제조직의 성격을 가진 것으로만, 자본주의적 효율성의 기준으로만 접근하는, '경제와 사회의 분리'라는 인위적 사고로는 잘 이해가 되지 않는 현상이었다. 통일 독일에서 'LPG의 부활과 승리'는, 비록 일부 후계 기업들이 주민들의 일자리와 서비스 유지 등 지역사회에 대한 책임을 고려하고 있지만, 다수의 농업생산조직이 그 사회적 기능에서 분리되어 '경제적' 기능만 수행하게 됨으로써 더 이상 농촌공동체 유지를 위한 핵심 기능을 수행하지 못하게 되는 결과를 초래하게 되었다.

LPG의 미래와 관련해서는 농업생산 인구의 고령화, 청년층의 도시 유출, 기계화의 진척으로 인한 생산조합조직의 대형기업화, 그에 따른 생산조합의 지리적 범위 확대 등의 현상이 주목할 만하다. 동독 시기 전체 농업 종사자는 약 100만 명이었는데, 1990~95년, 즉 통독 초기에 약 70만 명이 LPG에서 떠난 것으로 알려졌다. 엄청난 이농현상이 아닐 수 없다. 농업생산조합에 남아있던 조합원들도 지난 30년 동안 상당수가 은퇴하여 연금생활자가 되었다. 때문에 소수 현직 농장조합원들이 다수의 은퇴자를 부양해야 하는 힘든 상황에 처하게 되었다.

이런 조건에서 소형 LPG는 어떻게 살아남을 수 있을까? 필자가 동독 지역 현장에서 2019년 여름 관찰한 사례는 예나 근방의 Etzdorf 농업협동조합이었다. 자본주의 시장경제 조건에서, 농업 생산 인력이 태부족임을 감안하면 소형 LPG의 생존 전략은 농업생산의 경계를 넘어서는 것이어야만 했다. Etzdorf 농업협동조합이 채택한 사업 전략은 '농협의 한계를 넘어선 다목적 사업 조직', 즉 농촌 지역에 위치한 복합 생산·문화기업으로 진화하는 것이었다. 여전히 광대한 밭에서 밀을 생산하지만 조합은 그 생산물의 판매에만 국한하지 않고 인근 주민들은 물론 휴가나 시골 생활 체험을 원하는 도시주민들을 상대로 한 적극적인 서비스 조직으로 사업 다각화에 나선 것이다. 그리하여 Etzdorf 조합은 농장 상점은 물론 호텔, 정육점, 음식점, 승마 체험장까지 운영하면서 수익성을 제고하고 지역사회 주민들의 일자리 만들기에도 기여하고 있었다. 이러한 동독 지역 소형 농협의 진화 사례는 향후 남북한 농협의 진로와 관련해서도 상당히 흥미로운 시사점을 주는 대목이라고 할 수 있겠다.

6. 쿠바의 경제개혁과
협동조합[67]

　쿠바는 북한처럼 오랫동안 미국의 경제봉쇄에 시달려온 나라이다. 1959년 1월 피델 카스트로와 체 게바라 등이 이끈 쿠바혁명은 애초에 사회주의혁명이 아니라 민족·민주혁명이었다. 1898년 미국-스페인 전쟁에서 승리하면서 수십 년 동안 쿠바의 주인 노릇을 해온 미국이 사실상 쿠바경제를 장악하고 독재정권을 지지하고 있던 상황에서 벌어진 혁명은 쿠바 정치를 민주화하고 쿠바의 자원을 쿠바인들에게 돌려주는 것이 주된 목표가 될 수밖에 없었다. 그럼에도 불구하고 혁명이 자국의 이익에 해가 된다고 판단한 미국은 카스트로가 내민 악수도 마다하고 철저한 봉쇄 정책으로 혁명정권을 무너뜨리려고 하였다. 세계적인 냉전의 한복판에서 혁명의 진로를 결정해야 했던 쿠바 지도자들은 소련과 손을 잡고 사회주의 진영에 가담하지 않을 수 없었다. 이로 인해 1960년대 초반부터 지금까지 플로리다 코앞의 작은

---

[67] 이 장은 2017년 쿠바 현장체험을 각 분야별로 정리한 김성보·김창진 외, 『쿠바, 춤추는 사회주의』(가을의아침, 2017)에서 쿠바혁명사 및 경제개혁에 관해 필자가 작성한 글들을 요약한 것이다.

섬나라 쿠바는 세계 최강대국이라는 미국의 압박에 굴하지 않고 60년을 버텨온 것이다. 2015년 버락 오바마 집권기에 양국은 외교관계를 정상화했지만, 이후에도 미국의 경제봉쇄는 완전히 풀리지 않고 현재에 이르고 있다.

1960년대 이래 혁명정부는 농업, 교육, 보건의료, 주택 등 분야에서 획기적인 제도개혁을 통해 주민들로부터 그 정당성을 인정받게 되었다. 그리고 사탕무가 주산업인 쿠바는 1980년대 중반까지 소련의 지원을 받으면서 행복한 날들을 보냈다. 하지만 1985년 소련 지도자로 등장한 미하일 고르바초프가 '페레스트로이카'라는 이름의 개혁·개방정책을 시행하면서부터 쿠바의 앞길에는 먹구름이 드리워졌다. 고르바초프가 제안한 개혁을 카스트로가 거부하고 소련 경제 자체도 침체상태에 빠지면서 쿠바에 대한 경제지원이 축소되고 결국 중단되었기 때문이다. 소련에게 사탕무를 수출하고 대신 석유와 공산품을 제공받는 식으로 운영되어오던 쿠바 경제는 소련, 그리고 뒤이은 러시아의 원조 삭감과 중단으로 인해 1990년대 최악의 경제난, 즉 쿠바인들이 '특별시기(special period)'라고 부르는 죽음의 계곡을 건너게 되었다. 같은 시기에 '고난의 행군'을 겪게 된 북한과 쿠바의 경험은 매우 유사한 것이었다.

북한과 쿠바는 '위로부터' 점진적 개혁의 시도에 따른 시장경제 영역의 확대, 협동조합 부문의 유연한 운영과 부분적 성과, 그리고 일부 인민의 불만과 이주 현상 등에서도 유사한 양상을 띠고 있다. 쿠바의 경제개혁은 라울 카스트로 집권기인 2008년부터 본격화된 것으로 알려졌지만, 이미 피델 카스트로 시기부터 부분적인 시도가 이루어졌다. 특히 협동조합과 관련해서는 1993년 '협동생산 기초단위'(UBPC, Basic Unit of Cooperative Production) 허용, 국유지 임대 경작, 자율적 소형 농협 설립 가능 조치 등이 취해짐으로써 심각한 경제난이 압박 속에서 협동조합을 통한 활로 모색이 시도된 것이다. 그리고 2011년 '당과 혁명의 경제 및 사회정책 지침'이라는 명칭의 경제개혁에 관한 주요 조치가 선포되었다. 이에 따라 관광산업 육성, 외국 투자 문호개방, 시장지향적 농업, 민간 소사업체 등이 허용되었다. 그리고 재정, 신용, 협동조합에 관한 법률 개혁을 통해 일상생활에 직접 영향을 미치는 교통·중고자동차·음식업 등 소비재·서비스 시장 약 280개 업종에 소규모 자영업이 허용되었다. 주민생활 부문에서 국가의 직접 통제를 벗어나는 시장경제 영역이 상당 정도 발전될 수 있는 여지가 마련된 것이다. 또한 피델 카스트로 시기에는 농업 협동조합만 존재하다가 2012년의 협동조합법을 통해 비농업 부문(교통·소규모 제조업·서비스업 등) 협동조합도 설립이 가능하게 되고, 다양한 협동조합들 사이의 조율을 통한 2차 협동조합 내지 협동조합 클러스터도 조직이 가능하게 되었다.

필자가 현장에서 직접 관찰한[68] 자주적 농업협동조합의 첫 번째 사례는 루카씨네 농장이었다. 이탈리아 출신으로 쿠바 여성과 결혼한 루카씨는 쿠바 정부로부터 땅을 임대하고 본국 가족들로

---

[68] 이하에서 간략하게 소개하는 쿠바 협동조합들에 관한 구체적인 내용에 관해서는 『쿠바, 춤추는 사회주의』에 실린 김성보의 글 참조

부터 재정 지원을 받아 조합원 5명이 3헥타르 면적의 농장에서 각종 채소를 재배하면서 아바나 시내에서 작은 파스타 식당도 운영하고 있었다. '코인시덴시아(Coincidencia)' 농장의 구성원은 18가족으로 규모가 훨씬 큰데, 매니저 가족을 제외한 다른 가족들은 인근 지역에 살면서 농장으로 출퇴근을 하고 있었다. 이 농장은 그동안 충분히 활용되고 있지 않은 유휴 토지를 가진 대형 협동조합의 경작지 일부를 10년 단위로 임대받아 망고, 바나나, 옥수수, 커피 등을 재배하는 곳이다. 쿠바가 외부인들에게 자랑스럽게 소개하는 이 농장이 특히 흥미로운 것은 농작물뿐만 아니라 도자기도 같이 생산하고 있다는 것이다. 이를 통해 농장에서 도자기 축제를 열면서 농업과 세라믹 아트의 결합을 통해 일종의 '예술 농장'을 가꾸어 낸 것이다.

도시의 새로운 제조업 협동조합인 '스테인드글라스 복원 협동조합'은 쿠바 협동조합 의 미래를 살짝 보여주는 의미 있는 사례라고 할 수 있다. 이곳은 청년 여성노동자 3명이 모여 있는 작은 규모의 협동조합이다. 하지만 자신들의 전공을 살려 스스로 일자리도 만들어내면서 지역사회 전문가 단체 및 행정기관과도 협력, 공익적 활동을 펼치고 있기 때문이다. 이 소형 협동조합의 사업은 색유리를 가공·제작하는 것인데, 이는 아바나 시내에서 지속적으로 이루어지고 있는 엄청난 규모의 역사유적 복원에 꼭 필요한 재료이다. 따라서 이 조합이 '아바나 역사협회'와 협력하여 문화유적 보수 기관에 공식적인 납품자로 선정된 것은 매우 고무적인 일이 아닐 수 없다.

이상에서 간략히 살펴본 쿠바 협동조합체계의 특징은 첫째로, 국가가 토지와 건물의 소유권을 보유하고, 협동조합들에게 임대해주는 시스템이다. 협동조합은 생산물과 서비스를 시장가격에 팔고 이익을 남기는 것이 가능하다. 또 각 협동조합들은 공공조달에 참여(즉 국가기관과 거래)하며, 국가의 소신용 제공 혜택을 받고, 도매시장에서 자신들에게 필요한 물자를 구입한다. 특히 자주적 소형 농협의 경작권은 후손에게(만약 그 후손이 계속 농업에 종사하겠다고 하면) 상속도 가능하다. 다음으로 쿠바의 협동조합체계는 농업생산조합과 공공유통체계의 긴밀한 결합이 특징이다. 농장의 생산물들을 유치원·학교·병원 등에 일차적으로 의무공급하고, 국가에 일정한 세금을 납부하면 나머지는 시장 판매를 하여 수익을 올리고 자가 소비가 가능한 것이다. 생산물의 판매를 위하여 가정텃밭 주인들과 자급농장(Autoconsumos), 국영유기농장(Organoponicos) 등 협동농장들은 직판장을 운영할 수 있다.

최근까지 이루어진 쿠바 협동조합의 성과로는 국가의 직접적 통제를 벗어난 자주적 협동조합의 발전과 민간 고용 창출이 점진적으로 확대되고 있다는 점이다. 향후 협동조합 부문이 양적으로나 질적으로 보다 건실하게 발전되면서 개인들의 사익 추구를 위한 민간기업 발달과 보조를 맞춰 간다면 국영-협동조합-사영 3부문 소유권의 균형 발전의 가능성을 조심스레 점쳐볼 수 있지 않을까 한다. 하지만 현재까지 쿠바 협동조합은 여러 가지 점에서 한계를 보이고 있다. 어느 나라에서나 나타나는 현상이긴

하지만, 선포되는 정책 및 법률과 현실의 괴리가 우선 눈에 보이는 현상이다. 예컨대, 2017년 현재 비농업분야에서 500개 이상의 협동조합이 승인되었지만, 실제로는 약 절반 정도만 운영되고 있다. 한국에서 2011년 협동조합기본법 제정 이후 우후죽순 격으로 설립된 신생협동조합들의 거의 절반 정도가 실제 활동을 하고 있지 않다는 사실과 견주어 쿠바 협동조합들의 현황이 이상할 것은 없지만 협동조합이 활성화를 위한 사회경제적 조건과 교육의 미비가 분명히 중요한 문제인 것은 분명하다 하겠다. 또한 쿠바 협동조합 종사자들과 경제 전문가들은 고용인원에 따라 높아지는 노동세금, 자본조달의 한계(농업 부문의 소신용과 투입의 비효율성), 유통업 저발전과 판로 제한(제한된 도매시장) 등을 시급히 해결해야 할 사항이라고 불만을 제기하고 있다.

7. 어떤 교훈을
    얻을 것인가?

  이상에서 우리는 사회주의권의 개혁과 협동조합 문제를 중심
으로 소련ㅡ러시아, 벨라루시, 동독, 쿠바 사례를 간략하게 살펴
보았다. 향후 북한의 진로를 염두에 둘 때 이들의 경험으로부터
어떤 교훈을 얻을 수 있을까?

  무엇보다 먼저 법적 소유권과 경제제도에서 사회경제적 다원
주의의 필요성을 인정할 필요가 있다는 것이다. '자본주의냐 사
회주의냐, 둘 중 하나를 선택할 수밖에 없다'고 생각한다면 그것
은 냉전적 이분법에 지나지 않는다. 지금 세계 어디에도 순수한
형태의 자본주의나 사회주의가 존재하지 않을 뿐만 아니라 각자
가 가진 문제와 한계가 너무나 분명하게 드러났기 때문이다. 북한
지도부로서는 경제정책과 집행에서 국가의 중앙계획과 지방정부
및 지역사회공동체 관리, 그리고 민간의 경쟁적 시장이 병존할
수 있다는 개념적 인식이 선행되어야 할 것이다. '시장'은 자본주
의 그 자체도, 그 전유물도 아니기 때문에 시장경제를 허용하는
것은 곧 '자본주의에 대한 굴복을 뜻하는 것'으로 해석할 필요가
없다는 것이다. '시장경제의 확산＝자본주의의 부활'이라는 단선

적 인식을 넘어 '건전한 시장경제의 발전 조건에서 국가의 지역적·분산적 경제계획 수립'을 고민해야 할 것이다. 북한의 '우리식 사회주의'는 결코 시장경제를 '마지못해 묵인하는' 정도 가지고는 성공할 수 없을 것이다. 방어적·수세적 관점이 아니라 보다 적극적 관점에서 '시장경제를 어떻게 사회적으로 관리할 것인가?'에 천착하여 적절한 법적·경제적·사회적 장치를 마련하는 것이 필요하다는 것이다. 바로 이 지점에서 독일의 '사회적 시장경제' 개념과 그 정책적 운용 경험[69]은 상당한 시사점을 제공해 줄 것이다.

이와 관련하여 북한 지도부가 경계해야 할 중요한, 위험한 역편향은 '시장경제, 곧 자본주의의 도입이 만사형통이다!'는 식의 전도된 이데올로기적 사고이다. 기존의 중앙집중적 통제경제체제의 폐해를 목도한 고위관리들과 자유주의적 지식인들의 일부는 모든 경제문제의 해법을 '시장, 경쟁, 외자유치, 자본주의 도입'에서 찾는 경향이 있다. 이런 현상은 이미 1980년대 말 소련에서부터 최근의 쿠바에 이르기까지 국가사회주의권에서 일반적으로 나타나는 현상이다. 자신들이 경험한 기존 체제에서 '결핍된 제도에 대한 환상'으로 인해 '저 강 건너 화려한 불빛'으로 보이는 것들이 신기루처럼 모두 다 좋아 보이는 것이다. 그러나 '지상낙원은 어디에도 없다'는 현실을 냉정하게 인식하고 지속적인 개혁

---

69) 이에 관해서는 김해순, "독일 통일 과정에서 사회적 경제의 역할과 시사점", 사회적 경제를 통한 남북 인도지원 및 도시협력 모델 탐색: 2019 서울−평양 사회적 경제 심포지움 자료」 (하나누리 동북아연구원, 2019년 9월) 참조

과 혁신의 정치사회학을 학습하는 태도가 필요하다.

소련공화국 가운데 하나였던 벨라루시의 경험은 사회주의 체제의 개혁 과정에서 국유재산의 전면적 사유화가 능사가 아니라는 사실을 깨우쳐주는데 진지한 교사의 역할을 할 것이다. '충격요법'을 통한 전면적 사유화가 가장 효율적인, 심지어 유일한 개혁이라는 신자유주의적 마법에 홀려 그 길을 갔던 러시아를 비롯한 소련권·동유럽의 많은 나라들에서 사회경제적 파국과 혼란, 엄청난 빈부격차, 공중도덕의 파탄과 범죄율 급증을 거쳐 과두제가 지배하는 천민자본주의가 자리 잡은 현실이 분명하게 직시되어야 한다. 전체 인민의 피와 땀으로 수십 년 동안 지켜진 자연과 일구어진 부가 '경제기적을 일으켜줄 민영화'라는 이름으로 하루아침에 소수 관료들과 모리배들의 수중에 넘어가는 것을 허용해서는 안 될 것이다. 향후 남북관계와 북미관계가 호전되어서 북한이 외부자본의 투자를 적극 받아들이더라도 토지와 주요 건물, 농촌 공간이 정부의 합법적 정책을 통해 국내외 자본가들의 투기판으로 변질되지 않도록, 관료층과 자본의 구조적 결탁 기회를 제어하는 것이 매우 중요한 것이다.

다음으로 주식회사 및 지주회사와 협동조합을 비롯한 사회연대경제기업의 사회적 성격 및 위상 차이에 대한 진지한 연구와 정책 설계가 필요할 것이다. 인민의 개인적 욕구와 사회적 필요를 결합시킬 적절한 조직 형태로서 협동조합과 사회기업에 대한 적극적 인식이 필요하다. 이와 관련해서는 특히 협동조합의 자율성과 역동성에 대한 비판적 성찰 필요성이 급선무로 제기된다.

그간 '현실사회주의 국가'의 대부분에서 협동조합이 국가 정책의 관철 통로로서 실무기관으로 활용된(또는 전락한) 경험에 대한 냉정하고 구체적인 평가가 선행되어야 할 것이다. 그럼으로써 그들 제도의 혁신을 위한 적절한 법적·경제적 장치가 마련되어야 하고 그런 기관에 종사하는 임직원들에 대한 교육 또한 매우 긴요하다. 타성에 젖은 사업방식으로는 어떤 혁신도 일어나지 않을 것이기 때문이다. 여기서는 '물질적 수익성'뿐만 아니라 사회구성원들의 삶의 질 향상과 관련된 사회적 가치의 중요성을 인정하는 '사회적 수익성' 개념을 도입할 필요가 있을 것이다. 이를 위해서는 협동조합의 설립과 운영에 대한 구태의연한 관료주의적 절차를 탈피하고 세제 혜택과 공공조달 등 법적·행정적 지원책이 다각도로 강구되어야 한다.

동독과 쿠바의 경험은 경제개혁 및 협동조합과 같은 사회연대경제 제도의 활성화 과정에서 해당 지역 자체의 지리·경제적 자원, 역사적 배경, 사회문화적 차별성 등의 특성을 면밀하게 고려한 정책수립이 필요하다는 교훈을 제기해 준다. 더러워진 목욕물을 버린다고 목욕하는 아이까지 버리는 어리석음을 범해서는 안 된다. 이는 새로운 체제로 전환하는 것이 구체제가 가진 나름의 장점(긍정적 기능)까지 다 폐기하는 것이 아님을, 즉 새로운 환경에서 기존 제도의 장점을 어떻게 잘 살리면서 지역사회공동체를 큰 충격 없이 유지해갈 수 있는가, 즉 북한식의 지속가능한 발전에 대한 천착이 필요하다는 점을 말하는 것이다. 이와 관련하여 북한에서는 러시아·동유럽처럼 대형 생산조합체계를 유지할 것인가? 또는 차야노프 이론과 덴마크 사례처럼 소농의 협동조합(1차조합)과 협동조합들의 협동조합체계(2차조합)를 통한 대규모 영농의 이점을 살릴 것인가? 지역별로 어떤 차이를 둘 것인가? 에 관한 이론적·정책적 논의가 심각하게 이루어져야 할 것이다. 보다 실제적으로는 농업 인구의 축소(고령화, 청년층 도시 이주) 현상에 대한 대응책으로서 농업규모 대형화, 기계화 추세 대비 외에, 농업협동조합을 단지 농업생산조직으로서만 접근하지 말고 복합경제·문화기업체로 설계하여 발전시킬 가능성에 대해서도 구체적인 방안을 마련해야 한다.

이들의 교훈을 살려 북한에게 보다 적절하고 유리한 개혁 방안을 작성하는 과정에서 협동조합과 사회연대경제 관련 남북교류의 활성화를 통해 시행착오를 줄여가는 것이 바람직하다 할 것이다. 북한 지도부와 정책 현장의 담당자들이 남한 협동조합운동 및 사회연대경제 관계자들과 함께 이 분야의 실제 성과를 직접 관찰하고 토론할 기회를 가지는 것이 좋겠다. 물론 이 경우에도 "화남의 귤나무를 화북에 심으면 탱자가 열린다"는 속담을 깊이 새길 필요가 있다. 아무리 모범적인 외국 사례라도 자국 문제의 해결에 '정답'을 제공해줄 수는 없고, 단지 어떤 시사점이나 영감을 줄 수 있을 뿐이다. 즉 자국의 개혁과 혁신과정에서 힌트를 얻고 시행착오를 줄이는 발상과 방안을 도출하는데 도움을 받을 수 있다면 그것으로 충분히 가치가 있다는 것이다.

하지만 이 모든 것은 결국 나라를 살리고 사회를 살리고 결국 인민을 살리는 공공정책의 문제로 귀결된다. 즉 북한 지도부가 북한이라는 나라를 변화하는 사회적 수요에 적극 반응하는 '사회국가'로서 혁신할 의지와 전략을 가지고 거기에 알맞게 자원을 효율적으로 배치할 것인가? 그렇게 배치된 자원을 합리적으로 운용할 능력을 가진 행정 및 감독체계를 구축할 수 있는가에 달려있다는 말이다. 거꾸로 그들이 '우리식 사회주의'의 구호 아래 사실은 '자본주의적 단번 도약'을 꿈꾸고 있다면 상황은 전혀 달라질 것이다. 외부의 첨단기술을 받아들이는 것은 꼭 필요한 일이지만, 지름길만 찾다가는 뜻밖에 호랑이나 벼랑을 만날 수도 있다.

⋮

　본 장은 기존 사회주의 경제체제 전환국인 소련－러시아, 동독, 벨라루시, 쿠바의 협동조합 경험이 갖는 의의와 한계를 살펴보고, 북한에 사회연대경제 모델을 적용하는 것이 왜 필요하고 중요한지를 설명했다. 더 나아가 북한에 사회연대경제 모델, 특히 협동조합을 중요한 수단으로 도입할 때 어떤 점을 고려해야 하는지를 제시했다. 이러한 내용은 1장의 사회경제에 대한 이론적 고찰에 이어 주요국의 사회경제에 대한 추진 경험을 비판적으로 살펴본 것이다.

　본 장은 주요국의 사례를 살펴본 후, 북한에도 개혁과정에서 자본주의가 아닌 사회연대경제 모델을 도입하는 것이 필요함을 역설했다. 먼저, "사회주의는 사회연대경제 자체를 그 기반으로 성립되는 사회체제"라고 정의함으로써 사회주의 체제와 사회연대경제는 양립 가능하다는 점을 강조했다. 이러한 분석은 본서가 탐색하고자 하는 '사회적 경제의 북한 인도지원 및 남북경협 사업' 적용 가능성을 넘어 보다 근본적으로 북한의 경제체제 전환에 사회연대경제 모델을 접목하는 것이 가능함을 보인 것이다.

　구체적으로, 마르크스는 물론 레닌과 볼셰비키가 간과한 농촌문제와 관련하여, 오늘날 북한의 농업협동농장 개혁 방향 설정에서 고려할 지점들을 제시했다.

　정리하면, 북한의 사회주의 체제 개혁 과정에서 소련이나 동독처럼 국유재산의 전면적 사유화와 대규모 외국자본 유치를 도모할 것이 아니라, 쿠바와 벨라루시가 보여주듯, 유연한 토지임대제도를 통해 효율적인 자영농장 비중을 확대하고, 동시에 대자본의 침투와 무한정 토지겸병을 억제할 수 있는 정책들을 통해 기존 체제의 장점을 살리면서도 혁신이 이루어질 수 있는 제도들을 잘 설계하는 것이 중요하다는 것이다.

평양의 협동조합 경험 및 사회적 경제의 적용가능성

◈

이찬우
(일본 테이쿄대학)

1. 들어가며: 북한에서 사회적 경제의 존재와 의미

　해방과 분단의 과정을 거쳐 성립한 조선민주주의인민공화국 (이하 북한)은 사회주의를 지향하는 경제체제를 만들었다. 초기 형태는 소위 [인민민주주의] 경제체제였는데 이는 개인소유와 협동소유 그리고 국가소유를 모두 인정하는 혼합경제 체제였다. 그래서 1950년대까지는 개인상공인의 기업활동(개인경리)을 보장하였고, 이를 가능한 집단화하여 협동조합화하는 정책, 그리고 중요산업시설을 국유화하는 정책을 실시하였다. 한국전쟁 이후에 북한은 개인경리의 협동화를 본격적으로 추진하였다. 그 과정은 비사회주의적 경리 → 반(半)사회주의적 경리 → 완전한 사회주의적 경리로 전환하여 가는 것이었다. 그리하여 1958년에 개인상공업은 완전히 폐지되었다. 이러한 과정에 대한 북한당국의 설명은 1959년 평양에서 개최된 [전국지방산업 및 생산협동조합열성자대회] 에서 당시 내각 제1부수상 김일의 보고에 잘 나타나 있는데, 그 내용은 아래와 같다.

"우리 당은 수공업자들이나 또한 중소 기업가, 상인들을 협동경리에 인입함(주: 끌어들임)에 있어서 다 같이 자원성의 원칙을 엄격히 준수하였으며 그들의 경제적 형편과 의식 수준을 충분히 고려하여 항상 그에 적합한 구체적 대책들을 실시하였습니다. 수공업자들의 협동화 운동이 대중적 단계에 들어서게 되고 특히 중소기업가, 상인들이 협동조합에 인입되게 됨에 따라 협동경리의 형태에 관한 문제가 매우 중요하게 제기되었습니다.

여기에서 우리 당은 생산협동조합의 세 가지 형태를 규정하고 매개 조합이 조합원들의 출자 정형과 의식 정도를 심중히 고려한 기초 우에서 조합원 대중의 총의에 따라 적절한 형태를 선정하도록 지도하였습니다. 협동경리의 제1 형태는 극히 령세한 수공업자들을 초보적으로 망라한 생산협동반이며 제2 형태는 수공업자들과 중소 상공업자들의 생산 수단 및 자금을 통합하여 공동경리를 운영하되 로동에 의한 분배를 기본으로 하면서 일부 사적 소유로 남아 있는 출자몫에 대하여서도 분배를 실시하는 반사회주의적 경리이며 제3 형태는 생산수단과 자금이 전적으로 조합의 공동 소유로 되어 오직 로동에 의하여서만 분배를 실시하는 완전한 사회주의적 경리입니다.

당은 협동조합에 가입한 상공업자들의 생산수단과 자금을 사회화함에 있어서도 그들이 내놓은 생산 수단과 자금을 출자금으로 인정하고 점차 그의 대가를 보상하는 방법으로 사적 소유를 협동단체 소유로 전환시키도록 하였습니다. 협동경리의 세 가지 형태와 사적 소유의 이와 같은 사회화 방법은 개인 상공업자들로 하여금 협동경리를 용이하게 인식할 수 있게 하였으며 그들을 순조롭게 점차적으로 완전한 사회주의적 경리에로 이끌 수 있게 하였습니다. 오늘 우리나라의 생산협동조합 중 제1 형태는 이미 존재하지 않으며 제2 형태는 38%, 제3 형태는 62%를 각각 차지하고 있습니다."

(노동신문 1959년 10월 13일),
〈전국지방산업 및 생산협동조합열성자대회에서 한 내각 제1부수상 김일 동지의 보고〉

농업분야의 사회주의화도 같은 맥락에서 1950년대에 완성되었다. 해방 후의 토지개혁 실시로 자기 땅을 갖게 된 농민들이 6·25 전쟁 후에 피폐된 농촌에서 1955년까지 전체농가의 45%가, 노력 협조반 방식(제1형태), 토지출자후 공동경리와 출자몫 배분방식(제2형태), 생산수단 통합과 노동분배 방식(제3형태) 등 협동경리의 3가지 방식으로 농업협동조합을 만들었다. 1958년에 농업협동조합이 지방 말단 행정단위인 리단위로 통합(3,843개소)되면서 제3형태의 농업협동조합으로 모든 농민이 참여하는 것으로 정리되었다고 한다(조선중앙년감, 1960년).

이와 같이 북한은 1950년대에 [완전한 사회주의적 경리] 방식이라고 설명한 제3형태인 '생산수단 통합과 노동분배 방식'으로 개인상공인과 농민을 사회주의적 경제체제로 편입시켰다고 할 수 있다.

북한은 제3형태의 협동조합(협동농장)을 '완전한 사회주의적 경리'로 규정하고 있는데 이에 대한 평가를 다시 해볼 필요가 있다. 자본주의 사회에서는 협동조합을 통한 경제활동을 일반적으로 사회적 경제로 보고 있기 때문이다. 사회적 경제의 시작은 19세기 초 유럽과 미국에서 등장한 협동조합과 사회적기업 등이었다. 한반도에선 1920년대 이후의 소비조합, 농민협동조합 등을 거쳐 해방 후 신용협동조합, 생활협동조합, 사회적기업 등 각종 조직형태로 나타났다. 사회적 경제는 자본주의 사회에서 시장이 이윤추구 때문에 손대지 않고 또한 국가가 재분배 능력이 부족한 상황에서 생산 및 서비스 참여자들이 민주적으로 조직을 만들어 자신의 소유권을 협동으로 소유하면서 사회적 가치를 실현하는 시스템이다.

이렇게 보면 자본주의 경제에서 대안 또는 보완 개념으로 나온 사회적 경제가 사회주의 경제에서도 적용될 수 있는가 하는 문제가 있다. 특히 북한은 "생산수단의 주인인 인민대중의 지위는 국가적 소유지배를 철저히 함으로써만 담보된다"며 여타 나라에서의 변화이론을 사적소유로 가는 문을 여는 [수정주의]라고 비판하는 입장이다.[70]

그런데 사회적 경제의 개념을, 생산 및 소비에 참여하는 참여자가 "이윤보다 사회적/환경적 목표를 우선으로 삼고, 경제활동에서 민주적 자주관리와 적극적 시민의식의 관점에서 경제적 실천을 성찰함으로써 경제에 대한 사회적 통제력을 회복하려는 움직임"[71] 이라고 정의하면 자본주의 경제든 사회주의 경제든 적용가능한 개념이 될 수 있을 것으로 생각한다. 여기서 사회적 통제력을 '국가적 소유지배를 통한 통제'로 보면 사회주의적 경제이고 '시민사회의 자주적인 통제'로 보면 사회적 경제로 이해할 수 있을 것이다.

---

70) 김응천, "사회주의소유의 본질을 왜곡하는 현대수정주의리론", 과학백과사전출판사 『경제연구』 2018년 2호

71) 유엔사회개발연구소장 폴 래드의 기조연설, [2018사회적경제 국제포럼], 서울, 2018년 6월 15일.

사회주의 경제에서도 국가가 복지기능을 제대로 발휘하지 못할 때 그 대안적 기능으로서 시장과 사회적 경제가 나타난다고 할 수 있다. 지금까지 많은 연구는 사회주의 경제에서 시장의 부활에 초점을 맞추어 시장화 또는 시장경제화로 국가 지배가 약화되어가는 것을 필연적인 방향으로 설정하고 분석하고 있다. 그러나 사유화나 시장화라는 단순 논리로는 설명할 수 없는 부분이 북한에 존재하고 있으며 이는 공유경제를 보완하는 사회적 기능을 하고 있다. 북한에서 사회적 경제 기능을 하고 있는 협동조합, 이 조직이 꼭 '시민사회의 자주적인 통제'를 완전히 실현하는 조직이 아니라 하더라도, 이를 통해 북한 주민들이 부분적으로라도 국가에 의존하지 않고 민주적인 의사결정을 통해 경제활동을 하고 자신의 생활을 보장할 수 있다면 사회적 경제라 일컬어도 좋다고 할 수 있을 것이다.

　북한에서 소위 사회적 경제라 부를 수 있는 경제영역에 대한 선행연구가 전무하다시피 한 상항에서 본 장은 노동신문과 민주조선의 기사 등을 찾아 그 내용에 대한 확인을 통해 협동조합 또는 소비조합이 사회적 경제로서 기능할 수 있었고 현재도 그럴 가능성이 있음을 밝혀보고자 한다.

2. 평양의 협동조합 경험: 사회주의 경제에 편입된 사회적 경제

1) 평양, 소비조합 시대 (1946~1953년)

해방직후 시기인 1945년에서 47년까지 북한지역에서는 협동조합이 자생적으로 아래로부터 조직되기 시작하였는데, 임시인민위원회나 당조직이 협동조합을 정치적으로 활용하면서 위로부터 조직하는 방식으로 전국화하는 형태를 띠었다.

당시 소련군정하의 북한당국이 추진한 정책은 경제부문에서 '인민민주주의' 형태의 경제체제를 구성하는 것이었다. 구체적으로는 개인상공인의 사적 소유를 인정하고 보호하면서도 이를 협동화하며, 노동자와 빈농의 생활을 보호하고 지원하는 정책이 추진되었는데 이를 위해 협동조합이 유용하다고 인식되었기 때문에 협동조합─소비조합 결성이 위로부터 추진되었다.

사실 북한지역에서 협동조합과 소비조합은 해방 전인 1920년대부터 있었다. 소비조합들은 특히 평안도와 황해도에서 활발했다. 이 지방의 기독교인들은 민족의 경제적 자립을 도모하는 물산장려운동의 수단으로써 소비조합과 농업협동조합을 조직하였다. 함경도에선 천도교 계통의 농민운동조직인 조선농민사(朝鮮農民社)가 농민공생조합이라는 나목적 협동조합(출하, 구매, 판매, 신용)을 조직하여 농민의 생활을 지탱했다. 이러한 민주적 협동생산과 소비운동이 있었지만 일제의 탄압으로 해체되었는데, 해방 후에 다시 조직되어 협동조합이 상품판매와 수매를 통해 도시와 농촌의 경제적 연계를 강화하는 데 기여했다. 이렇게 노동자 농민층의 자발적 조직, 그리고 소상공인에 대한 협동화가 해방 후 북한지역에서 추진되는데 아래로부터 그리고 위로부터 동시에 추진되는 형태였다.

해방 후 초기 북한당국의 협동조합에 대한 인식은 레닌의 [협동조합론]의 영향도 있었다. 노동신문은 레닌의 협동조합론을 아래와 같이 소개하고 있다.

"소비조합을 다음과 같은 조건 즉 로동계급이 농민기본대중과 동맹을 가지고 로동계급이 농민을 지도하고 모든 대생산수단이 푸로레타리아 국가에 소속되고 있을 때에는 농민에 대하여 가장 용이하고 가까이하기 쉬우며 또한 근로농민의 광범한 대중이 사회주의길로 현실적으로 넘어가는데 필요한 모든것을 보장하여주는 조건으로서 내세웠다. 레 - 닌은 당이 농촌의 사회주의적개조의 모든 과업을 해결하는데 힘을 비는 중요한 생산반으로서 협동조합을 보았던것이다."

(노동신문 1948년 9월 3일)

여기에서 언급되고 있는 것처럼 협동조합 또는 소비조합은 사회
주의적 개조를 위한 주요한 수단으로 설정되었다. 그러나 그 자체
가 사회주의 체제의 골간이라기보다는 사회주의 체제로 가는 과정
에서 필요한 조건이라고 평가되었다고 보아야 할 것이다.

　　북한에서는 해방 이후 각 지역에 자생적으로 협동조합이 형성
되었다. 평양시 협동조합, 평양철도 협동조합, 평남광산 협동조
합, 진남포 협동조합, 평안남도 협동조합연맹, 평안북도 협동조합
연맹 등이 그 사례이다. 이 협동조합들이 1946년 들어 북조선임
시인민위원회에 의해 소비조합이라는 이름으로 통합되고 지역별
조직으로 개편된다. 즉, 1946년 5월에 전국 조직으로 통합된 '북조
선소비조합'이 평양 서문여자중학교 강당에서 결성되었다. 이 북조
선소비조합은 219개 조합에 1,069,479명의 조합원을 거느리게 되
었는데 이 결성대회에서 위원장으로 뽑힌 장시우[72]씨는 아래와
같이 소비조합의 의미를 설명하였다.

---

[72] 장시우는 평남도 룡강군출신으로 1896년생 1918년 평양숭실중학교를 고학으로
　　졸업하고 3·1운동 당시에는 만주 간도지방에서 활약하고 만주에서 독립운동단체
　　인 『국민회』에 참가하였다. 1922년 일본에서 사회주의운동에 참가하였으며, 1923
　　년 고향 룡강군에서 소작운동을 지도하다가 1924년 이 운동으로 검거되어 감옥생활
　　6개월을 하였다. 이후 1926년 간도에서 조선공산당에 가입하였다. 1929년에 간도
　　에서 농민폭동을 지도하여 1930년부터 39년까지 10년간을 서대문형무소에서 감옥
　　생활을 하고 1939년 출옥하여 귀가하여 고향에서 농업 상업에 종사하면서 8.15를
　　맞이하여 조선공산당 평남도당책임비서 1946년 5월에 북조선소비조합위원장을
　　역임하였다. 1946년 10월에 북조선임시인민위원회 상업국장으로 되었다. (참조:
　　노동신문 1946.10.23) 1948년 제1차 내각 구성 때 상업상으로 임명되었으나, 1953년
　　박헌영 종파사건에 연루되어 숙청되었다.

"조선의 소비조합운동은 오랜 역사를 가지고있으나 이를 절대 보장할
정권이 없었다는것과 일제의 야만적탄압으로 말미암아 발전할수 없었다.
8·15후 북조선에 인민정권이 수립되자 비로소 협동조합이란 명칭으로
소비조합운동을 전개하였으나 이것은 조직상 통일성을 가지지 못했고
그 사업의 중점을 소비면보다는 생산면에 두었기때문에 소비조합으로서
의 성격을 바르게 규징질수 없었다."

(정로 1946년 5월 23일)

이에 따라 평양에서도 협동조합이 소비조합으로 개편되었다.
'평양시 협동조합'은 상기 북조선소비조합 결성대회에서 '평양시
소비조합'으로 명칭을 변경하였다. 그리고 동 6월 15일에 평양시
소비조합 대회를 개최하여 평양 시내 60개 지부들이 참여하여
집행위원과 검사위원을 뽑았다.

북한에서 소비조합이 결성된 후의 모습에 대해 노동신문은 다
음과 같이 보도하였다.

"협동조합이 해소되고 소비조합으로 신발족하면서 북조선전체를 통괄하
는 북조선 소비조합이 지난 5월 21일에 결성된이래 자체의 진용을 정비
하며 동시에 각도에 도 소비조합을 결성시키고 도 소비조합은 시군 소비
조합을 결성시키며 각시와 각면에는 소비조합상점을 설치하려고 준비중
인바 북조선에 있어서 물자의 원활한 유통을 위하여 착착 자기 사업을
진행하고있다."

(정로 1946년 6월 20일)

1946년 11월에 임시인민위원회 상업국장으로 자리를 옮긴 장시우는 12월 사업보고를 통해 "북조선에 있어서 공적 상업기관으로 북조선소비조합은 금년 5월 20일 탄생되었습니다. 최초에 구 협동조합토대 위에서 조합원수 1백32만인과 자본금 4천6백만원으로 발족하였는데 현재는 조합원수가 2백17만9천명이요, 자본금이 1억9천4백90만원에 달하였으며 상점수는 현재 8백62개소이올시다." 라고 소비조합이 공적인 상업기관인 것으로 설명하고 있다. 이는 주민들의 자발적인 협동조합을 국가지도를 통해 전국적 소비조합으로 개편한 것에 큰 의미를 둔 것으로 보이며 소비조합의 규약에 임시인민위원회의 지시를 따른다고 한 점으로도 당시의 소비조합이 국가적 관심으로 조직된 측면이 있음을 알 수 있다.

　　당시 북조선임시인민위원회가 개별 협동조합을 전국적으로 통합하여 소비조합으로 개편하도록 한 것은 1946년에 도시지역에 부족한 식량을 농촌지역으로부터 수매공급하고 대신 도시지역의 일용품, 공업품(비료) 등을 농촌지역에 공급하기 위한 상업망이 필요했기 때문이기도 하였다. 중간상인에 의한 매점매석으로 곡물 가격이 급등하여 도시 서민의 생활이 불안정해지는 것에 대응하기 위한 것이었다. 북한 당국은 매점매석으로 착취하는 중간상인들을 '모리간상배'로 호칭하며 이들을 배제하는 것을 상업의 주요 목표로 하였다. 소비조합이 그 역할을 할 수 있는 조직이라 본 것이다. 그리하여 북조선소비조합은 결성 후 바로 평남 평북 황해 3도에서 농가의 잔여양곡 10만석을 매수하는 동시에 농가의 생활필수품을 배급하기로 하는 결정을 하였다. 이후 임시인민위원회는 이를 확대하여 8월 20일에 북조선소비조합을 통한 양곡수매 결정서(제63호)를 발표하여 농민이 25퍼센트의 현물세(약 60만 톤)를 납부한 후 잉여 양곡에서 전국적으로 15만 톤을 1947년 5월까지 농가의 잉여양곡에서 수매할 것을 지시하였다. 1946년 11월에는 원래 수매계획량인 15만 톤에 5만 톤을 추가하여 20만 톤을 1947년 1월까지 자유교역의 원칙하에 수매할 것을 결정하고 이를 위해 물품예매제를 실시하는 등 전국적으로 소비조합이 양곡수매에 총동원되었다. 그 과정에서 이른바 '명령주의, 관료주의적 수매방식'의 병폐가 나타나 농민들의 호응이 떨어지고 결국 1947년 1월 1일 김일성 임시인민위원회 위원장이 물품예매제와 같은 부정확한 수매방식을 중지할 것을 지시하였다. 결국 1월 17일에 북조선 소비조합은 수매사업을 중지하고 수매에 응한 농민들에게 우선적으로 공업물자를 제공할 것을 결정하였는데, 그 상황에서의 수매율은 목표 20만톤의 12%(백미 10,348톤, 잡곡 14,203톤, 계 24,551톤)에 지나지 않았다.

국가가 정한 수매목표를 절대적으로 달성하려는 소비조합의 행동이 농민들에게 강제적인 모습으로, 즉 일제시대의 공출처럼 비추어졌을 것이다.

소비조합을 국가정책의 수단으로 사용하게 된 것이 결과적으로 조합원(도시노동자와 농민)의 자발성을 해치는 모습이 되었다. 이후 양곡 수매사업은 농민들의 자발적 애국적 호응에 호소하는 방법으로 수매목표량 없이 진행되었다.

1947년 이후 북한의 소비조합 사업의 중심과제는 [근로대중을 위한 조직]으로 재탄생하는 것이었다. 이를 위해 사업방식을 개혁하고 조합원 대회를 통해 새 중앙조직을 구성하는 등 조직체계 정비가 진행되었다.

평양시 소비조합에 대해서도 1947년 당시 노동신문의 기사를 찾아보면 다음과 같이 나온다.

"평양시 소비조합은 사무원 로동자 일반시민들의 생활향상을 위하여 식량생활필수품유통을 원활히 하고 간상배들의 물자교란을 방지하기에 지난날 사업상 모든 부패적 현상을 시정하고 일정한 계획밑에 조직사업을 진행하고있다. 지난 일년동안 사업에 있어서 소비조합일꾼들의 정치적사상교양이 부족함과 조합의 성격을 바로 규정하지 못하고 왕왕 오류를 범한 일도 있다. 이러한 것을 검열하는 간부들의 조사사업이 부족하였던 관계상 소비조합 발전에 좋지 못한 영향을 준 것이다. 모든 결점을 시정하고 인민들의 복리를 위해서 계획적인 사업을 진행하고있는 바 조합원은 날로 증가되어 매달 30% 증원되고 있으며 2월말일 현재로 102,722명의 조합원을 획득하였다. 로동자 사무원들의 편리를 도모하기에 23개소의 직장매점과 시민들을 위해서 도급제상점 10개소 시소비조합 직영상점 2개소를 설치하고 생활필수품 양곡 등을 조합원에게 우선적으로 공급하고있다. 상품교류의 정상화를 위하여 소비조합사업을 향상발전시켜 간상배들에게 이윤을 한 푼이라도 주지 않으리라는 기세는 인민들의 자기 성과를 표현하는것이다."

(노동신문 1947년 3월 23일)

"평양특별시소비조합에서는 로동자 사무원 및 일반시민들의 편이를 도모하기 위하여 전노력을 다하고있다. 즉 7월 중에 있어 이동판매대를 조직하여 식료품 의료품 등의 생활필수품을 트럭에 가득 싣고 평양시 주변 농촌과 각 생산공장에 나아가 직접 순회판매하는 동시에 시가에서 멀리 떨어져있는 주택지대와 공장에 6개의 소비조합상점을 증설하며 또 4개의 먼옥과 누부공장 염색소 대식당을 각각 1개소와 5개의 소공원에 7월 15일부터 청량음료수 과자 등을 판매하는 간이매점을 열기로 되었다."

(노동신문 1947년 7월 12일)

"평양특별시소비조합에서 상품이 꼭꼭 근로대중의 손에 들어가게 조직하기 위하여 5월말에는 돌격주간을 실시하고 카 - 트정리에 착수하였다. 그리하여 8만명의 조합증을 재검사하였으며 카 - 트들을 정리함으로써 2중 3중의 배급대상자를 청산하였다. 4월까지만 하여도 부진상태에 있던 소비조합상점들을 근로인민의 상점으로 그 면목을 일신케 하였으며 지금 중앙상점(11개점으로 구성)을 한개로 치고라도 17개의 소비조합직영상점이 확장되었고 직장매점 31개소를 개점확장하게 되었다.

이러한 성과를 올리게 된것은 식당종업원들이 친절하고 식사들이 싸고 우수하기때문에 서평양지대에서까지 달려오게 되는것이며 식당은 항상 초만원을 이루는 현상이다. 더우기 7월에 들어와서는 큰 규모의 두부공장이 사업을 시작하였으며 이발관이 5개소나 신설되었다. 7월에는 공장과 농촌 그리고 주택부근에 6개소의 소비조합상점이 신설될것이며 직장 농촌에는 수시로 이동판매대를 조직동원할 준비에 있다. 특히 근간에 가두공원에는 간이한 매점들이 신설될것이며 염색세탁소까지 개소될것이다. 이리하여 7월에는 시내 농촌리에서 야채들을 구입하여 싸게 공급할 작정이며 근 60%가 일용잡화들인 4,700여만원의 상품을 공급할 준비에 있다."

(노동신문 1947년 7월 15일)

이상의 내용을 보면 소비조합들이 본래의 협동조합적 성격을 강화하면서 자체의 상점망을 확충하고 농촌과 도시 사이의 상품 공급망을 정비해 나간 모습을 알 수 있다.

그리고 소비조합의 사업에서 '조합가입자대표보고회의' 등 대중조직으로서의 모습이 중요해졌고 조합의 대표들을 선출하여 중앙조직을 만드는 원래의 협동조합 조직으로 재구성하는 사업이 진행되었다.

이를 위해 평양시 소비조합은 1947년 11월 25일에 평양제3여자중학교 강당에서 조합원 대회를 개최하는데, 여기서 북조선 소비조합 중앙대회에 보내는 대표자 10명과 평양특별시 위원회 위원 19명을 민주주의적 직접선거로 선출하였다. (이상 노동신문 1947년 11월 28일)

이는 1946년 5월에 결성한 북조선 소비조합이 위로부터 도−시, 군으로 내려오는 하향식 조직형성이었다는 점에서 나타난 조직상의 관료주의와 형식주의를 타파하고 새로이 상향식 민주적 대중적 조직체계를 만들기 위한 작업이었다고 할 수 있다. 그리하여 1947년 11월에 각 회원 조합의 민주적 선거를 통해 지도기관인 [북조선소비조합 중앙위원회]를 조직하였다.

이 선거과정에 대한 노동신문의 보도를 아래에 인용하는데, 당시 소비조합 구성과 절차의 민주주의적 제도를 엿볼 수 있다.

"오는 11월 10일부터 북조선 소비조합에서는 그의 사업을 더욱 강화하며 창립이래이 사업을 총결림과 동시에 북조선 소비조합 각급위원선거를 실시하게 되었다. 즉 오는 11월 10일내로 북조선 전체의 리 동에서 조합원연합총회를 개최하여 각 시 군에 선출하는 대표자를 선거한다.

각 시 군에서는 11월 15일에 리 동에서 선출된 150명의 대표자로서 시 군대회를 열고 시 군위원회 위원 15명을 선거하며 각도에 선출하는 대표자를 선거한다. 각 시 군에서 선출된 대표자 200명으로써 11월 25일에 도대회를 열고 도위원회 위원 21명(각도)과 19명(평양특별시)을 선거하며 중앙대회에 선출하는 대표자를 선거한다. 중앙대회는 각도에서 선출된 300명의 대표자로서 12월 5일에 중앙대회를 열고 소비조합중앙위원회 위원 33명과 검사위원회 위원 9명을 선거한다.

선거에는 만 20세이상에 달한 조합원은 성별여하를 불문하고 동등한 선거권 및 피선거권을 가지고 참가한다. 각 대회를 구성할 대표자는 조합원수에 의한 비률에 의하여 선거된다. 각급대회는 공개적기명투표(거수)로 위원을 선거하며 위원장 부위원장 상무위원들은 각급위원회에서 이를 선거한다. 또한 선거에 참가한 조합원 혹은 대표자의 반수이상의 찬성투표를 받은 입후보자는 선거된 대표자로 인정하며 반수이상의 찬성투표를 받지 못한 입후보자는 선거되지 않는것으로 한다. 그런데 반수이상의 찬성을 받은 입후보자가 정원수를 초과하는 경우에는 득점순차로 결정한다.

이상과 같이 각급대회에서는 창립이래의 사업총결보고와 위원선거가 실시되고 중앙대회에서는 중앙위원선거와 검사위원선거 및 북조선소비조합 규약이 정식으로 통과된다."

(노동신문 1947년 10월 23일)

실제의 중앙대회(역사적으로는 소비조합 2차대회)는 1948년 1월 31일~2월 1일에 개최되어 조홍히 북조선 소비조합 중앙위원회위원장이 "조직에 있어서 1946년말에 220만여명의 조합원이 1947년 말에는 488만의 조합원으로 조직의 급진적장성과 상품류통의 비약적 업적을 가져왔다. 상업망은 도시 농촌 및 직장에 걸쳐 1,759개소가 설치되었으며 리용시설은 484개소 생산기업소 78개소 43종 147개소의 생산합작사를 조직지도하고있다. 반면에 부분적인 결함들을 들 수 있다. 첫째로 사업상 기능을 완전히 발휘못하고 소비조합일꾼으로서의 사명을 더 높은 위치에 제고시키지 못했다. 사상적통일과 신의심이 부족했으며 하급기관일꾼들을 옳게 지도발동시키지 못했다. 상품취급은 국가배정품에만 의존하고 상점자체수매조건을 지어주지 못한 관계로 상품류통이 충분치 못하였다. 다음 리용시설은 근로인민들의 생활조건에 부합하는 지역과 그 방향으로 내용이 충실치 못하였다. 경영에 합리화를 도모하지 못하고 도시편중 안일 무원칙한 조직에 흘러 리용가치를 저하시킨 부분적인 현상들이 있다. 이상과 같은 좋지못한 사업작풍과 사업상 제결함을 시급히 퇴치하는 동시에 전근로인민들의 리익을 위하여는 조합사업을 정상적으로 추진발전시켜야 하겠다."는 발언을 하였다.

이렇게 해서 북조선 소비조합 중앙위원회가 결성된 후 소비조합은 자체의 수매사업과 판매사업을 통한 상품교류사업을 중심으로 전개하면서, 1948년 말에는 소비조합원이 520만 명으로 북한 인구의 절반, 성인 인구의 대부분이 참여하는 수준으로 발전하였다. 바야흐로 북한은 소비조합 전성시대가 되었는데, 조합원 구성은 노동자 10.5%, 농민 69.7%, 사무원 6.2%, 수공업자 4.7%, 기타 18.9%였다. 농민이 소비조합원 구성의 약 70%를 차지하는 것으로 농민들의 적극적인 참여가 특징이었다. 북한의 소비조합의 득성은 농민을 근간으로 하는 것이었기 때문에 평양 등 도시부의 소비조합은 이 문제를 둘러싸고 이후 변화를 겪게 된다.

[사진 3-1] 평양시소비조합 제1백화점

자료: 노동신문 1948년 12월 4일

한편 북조선 소비조합은 사업의 새로운 방안으로 산하에 3가지 형태의 산업시설을 가지고 생산과 유통에 참여하였는데, 그 3가지는 생산기업소, 리용시설 그리고 생산합작사였다. 소비조합

산하의 생산기업소는 식료품 공장, 76개소, 일용품공장 7개소, 섬유공장 2개소, 금속공장 10개소, 건재공장 4개소, 기타 경공업 공장 12개소였다. 리용시설은 수리서비스를 중심으로 하는 곳으로서 양복, 구두, 시계, 자전거, 기계류의 수리나 세탁소와 간판점, 방아간, 제분소, 이발, 목욕탕, 사진관 등의 서비스 제공분야이다. 그리고 생산합작사는 수공업자들의 생산조합 형태로서 소비조합 산하에만 있는 새로운 형태였다(정록, 소비조합의 생산운동에 대하여,『소비조합』, 1949년 1월호).

생산합작사는 생산한 물품을 구매하여 도시 및 농촌 조합원에게 공급하는 사업을 1947년 9월부터 진행하였다. 예를 들어 강원도에서는 제과, 목공, 해산물, 가마니, 목탄 등, 평안북도에서는 제본, 목탄, 숫돌, 농기구, 연필 등, 평안남도에서는 목공, 견직, 가마니, 제지, 제탄, 원목 등, 황해도에서는 농수산물, 함경남도에서는 목기, 마포, 명주, 아마, 토기, 도자기, 벌꿀, 기와, 전문, 명란 등을, 함경북도에서는 대리석, 도자기, 목탄, 유리제품, 제과, 제분, 신탄 등을 생산하는 소비조합 생산합작사를 조직하였다(노동신문 1947년 10월 18일). 이렇게 생산된 각 지역 특산물을 "소비조합생산합작리용 생산제품"으로 명명하여 1947년 12월에 2주일간 평양시 소비조합 제1백화점에서 전시회를 개최하기도 하였다. 이 전시회에 대해 노동신문 12월 17일자는 "강원도 소비조합 전시실에는 그 지방의 특산물인 명태, 잣, 석, 굴 또는 금강산의 재목으로서 가공한 밥상 밥통 절구 방치등의 일용품이 가득 진렬되고 있다. 특히 강원도 안변군 소비조합일꾼들이 사기

와 에나메르를 원료로 창의고안하여 제작한 전화 전기선가설에
있어 없어서는 안될 전기부속품인 『애자』와 『외관』 또 풍로는
관중의 눈을 끌고있다. 다음에 평북도소비조합의 연필 함북도소
비조합의 도자기 함남 단천군소비조합에서 제조한 전기염 등이
특히 관객을 감탄시키고있다. 이 물품들은 소비조합일꾼들이 우리
나라의 원료로써 우리의 기술로써 생산한 제품이다.” 라고 보도하
였다. 그런데 이러한 생산합작사가 실제에서는 잘못 운영되는 사
례가 있는 것으로 노동신문이 12월 20일자 사설 [생산합작사의
사업을 옳게 조직하자]를 통해 지적하였다. 일부를 인용하면 다
음과 같다.

> “실례를 들어보면 어떤 제과합작사는 3, 4명의 개인기업가가 생산합작
> 사의 미명아래서 고용로동자를 착취하며 합작사의 전체 리익을 자기의
> 수중에 넣고있다. 소비조합에서는 그 기업을 소위 생산합작사라하여 이
> 에 렴가로 귀중한 원료를 공급하며 그 생산과자는 시장가격으로 매수하
> 고있다. 이러한 『생산합작사』는 우리가 요구하는 것이 아니며 그는 개
> 인기업가들의 모리를 목적한 기업회사에 불과한 것이다. 그러므로 북조
> 선소비조합 앞에는 급속한 시일내에 그러한 『생산합작사』들을 개조할
> 과업이 나선다.
> 먼저 생산합작사의 조직및 운영에 대한 규정과 세칙을 합작사의 목적에
> 부합되게 다시 작성하여야 할 것이다. 그리고 합작사의 조직과 사업방법
> 을 근본적으로 개신하여 모리간상을 목적하는 소위 『생산합작사』를 해
> 산하고 근로자들로써 진정한 의미의 생산합작사를 조직하고 이를 확보
> 발전시키기 위하여 생산시설 물자와 원료 자재 등의 입수에 우월한 조건
> 을 지어주어야 할 것이다.

생산합작사의 생산에 있어서는 그 근본목적인 국가와 인민생활에 필요
한 물품을 생산한다는 원칙을 고수할 것이며 나아가 국가와 인민대중에
게 우량한 물품을 다량으로 저렴하게 공급하도록 하여야 할 것이다. 그
리고 생산합작사의 리익은 합작사의 근본원칙을 준수하여 로력에 의하
여 분배할 것이다."

이 생산합작사는 조직 발족 이래 1년이 지난 1948년 9월 현재
로 목공, 목기, 목탄, 한지, 토기, 수산물 등 53개 업종에 220개
합작사가 조직되어 합작사원이 6,988명에 이르렀다 한다. 사원들
의 출자금 775만원, 미납출자금 235만원, 소비조합으로부터 대출
한 금액이 1,458만원으로 생산을 하여 시장가격보다 평균 10%
저렴하게 공급하였다고 한다(김원찬, 생산합작사운동 1주년 성과
와 당면과업, 『소비조합』, 1948년 10월호).

1948년 9월에 조선민주주의인민공화국이 수립된 이후, 북한
정부는 소비조합 구성원의 대부분이 농민인 점을 감안하여, 기존
소비조합에서 농촌 중심 소비조합으로의 전환을 추진했다. 즉,
도시와 노동자 500명 이상 공업지대는 국영상점이 식량과 상품
을 배급하는 것으로 전환하고 농촌과 500명 이하 공업지대에서
소비조합이 식량과 상품공급을 담당하는 것으로 하였는데, 한국
전쟁이 발발하면서 실제의 조치는 1953년 2월 18일, 내각결정
제28호로 실시되었다. 이리하여 농촌에 있는 국가 상점 및 식당
들은 소비조합에, 도시 및 로동자구에 있는 소비조합 상점 및 식

당들은 상업성에 각각 이관되며 시 소비조합들은 폐쇄되어 평양
시 소비조합도 폐쇄되고 대신 상업성이 운영하는 도매소가 설치
되었다.

전쟁시기의 평양시 소비조합에 대해서는 노동신문이 전쟁으로
인한 파괴 후 재건에 대한 기사를 싣고 있는데 인용하면 다음과
같다.

"24개소의 상점들을 신설하고 각종상품을 구비하여 인민들에게 저렴한
값으로 공급하고있다. 그중 특히 가루개상점에는 쌀 과자 콩나물 두부
간장 된장등 식료품과 화장품 메리야스 타올 비누 샆 등 상품이 구비되
였는 바 그 가격은 시장가격보다 대체로 20%내지 30%나 싸다. 두부
콩나물 등 시소비조합직영공장의 생산품은 시장가격의 50%로 팔고있
다. 동상점일꾼들은 배정받은 상품외에 주변농민들과 긴밀한 련계밑에
그들이 생산하는 농산물들을 수매하여 판매하고 있는데 현재 파 시금치
계란 등 여러종의 농산물을 시장가격보다 20% 싸게 판매하고있다.
한편 시조합에서는 지방의 원료원천들을 적극 동원하여 두부공장 양말
공장 철공소 된장 간장공장을 비롯한 각종 생산공장들을 복구운영하여
질좋은 값싼 상품을 다량으로 생산하여 각상점들에 공급하고있다. 또한
식당과 양화점 목욕탕을 비롯한 리용시설들도 설치하고 개인보다 40%
내지 50%의 싼료금을 받고있다. 종업원들의 열성적 투쟁의 결과 시소비
조합의 상품류통액은 1월에 비하여 2월에는 170% 3월에는 220% 4월
에는 300%로 각각 제고되였다."
　　　(노동신문 <평양시 소비조합 생산시설 확장>, 1951년 5월 24일)

북한의 소비조합을 개혁하려는 북한 당국의 입장은 한국전쟁 가운데에서도 평양시 소비조합 간부들의 활동에 대해 노동신문이 수매자금청산지체, 부당한 가불금지출, 잡비초과지출, 정원 외 사무원초과채용, 상품분실, 전시하 국가재원 낭비 등 여러 항목에 걸쳐 비판을 하였다(노동신문 1951년 11월 24일). 그리고 북조선 소비조합 중앙위원회의 사업방식에 대해서도 중앙위원회 부위원장의 입을 빌어 비판하는 데서 잘 나타난다. 즉, 조선소비조합 중앙위원회 김호 부위원장은 조선소비조합 중앙위원회의 잘못된 사업방식에 대한 기자 질문에 답변하면서 다음과 같이 언급하였다.

> "소비조합 중앙위원회가 갖고 있는 기본적 결함은 하부 실정을 정확히 파악한 기초 위에서 분석적이고도 실천적인 계획을 수립할 대신에 하부 실정에 적응하지 않는 계획을 무원칙하게 작성하여 하부 일꾼들의 사업에 혼란을 주며, 구체적인 사업 방법들을 제시하여 주고 애로들을 해결하여 줄 대신에 지시문이나 검열로써 사업의 성과를 거두려는 형식적 관료주의적 사업작풍(주:사업방식) 그것이다."
>
> (노동신문 1952년 4월 12일)

여기서 "형식적 관료주의적 사업작풍"이 언급되는데 이러한 비판은 북한에서 사실상 건국 후 70년간 일관되게 간부들을 비판하는 잣대로 쓰이고 있다. 대중 속에서 대중의 창발성을 일으키는 것을 주요한 간부사업으로 설정하고 있는 노동당의 입장에서 북조선 소비조합 중앙위원회는 상급기관의 관료주의 병폐가 심각하다고 보았으며 이를 개혁하는 것을 곧바로 실시하게 된다. 이를 추진한 것은 아이러니하게도 1953년에 숙청된 박헌영 부수상이 1952년 2월 조선 소비조합 제10차 중앙확대위원회에서 한 연설에서 "인민 민주주의 제도하에서 협동조합은 생산과 상품 류통분야에 있어 인민 민주주의의 원칙을 강화하는 대중적 조직"이라고 규정한 데서 잘 나타나 있다(노동신문 1952년 2월 2일).

이러한 비판적 시각은 1953년 4월에 평양에서 개최된 [국가상업 및 소비조합 전국열성자대회]에서 내각의 허가이 부수상이 보고한 내용에 아래와 같이 잘 나타난다.

> "소비 조합은 자기 상업망 권내에 전 인구의 거의 80%를 차지하고 있으며 또한 전체 상업망의 65%를 농촌에 포치하고 있음에도 불구하고 1952년도에 소비 조합의 농촌에 대한 상품 류통 비중은 총 류통액의 52.9%에 불과하였다는 사실은 소비 조합이 자기의 기본 임무를 망각하고 도시 중심에서 다만 매상고 본위로 사업하였다는 것을 뵈여 주는 것이다."
>
> (노동신문 1953년 4월 17일)

이러한 소비조합에 대한 비판을 거쳐 북한에서는 소비조합이 대중조직으로서 민주적 제도 원칙을 지키고 농민조합원을 근간으로 조합원에 의한 의사결정을 더 중시하는 방향으로 조직개편이 이루어지게 된다.

그 방향은 도시 중심의 소비조합 사업이 종결되고, 농촌이 협동화 과정과 결합하면서 농민 중심의 소비조합으로 개편되는 것으로 노동신문은 다음과 같이 정리하고 있다.

"소비조합 상업은 1946년 5월, 조합이 창설된 이래 지난 7년간 소비조합의 상품 판매는 1947년에 비하여 1949년에는 약 1.5배, 1952년에는 2.6배로 장성되였다. 조합원 수는 이 기간에 2.5배로 증가되였다. 소비조합 중앙위원회에서는 국가 상업 및 소비 조합사업개선을 위한 제 대책을 명시한 내각 결정 제28호에 의하여 상업망 분포를 개편하고 도시에 있던 소비조합 상점들을 지난 4월 말까지에 기본적으로 국가 상업으로 이관하는 한편, 농촌지대에 소비조합 상업망을 증설 확장하였다. 이 조치에 따라 지난 5개월간에 571개소의 소비조합 상점들이 농촌에 새로 설치되였다. 그리하여 현재의 소비조합 상업망 배포정형을 보면 전체 상점의 80% 이상이 농촌에 있으며 그의 판매고도 80% 이상의 비중을 차지하고 있다."

(노동신문 1953년 5월 30일)

이렇게 소비조합이 농촌 중심으로 개편된 후의 조선소비조합 제11차 중앙위원회 (1954년 10월 18~21일)에서 조홍희 위원장은 다음과 같이 보고하였다.

"소비조합 전체 일꾼들은 전쟁 기간에 소개 분산하였던 상점 및 사회 급양망 1천 6백 개소를 단시일내에 농촌 주민들의 밀집 지대에 이설 정비하였다. 농촌 소비협동 조합의 계통적인 조직 확대와 더불어 기존 소비협동조합들의 관리 운영 및 경제 활동을 일층 개선 강화하겠다."

(노동신문 1954년 10월 22일)

이러한 개편에도 불구하고 소비조합 활동이 대중과 괴리되어 있다고 계속 비판이 이루어지는데 1955년 9월 3일자 노동신문에서 조선소비조합 중앙위원회 위원장 김열은 다음과 같이 자기비판하고 있다.

"광범한 조합원 대중의 적극성에 기초한 소비조합은 조합원들과의 련계를 강화하며 농민들을 협동경리의 정신으로 교양하며 점차 그들을 협동경리의 대로에 인입함에 있어서 적극적 작용을 놀아야 한다(주: 하여야 한다). 그러나 적지 않은 조합지도기관들이 조합원들 앞에서의 사업보고와 조합원 우대판매 및 리익배당 등 일련의 초보적인 규약상 요구조차 정확히 실행하지 않으며 조합원들의 제의와 신소에 대하여 책임적으로 해결하지 않으며 조합원 총회(대표회), 상점 보고회 등을 정기적으로 가지지 않음으로써 조합원 대중과 유리되고 있으며 소비조합의 기본적 사명을 옳게 수행하지 못하고 있다. 뿐만 아니라 상품의 변질, 부패, 파오손, 도난 등이 적지 않으며 재정 규률이 확립되지 못하고 부기 계산과 재산 관리에서 제도와 질서가 확립되지 못하고 통제와 검열이 미약한 데로부터 부화 불순 분자들에 의한 횡령, 절취 등 조합 재산을 침해하는 반국가적 현상이 근절되지 않고 있다."

이러한 비판 과정에서 노동당은 1955년 4월 중앙위원회 전원회의에서 각 단위에 소위 [자백운동]을 하도록 방침을 세워, 소비조합에 대한 당의 검열과 지도를 강화하였다. 예를 들어 노동신문 1956년 1월 19일자에는 량강도 풍서군 당위원회 조직부장 김용준의 [류통부문내 자백운동에 대한 지도경험] 기사가 실렸는데, 내용의 일부를 발췌하면, "군 소비조합내에 엄격한 질서와 제도가 확립되어 있지 못하였던 관계로 식염 30톤이 온데 간데 없어진 것을 비롯하여 업무과장 김호철과 풍서읍 상점책임자 박병용은 서로 결탁하여 조합재산 27만여원을 탐오, 랑비하였다. 군당위원회는 이러한 실정을 고려하여 군당위원회 부위원장 윤석보 동무를 비롯한 몇몇 책임일군들을 군 소비조합세포에 파견하여 매개 일군이 사업상 및 사상상 결함들을 심각히 자기검토하고 당의 원칙을 고수하는 당성이 강한 당원이 되도록 적극적인 지도와 방조를 주게 하였다"고 한다.

소비조합을 대중조직으로서 개선강화하기 위한 노력은 1955년 11월 3~5일에 열린 [조선소비조합 전국열성자대회]로 이어졌다. 이 대회의 총결발언에서 로동당 중앙위원회 김용진 상업재정협동단체 부장은 "소비조합 각급 지도기관 일군들이 로동당과 정부의 상업정책을 명확히 하부일꾼들에게 침투 료해시키며 실무적이며 구체적인 지도사업을 인내성 있게 진행하는 동시에 조합원들과의 련계를 강화하기 위하여 조합원 군중들의 리해관계를 연구하고 그들의 복리를 위하여 조합의 경제활동을 부단히 개선강화할 것"을 제기하였다.

한편으로 소비조합이 농촌중심으로 변화된 사정에 따라 북한당국은 내각결정 제6호(1956년 1월 10일)를 통해 농촌 행정 리 단위로 농업협동조합이 존재하는 것과 맞게 리 단위의 농촌 소비협동조합 관리위원회를 신설했으며 그를 성원으로 하여 군에는 '군 소비조합 위원회'를 '소비조합 군 련맹 위원회'로 개편하는 조치를 취하였다. 이는 소비조합의 기초단위가 농촌의 군에서 리

단위로 기층 조합원에 더 가깝게 구성되는 것을 의미하는데 조합원의 역할을 더 강화하는 입장에서 기층 조직의 조합원 총회를 중시하는 방향으로 소비조합 개편을 추진한 것이라고 할 수 있다. 이에 대해 노동신문은 다음과 같이 소비조합 활동의 성격을 분명히 하고 있다.

> "소비조합은 국영 상업기관과 달라 조합원들의 출자금과 그들의 총의에 의하여 관리 운영되는 협동적 상업기관인 것만큼 일체 경제활동에 있어서 조합원들의 총의에 의거하여야 하며 그의 활동결과를 조합원들 앞에 정기적으로 보고하여야 한다."
>
> (노동신문 1956년 2월 11일)

위의 기사에서 조합의 관료주의를 타개하기 위한 조직개편은 조합의 주인이 조합원 대중이라는 인식과 그에 따른 조합원의 민주적 참여활동을 강화하는 방향으로 추진되었음을 알 수 있는데 노동신문 1956월 3월 28일자에는 [소비협동조합의 주인은 조합원 대중들이다]는 제목의 해설기사가 다음과 같이 실렸다.

> "조합사업에 대한 조합원 대중들의 열성과 책임성을 높여 주며 조합내에서 발생하는 온갖 부정적 현상들을 반대하여 투쟁하게 하며 한 마디로 말하여 조합원들에게 조합의 주인은 조합원 자신들이라는 자각을 높여 주는 데 중요한 의의를 가진다. 이것은 오직 조합 기관들이 조합원들의 권리를 백방으로 보장해 줌으로써만 가능하다. 조합원들의 권리의 보장은 곧 조합의 기본법인 조합규약에 명백히 규정되여 있는 조합내 민주주의적 관리원칙의 준수 특히 조합원들의 권리를 보장함으로써 가능하다.

금번 새로운 농촌소비협동조합 기준규약에 의하면 조합원은 조합원 총회(대표회)에서 선거권과 피선거권을 가지며 조합의 모든 사업에 대하여 자기의 요구와 의견을 자유로이 제출할 수 있으며 조합의 경영 활동에서 얻은 리익금에 대한 분배와 그리고 조합의 상업망들과 리용 시설들에서 구매와 리용의 우선권과 특전을 받을 수 있다는 것이 명백하게 규정되여 있다. 농촌소비협동조합 기준규약에는 조합원들은 조합 사업에 참가하여야 하며 조합재산을 보호하여야 하며 조합 발전을 위하여 노력하는 것을 조합원의 의무로 규정하고 있다. 뿐만 아니라 조합의 경영 활동 결과에서 리익이 났을 때 리익 배당을 받는 것과 같이 경영상 손실이 났을 때에는 자기가 출자한 한도내에서 책임을 진다는 것이 규정되여 있다. 이것은 조합사업이 곧 조합원 자신들의 사업이며 조합의 리익과 손실은 조합원 자신들의 리익과 손실로 된다는 것을 의미하는 것이다.

그런데 지난 기간 소비 조합의 경영 활동 과정에서 체험한 바와 같이 일부 조합 지도 기관들과 일군들의 그릇된 사업 방법으로 인하여 많은 조합원들이 자신이 조합의 주인이라는 것을 망각하게 되였으며 이로 말미암아 조합원들은 조합 사업에 대하여 특히 조합 재산과 그리고 상품 취급에서 조합에 손실을 끼치거나 조합원들의 리익을 직접 침해하는 일부 조합기관내 일군들의 각종 무책임성과 부정적 행위들에 대하여 알면서도 비판 추궁하지 않고 방관하는 현상들도 적지 않게 볼 수 있었다. 만약 조합의 주인인 조합원 자신들이 조합 사업에 해독을 주는 온갖 부정적 현상들을 감시하지 않고 묵과한다면 그 조합은 전체 조합원들이 기대하는 진정한 조합원의 조합으로 발전될 수 없다는 것은 명백한 사실이다.

전체 조합원들은 자기 조합을 통하여 더 많은 상품을 구입하며 조합의 공동 축적을 강화하여 많은 리익 배당을 받기 위하여 우선 조합의 재정적 토대를 강화하기 위한 사업에 열성적으로 참가하여야 하며 조합 재산을 자기 재산과 같이 애호 절약하며 일체 조합 재산에 대한 방관적 현상들과 견결히 투쟁하여야 한다."

이와 같은 흐름 속에서 [소비조합 조직체계 개편과 지도기관 결산 선거가 각 지방에서 진행되었는데 그 하나의 사례로 조선소비조합 평남 대동군 만경대리 조합원 총회가 개최(1956년 3월 25일)된 것을 노동신문이 보도하였다. 그리고 이 만경대리 소비조합 관리위원장에 만경대 농업협동조합 관리위원장 방하영이 선출되었음을 밝혔다.

> "만경대 소비조합 상점 책임자 정준선 동무는 자기토론에서 조합의 진정한 주인은 조합원이라는 것을 망각하고 조합원이 무엇을 요구하는지 알아 보려고 하지 않으며 무엇보다도 조합원과 조합 사업을 토의하지 않았다고 말하면서 조합원 대중에게 철저히 의거하여 조합관리 사업을 강화하며 조합재정을 국가재정에 의뢰할 것이 아니라 조합경영 활동결과로써 조성된 축적금으로 해결하며 그의 리익 분배를 매개 조합원들에게 조금이라도 더 주기 위하여 노력할 것이라 하였다."
>
> (노동신문 1956년 3월 30일)

이상과 같은 과정을 거쳐 1957년 2월 25~28일에 평양 모란봉 극장에서 당시 185만 8천여 명의 소비조합원을 대표하는 조선소비조합 제3차대회가 개최되었다. 여기에서 소비조합은 농촌의 리 단위 농촌소비협동조합이 기층단위가 되고 각 군연맹, 도연맹이 결성되었으며, 기존의 조선소비조합 중앙위원회는 조선소비협동조합 중앙연맹으로 개편되었다.

1958년은 북한 경제의 모든 부문에서 사회주의적 생산관계가 성립되는 시기로서, 소비협동조합의 경우 중앙연맹이 군 등에서 유지하는 상업망을 해당 인민위원회에 이관하게 되었다. 그리고 10월 18일에는 내각결정 128호를 통해, 농촌소비협동조합 상업 망과 소비협동조합이 수행하던 수매사업이 각 도 인민위원회에 이관되고 소비협동조합 중앙연맹이 경영하던 양성소, 휴양소, 야 영소 및 기타 상업기관은 상업성에 이관되었다(노동신문 10월 26일). 마지막으로 농촌 소비협동조합이 리단위의 농업협동조합 에 통합되는 과정을 거쳐, 소비조합의 활동이 사라지고 농업협동 조합이 생산에서 분배, 교환 및 소비에 이르기까지 모든 경제활 동을 유일적 계획에 의하여 조직진행하는 형태로 귀결되었다(노 동신문 1959년 1월 27일).

평양에서는 1953년에 도시부문의 소비조합이 해체된 후 소비 조합이 담당하던 판매상점은 상업성이, 수매사업은 평양시 인민 위원회가 담당하고 각 구역별로 수매상점이 조직되었다. 한 예로 조선소비조합 중앙위원회 초대위원장 조홍희의 딸은 평양시 동 대원구역 식료수매 및 채과도매소 지배인으로 일하게 된다(노동 신문 2007년 5월 7일).

다만, 소비조합중앙연맹조직은 1990년대 초까지도 기능을 하 는데 주로 소련 등 사회주의권과 소비품 무역을 위한 무역협정 체결 또는 상호 방문 등의 활동을 하였다.

이상에서 북한의 소비조합 결성과 그 변화과정 속에서 평양의 소비조합에 대해 살펴보았고, 도시소비자 중심의 소비조합이 농민 중심의 소비조합으로 변화하고 그리고 농업협동조합으로 통합되는 것을 살폈다. 이 과정에서 지적해야 할 것은 주민들의 자주적인 협동으로 결성되는 소비조합이 북한에서는 새 국가 건설과정에서 국가의 지원과 당의 지도가 곁들어졌다는 점이다. 그런데 그 내용을 들여다보면 국가와 당의 역할이 '위에서 지시'하고 내려먹이는 방식이 아니라 소비조합의 활동이 위를 쳐다보고 대중기층에 근거하지 못함을 지적하는 것이었다는 점이다. 그런 점에서 도시에서 농촌으로, 리 기층단위 소비조합 결성으로 변화하면서 결국에는 리 농업협동조합(후의 협동농장)에 통합되는 과정의 의미를 살펴볼 수 있다. 북한에서 당의 지도가 '대중노선'의 관점에서 관료주의를 비판하는 것이었음이 적어도 1950년대까지의 북한 사회 시스템의 한 특징이라 할 수 있다.

이런 점에서 북한의 소비조합을 '시민사회의 자주적인 협동'에 근거한 것으로 완전히 규정하기에는 문제점이 있다. 다만 북한에서 1950년대까지 노동당의 역할과 사회와의 관계에 대해 새로운 분석과 접근이 필요하다고 하겠다. 특히 아이러니하게도 본 장에서 언급한 조선소비조합 위원장 장시우, 내각 부수상 박헌영, 내각 부수상 허가이는 모두 1950년대에 종파주의자 반당분자의 혐의를 쓰고 숙청된 바 있다. 그리고 도시부문의 소비조합 활동에 관계한 사회주의 활동가들이 국가건설 사업에서 대중노선에 입각하지 않았다고 보아야 할지는 추가적인 연구가 필요하고, 또한 만주에서 빨치산 항일무장투쟁을 해온 김일성 중심의 세력이 정권을 장악해가는 과정에서 소비조합운동에 어떤 대응을 하였는지도 연구가 필요하다. 평양 및 평안도에서 활발하였던 소비조합

운동은 조만식 선생의 기독교계 민주당 세력이 추진해온 흐름도 있기 때문이다.

평양의 소비조합 경험은 1953년 정도에서 종결하지만 농촌과의 연결고리가 있는 도시구역엔 소비조합이 지속되기도 하였고 도시주민들의 자발적인 협동은 주로 생산협동조합 쪽에서 이루어지게 된다.

2) 평양, 생산협동조합 시대 (1954년 이후 현재까지)

북한의 경제정책은 협동경리를 국영경리의 보조적인 지위로 설정하는 것이었다. 그래서 국영경리 중심의 사회주의 경제로 전환하는 정책에 따라 협동적 소유 부문을 인정하면서도 약화시켜 갔다. 농촌의 소비조합은 1958년에 농업협동조합직매소로 개편되고 도시의 소비조합은 1953년에 국가상업망에 흡수된 후 1964년에 국가상업체계로 완전히 통합되었다.

이는 북한이 헌법으로 협동적 소유는 "소생산품 생산을 기초로 하는 사적소유로부터 전인민적 소유로 발전하는 과정에서 나타나는 불완전한 소유형태이므로 점차 전인민적 소유로 전환시켜 나간다"(제23조)고 규정하고 있기 때문이다. 현재까지 기능하고 있는 협동적 소유의 협동단체는 협동농장을 제외하면 생산 협동조합과 편의 협동조합(식료품 가공 또는 생활용품 수리의 생활편의, 이발 또는 미용 등의 위생편의) 그리고 수산 협동조합이다. 이들 협동조합이 운영하는 상점과 협동농장직매소가 북한 상업

유통에서 협동경리가 담당하는 축이다.

생산부문에서 협동조합이 처음 생긴 것은 1947년 8월에 결성된 [조선생산협동조합]이 효시이다. 조선생산협동조합 산하에 품목별로는 식료품, 직물, 편직, 고무제품, 목공, 농기구, 기계, 공예품 등 지방원료 원천에 입각한 품목의 생산협동조합이 있고, 조합원의 성격에 따라 예를 들면 영예군인생산협동조합, 후방가족생산협동조합 등이 결성되었다. 1947년 결성 당시 28개 생산협동조합(사원 281명)이 있었는데 1952년에 20명 이상 생산협동조합 511개, 2만 8백명 사원이 조선생산협동조합에 있었다(노동신문 1952년 5월 2일).

그리고 조선생산협동조합 제1차 중앙대회가 1952년 4월 10~12일에 평양에서 개최되어 각도, 시, 군 연맹을 구성하고 평양에 중앙연맹위원회를 두게 되었다.

평양의 생산협동조합 활동을 보면, 조선생산협동조합 평양시 평남도연맹 열성조합원 및 지도일군회의가 1953년 4월 25~27일에 개최되어 다음과 같은 결의가 이루어졌다.

"조합 기준 규약을 엄수하며 조합원 총회의 역할을 높임으로써 조합 운영사업에 대한 조합원들의 광범한 민주주의적 협의 제도를 확립하며 모든 조합들이 조합원들의 참다운 조합이 되여야 할 것"

(노동신문 1953년 5월 6일)

이하 노동신문에 기사로 나타난 평양의 몇몇 생산협동조합들을 소개하면 다음과 같다.

① 평양고무제품생산협동조합 조합원총회

"전시 생산 과제를 일층 빛나게 초과 완수할 것을 결의하는 동시에 전쟁 고아 원호 사업에 기여하기 위하여 축적금 중에서 2백만원을 전쟁고아 양육비로 헌납할 것을 결정"(노동신문 1953년 6월 6일)

② 평양공예제품생산협동조합 설립

"공예 제품 생산 협동 조합은 20여 명의 수공업자들로 조직되었는데 그들은 종래에 그들이 사용하고 있던 생산도구들을 현물로 출자하였다. 조합원들이 출자한 현물들과 자금으로써 동 공예 제품 생산 협동 조합에서는 완구류를 비롯하여 조각 제품들을 생산할 수 있는 시설들과 자재들을 갖추고 이미 생산을 개시했다."(노동신문 1953년 10월 3일)

③ 편직 생산협동조합, 섬유생산협동조합의 양말 생산

"생산협동조합 평양시 련맹 산하 공장들인 서선 편직 생산협동조합과 평양 섬유생산협동조합 제품인 양말 34,110족도 공화국 각지 인민들에게 공급되고 있다."(노동신문 1954년 2월 1일)

④ 평양 섬유생산협동조합 도급제 실시

"작업 공정들의 실정과 조합원들의 기술 기능에 따라 정확한 도급제를 실시함으로써 매개 조합원들의 생산 의욕을 높여 주고 있다."(노동신문 1954년 2월 26일)

⑤ 평양에서 지방원료원천을 활용한 제품 생산 사례(노동신문 1955.8.29)
* 평양 제 1 금속생산협동조합: 파철을 재생하여 고급 면도를 제작
* 서평양 금속생산협동조합: 파철판을 활용하여 트렁크 부속품 및 접철 생산
* 서성 금속생산협동조합: 파철, 주물철에서 건설 기자재와 일용 필수품들을 생산
* 기타 철제품들을 가공 생산하고 있는 인흥 금속, 대성 난방, 평양 재봉기 부속품, 광성 철공 생산협동조합들에서도 폐잔물을 리용하여 마치, 못, 접철 등 각종 일용품들을 생산

⑥ 평양일용품생산협동조합(노동신문 1956.9.27)
* 물초롱, 철제 남비, 바께쯔, 삽 등 생산
* 국가가 자금 대부와 자재 원료 알선: 황해제철소와 성진제강소의 폐설물 공급

조선생산협동조합은 1954년에 제2차 대회를 거쳐 1956년 10월 22일에 제3차 대회를 개최하여 "가정용품과 일용 필수품 생산 조합을 급속히 확장하며 민족적 공예품, 아동 완구와 그리고 폐품을 리용하여 필수품을 생산하는 조합들을 광범히 조직함과 동시에 편의조합 대렬을 확장하여 인민들의 편의를 적극 도모하며 상공업자들의 생산판매협동조합의 조직 확대 사업을 적극 추진" 할 것을 결의하였다(노동신문 1956년 10월 24일). 그러나 1958년의 제4차 대회에서는 사회주의화 실현에 따라 생산협동조합에 대한 지도사업을 경공업성과 각도 인민위원회에 이관하는 것을 결정하고, 각급 연맹기관을 해산할 것을 결정하였다(노동신문 1958년 10월 26일). 이로써 생산협동조합의 자체 중앙지도조직이 사라지고 경공업성과 각 인민위원회 산하로 들어가게 되었다.

평양에서 개인상공인이 만든 생산협동조합으로 크게 성공한 사례로는 기업인 송대관(1912~1994)이 있다. 송대관 사장은 해방 후 연필공장, 유리제품공장, 신발고무공장 등을 세워 큰돈을 벌었다. 개인기업가 송사장은 전쟁시기 나라에 재산을 바친 애국적 상공인으로 불렸다. 그러다 1956년 노동당 제3차 대회에서 채택된 〈자본주의적 상공업의 사회주의적 개조방침〉이 나오면서, 송사장은 전 재산을 내어 평양공업품생산협동조합을 세우고 관리위원장이 되었다. 이 생산협동조합은 주체사상탑의 유리를 공급하는 등 평양 건설에서 중요한 역할을 담당하였다.

1959년 10월에 평양에서 개최된 '전국지방산업 및 생산협동조합열성자대회'에서 송대관 관리위원장은 아래와 같이 보고하였다.

"1957년 12월에 101명으로 조직된 우리 조합은 전체 조합원 중 80%가 개인 상공업자늘이였으며 10%는 자유 직업자들이였습니다. 당시 업종은 제지, 초자, 소화기, 화학 등 네 개의 직장을 가지고 있었으나 이 직장들을 운영할 기술 력량이 거의 없는 형편에서 먼저 제지 직장부터 작업을 시작하였습니다.

주단 포목상을 하던 녀성들에게는 그들에게 적합한 일을 하게 하면서 그들이 점차 일에 재미를 붙이고 적극성을 발휘하도록 하였습니다. 처음에는 그들에게 판지로써 지함을 만들게 하였는데 이 과정에서 점차 그들은 로동이 처음이고 기술이 없는 자기들도 능히 자기 책임을 수행할 수 있다는 자신심을 가지게 되여 모두가 열성적으로 일하게 되였습니다. 또한 우리 협동 조합에 들어 가면 수월한 지함을 만든다고 하여 많은 녀성들이 지함 직장에 들어 올 것을 청원하여 왔습니다. 우리는 이들을 서슴치 않고 조합에 망라시킨 결과 조합이 창건된 지 불과 두 달도 못되여 조합원 수는 2배로 장성되였습니다.

조합원들은 지난날의 무질서하던 생활을 고치고 자기의 로력에 의한 정당한 보수로써 안착되고 계획적인 행복한 새 생활을 하게 되였습니다. 이와 같이 새 생활에서 행복을 누리게 되고 사회주의 건설자로서의 긍지와 각성이 제고된 결과 우리 조합에서는 7명의 조합원들이 자기들이 출자하였던 6만 여 원에 달하는 금액을 조합 공동 재산으로 제공하였습니다. 이들은 크고 작든간에 착취 도구였던 개인 재산을 가진 데로부터 항상 재산에 대한 생각이 한 구석에 남아 있으니 낮에 직장에 나가서 일할 때면 사회주의고 저녁에 집에 돌아 오면 자기 재산에 대한 생각을 하게 됩니다. 때문에 일상적으로 마음 속에서는 사회주의와 자본주의 사상간의 투쟁이 벌어지게 되므로 언제나 한마음으로, 깨끗한 마음으로 일할

수 없었습니다. 하루 속히 사회주의 건설자로 되기 위하여 자기의 출자
금 전액을 조합 공동 재산으로 이관하는 동무들이 속출되고 있으며 자
기들의 출자에 대한 분배를 받지 않고 로동의 량과 질에 의해서만 분배
받겠다고 전체 조합원들이 결의하여 나섰습니다. 우리 조합원들의 로동
에 대한 태도는 이와 같이 변화되고 있으며 사회주의 도덕 기풍도 현저
히 제고되고 있습니다."

(노동신문 1959년 10월 15일)

[사진 3-2] 전국지방산업 및 생산협동조합열성자대회

자료: 노동신문 1957년 10월 13일

1959년에 김일성 수상으로부터 안경을 만들라는 요청을 받은
송대관 관리위원장은 평양공업품생산협동조합을 1961년에 평양
광학유리생산협동조합으로 개칭하고 안경알과 각종 렌즈를 전문
적으로 생산하면서 북한 안경산업 발전의 장본인이 되었다. 김일
성 주석은 송대관의 협동조합에서 생산한 안경을 각별히 사용하

였는데 1984년 유럽 방문시 쓴 안경이 광학유리생산협동조합에서 생산한 제품이었다. 기업인으로는 유일하게 애국열사릉에 안장된 분이 송대관이다.

　송대관의 딸 송성희는 의사였는데 아버지의 대를 잇기 위해서 1980년대 말에 모란편의협동조합에서 안경수리공 일을 배워 1992년경에 국영상점인 평양안경상점의 지배인이 된다. 현재 평양안경상점은 북한에서 가장 큰 안경점이다.

[사진 3-3] 평양광학유리생산협동조합 안경알 생산

자료: 노동신문 1961년 6월16일

　이상으로 보았을 때 1950년대에 북한에서 사회주의 경제로의 초기 전환시기에는 생산협동조합을 중심으로 한 사회적 경제가 북한의 제조업 부문에서, 특히 지방공업 부문에서 중요한 한 축으로 존재하였음을 알 수 있다.

　그 후 북한은 사회주의 공업화를 진행하면서 생산협동조합을 국영공장으로 통합개편해 갔다. 평양에는 생산품목별 생산협동조합이 거의 사라지고 구역 내의 가내생산협동조합과 지방 중소도시와 군단위의 품목별 생산협동조합이 명맥을 이어갔다.

[사진 3-4] 강서편직생산협동조합 편직물 생산

자료: 노동신문 1964년 9월15일

한편 생산협동조합 이외에 주민들의 생활편의를 위한 물품과 서비스를 생산, 공급하는 협동조합도 존재하였는데 생활편의협동조합 또는 편의협동조합이 그것이다. 예를 들어 평양의 동평양 생활편의협동조합이 새로운 타자기 [제비호]를 생산, 공급하였는데 생산자는 타자기 수리공이었던 손길오 조합원이었다고 한다.

또한 평양서구 인민생활편의협동조합에서는 라디오 수리공들이 국산 자재를 사용한 마이크를 생산 공급하였다. 생활편의협동조합은 전국적으로 존재하였고 풍금, 시계 부품, 문방구류 등을 생산하거나, 이발, 요리, 재봉, 재단, 수예, 신발, 자전거등 각종 수리 등의 편의를 제공하며 현재까지도 활동하고 있다.

그런데 1980년대 이후 특히 1984년 8·3 인민소비품생산운동 개시 이후에는 경공업제품 생산과 생산협동조합이 결합하면서 생산협동조합이 경공업 생산을 위주로 협동소유에 기반한 사업활동을 강화할 수 있게 되었다. 8·3 인민소비품생산단위로는 각 기관, 공장, 기업소, 협동조합, 가내작업반, 부업반 등이 모두 참여할 수 있어 각 조직이 공장의 폐기물, 폐설물, 부산물을 원료로 생활

소비품을 생산하여 직매점을 통해 판매할 수 있는 시스템이 확립되었다. 평양의 생산협동조합의 주류는 구역별 가내생산협동조합이고 평양시 인민위원회 지방공업관리국에서 이들을 지도한다.

[사진 3-5] 동평양생활편의협동조합의 타자기 '제비호'

자료: 노동신문 1958년 12월 9일

한 예로 평양 만경대구역 가내협동조합에 대해 내각 기관지인 [민주조선]이 소개하는 기사를 아래에 인용한다.

"만경대구역인민위원회에서 8월3일 인민소비품생산에 힘을 넣어 지방예산수입규모를 늘이기 위한 사업을 실속있게 진행하고있다. 위원회에서는 가내생산협동조합을 비롯한 8월3일 인민소비품생산단위들에서 원료기지를 잘 꾸리고 그 리용률을 높이도록 하는 사업에 선차적인 관심을 돌리고있다. 특히 자체실정에 맞게 원료기지들을 늘이기 위한 사업을 잘 진행하도록 하고 있다. 이 과정에 가내생산협동조합에서는 자체로 원료기지를 잘 꾸리고 농립모와 부채, 방석과 실내화를 비롯한 여러종의 초물제품들을 많이 생산하고 있다."

(민주조선 2007년 6월 29일)

[사진 3-6] 평양서구인민생활편의협동조합의 마이크

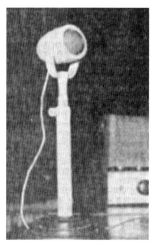

2011년 이후 노동신문과 민주조선에 기사로 나타난 평양의 생산협동조합은 모두 구역별 가내협동조합인데, 아래 표의 구역 가내협동조합이 생활일용품을 생산하고 있다. 가내생산협동조합은 8·3 인민소비품 직매점이나 구역시장(종합시장), 백화점에도 제품 판매가 가능하다.

자료: 노동신문 1959년 1월 13일

〈표 3-1〉 노동신문과 민주조선에 나타난 평양시 각 구역의 가내생산협동조합

2011	2012	2013	2014	2015	2016	2017	2018	2019
동대원구역 평천구역 만경대구역		사동구역	중구역	룡성구역 만경대구역		보통강구역		보통강구역

자료: 노동신문, 민주조선 검색(2011년 1월 1일 - 2019년 7월 31일)

이상으로 평양의 협동조합 경험에 대해 살펴보았다. 이를 통해 북한이 정부수립 초기부터 협동조합을 사회주의적 개조를 위한 주요한 수단으로 설정하고 인민의 민주적 경제활동을 보장하면서 이를 국경경리로 전환시켜 갔음을 알 수 있다. 동시에 협동조

합이 존치되면서 지금까지도 협동경리의 중요한 영역을 차지하고 있음을 알 수 있다. 이 협동경리를 북한은 사회주의적 경리하고 부르지만, 보는 시각에 따라서는 사회적 경리라고 볼 수 있음도 살펴보았다.

3. 북한경제에 대한
   사회적 경제 적용 가능성

　2000년대 이후 북한은 경제계획을 중앙에서 지방으로, 또 아래 단위로 분권화하면서 기업의 경영상 자율성 확대, 농업관리제도 개선, 소비품 시장 양성화 등과 같은 개선정책을 추진했다. 북한이 추진해온 경제정책은 시장경제로 근본적인 전환을 하는 것이 아니라 시장 기능을 계획경제의 보완 형태로 활용하면서, 계획경제를 명령형에서 지도형으로 탈바꿈시켰다고 할 수 있다.

　북한의 경제 관리 개선 조치는 중국의 1980년대 개혁 조치와 비교해 보면 경제의 분권화, 가격 기능의 정상화 등의 면에서 유사하지만, 협동농장과 기업경영 시스템에서는 중국과는 다른 집단주의적 관리 체계를 유지하고 있다.

　북한의 전통적인 경제정책노선은 민족경제의 자립노선이었다. 국내의 경제능력을 바탕으로 생산을 정상화하고 현대화를 추진하는 것이 기본방향이면서, 국제적으로는 우호적 나라와 협력을 통해 산업설비와 기술을 도입하는 실리추구 정책이었다. 그리고 국내적으로는 식민지 경제의 유산으로서 수력발전, 석탄, 철강, 비철금속, 화학공업, 철도운수가 개발된 바탕이 있었다. 이 능력을 바탕으로 북한은 국제분업보다는 내수 자립경제를 중시하는 수입대체형 공업화 노선을 추진하였다고 할 수 있다.

그러나 1990년대 이후에 새로 등장한 개인 보따리상과 시장상공인들이 합법적인 보따리 무역이나 기관단체를 이용한 무역, 비합법적인 밀무역을 통해 외국시장과 연계된 국내시장을 확대하고 자체의 유통망을 키워나갔다. 이러한 사적 국제무역이 커지면 북한의 체제가 시장경제로 전환하는 방향으로 갈 것이라는 분석이 많다. 하지만 북한경제의 현실을 보면, 계획경제 하의 시장기능을 양성화하는 과정에서 계획과 시장이 점차로 상호 협력과 공존을 추구하는 형태로 되어가고 있음을 알 수 있고 시장확대가 시장경제로의 체제전환을 추진하는 동력으로 작용하고 있지는 않다.

이러한 점을 중시하면서 북한의 국가기능이 충분하지 않은 때에 시장기능과 함께 협동경리 기능이 경공업 즉 생활소비품 생산과 유통을 중심으로 활성화되고 있는 점을 관찰할 필요가 있다고 하겠다. 북한에서 협동경리가 건국 때부터 지금까지 유지되고 있고 이것이 북한의 경제 자생력의 한 부분일 수 있다. 북한의 생산협동조합, 편의협동조합, 협동농장들은 조합원들의 기층적 조직으로서 자주적 의사결정을 기본으로 하고 있다. 관리위원장이 당에 의해 임명되는 상황이 되어 있기는 하지만 1950년대 이후 1990년대까지 상당 기간 관리위원장은 조합원 총회의 선거를 통해 선출되었다. 그 민주적 형태가 형해화되어 이제는 당이 임명하고 총회가 추대하는 과정으로 되어있지만, 북한은 협동경리의 민주성과 사회적 경제의 중요성을 깨우쳐 민간의 자주적 국제협력을 통해 소비품 생산과 유통에서 혁신을 이루고, 이 부분에서 국영경리와 공존하는 민영의 사회적 경제 틀로서 자리 잡아야 한다.

　북한의 경제가 국제사회의 제재에도 불구하고 전반적으로 안정되어 있는 이유에는 시장기능의 활성화와 동시에 시장화라는 단순논리로 설명할 수 없는 북한의 '사회적 경제' 기능이 작용하고 있기 때문이라고 생각할 수 있다.

　북한에 협동조합은 과거에도 있었고 지금도 있다. 이러한 협동경리 방식의 경제현상들을 통해 북한경제를 '사회적 경제' 관점에서 들여다 볼 수 있을 것이다. 앞으로 이들에게 발전된 현시대 국제사회의 사회적 경제 경험을 소개하고 각국의 협동조합과 북한이 협력하도록 하는 것은 중요한 과제일 것이다. 북한은 사회적 경제로서 자리하는 협동조합을 지난 시기 낙후한 조직형태라고 보는 시각을 돌려 높은 단계의 사회적 경제 경험을 받아들일 필요가 있다.

4. 사회적 경제로 남북이
협력하는 것이 상호신뢰

　이상으로 북한의 협동조합 경험과 사회적 경제의 적용가능성을 살펴보았다. 2019년에는 비핵화 문제로 북미 간의 협의가 난항을 겪으면서 남북 간 경제협력도 진행되지 못하였다. 미국이 '속도조절'을 이유로 남북경제협력을 막고 북한에 대한 경제제재를 유지하는 입장인데 한국정부가 주도적인 이니셔티브를 쥐지 못하기 때문이다. 북한도 남한의 입장이 좌고우면한다고 비판하고 있어서 남북관계에 먹구름이 끼어 있다. 이러한 상황에서 2020년에도 남북 상호간에 불신이 깊어간다면 남북 당국이 역사에 책임을 통감해야 할 것이다.

　이제 지자체와 시민사회가 사회적 경제라는 새로운 돌파구를 찾아 남북간의 협력에서 실리를 얻는 사업을 구상해야 한다. 경제제재 항목이 아닌 부문에서 남한이 먼저 손을 내밀어 지속적으로 협력을 제의해야 한다. 신뢰를 쌓는 것은 어렵지만 신뢰를 허무는 것은 매우 쉽다. 지금은 서로 신뢰를 쌓기 위해 시민들이 지자체와 함께 다시 노력할 때이다.

장별
해설

⋮

앞 장에서 사회적 경제의 이론적 기초를 살펴보고 해외 주요 경험을 살펴보았다면, 본 장은 직접 북한 내부의 사회적 경제 역량과 접목 가능성을 살펴보았다. 사실 많은 독자들이나 관련 연구자들, 정책 담당자들은 과연 북한에 사회적 경제를 접목하는 것이 가능할지에 대해 의문이 강할 것이다. 이러한 의문에 대해서 이미 김창진의 글은 구소련을 포함한 경제체제 전환국이 협동조합을 중심으로 사회적 경제를 경험해 왔고 관료화가 동반되었지만, 그럼에도 사회주의 경제체제와 조화를 이룰 수 있음을 논증했다. 이러한 점은 북한에서도 마찬가지다.

본 장은 1940년대 중반 이후 오늘날까지 평양을 중심으로 협동조합이 어떻게 형성 및 변화되어 왔는지를 살펴봄으로써 우리가 품은 의문을 해소시켜 주었다. 이를 위해 필자는 우리가 접하기 어려운 과거 북한 노동신문 등을 일일이 들추어보는 방식을 취했다. 그러다 보니, 본 장에는 협동조합에 관여한 개별 협동조합, 협동조합 연합체, 협동조합을 추진한 이들, 정치적 명망가들, 협동조합 조직을 인계받은 정부 조직들, 각종 지역의 이름이 풍부하게 담겨있다. 이러한 점에서 본 장의 가장 큰 의의는 북한에 사회적 경제 패러다임을 접목할 수 있는 가능성과, 접목할 때 어떤 지점을 전략적으로 살펴야 하는지를 실증적으로 분석했다는 점이다.

가령, 북한의 경험에 비추어볼 수 있는 전략적인 선택은 다음과 같을 수 있다. 북한은 이미 1940년대 중반 이후 생산협동조합과 농업 협동조합을 결성하면서 재산 소유에 있어서 3가지 형태를 경험했다. 이러한 선택지는 개인소유를 인정하면서도 필요한 경우 완전 사회주의 공동소유 방식까지 포괄할 수 있었다. 북한은 현재 사회주의 공동

소유 방식으로 전환한 후, 이를 다시 국유화하려는 정책적 입장이다. 하지만 시장경제가 중요한 역할을 감당하고 있는 북한은 모든 분야를 국유화할 필요가 없다. 이는 반대로, 모든 분야를 자본주의 경제처럼 사적 소유로 전환할 필요도 없다는 것을 의미한다. 완전한 사적 소유에서 국유에 이르는 스펙트럼에서 다양한 소유 형태가 조화와 균형을 이루도록 전환하는 것이 중요하다. 이 스펙트럼에서 사회적 경제가 중요한 위치를 확보할 수 있다.

이제 다음 장을 통해 구체적으로, 특히 한국의 사회적 경제와 어떻게 접목 가능할지를 살펴보자.

사회적 경제를 통한
대북 인도지원 사업 추진

조성찬
(하나누리 동북아연구원)

1. 평화 시대를 담을 새로운 경제체제[73]

북은 현재 토지가 저렴하며, 지하자원이 풍부하고, 지리적으로 아시아 및 유럽 대륙으로 이어지는 진출로이다. 그리고 노동이 저렴하면서도 수준이 높다. 이러한 이유로 한국의 유휴 자본은 물론이고 해외 자본 역시 시시탐탐 북이라는 거대 시장이 열리기만을 고대하고 있다. 즉, 막대한 개발이익을 노릴 수 있다는 것이다. 그렇게 되면 1932년에 만주국 진출 종단항으로 선정된 라진시에서 발생한 대규모 토지투기 경험이 재현될 가능성이 크다(전봉관, 2009). 따라서 중요한 것은 북이 개방되었을 때 어떻게 하면 미국 경제학자 조지프 스티글리츠(Joseph Stiglitz)가 우려하는 '지대추구'(rent-seeking)가 일어나지 않으면서도 북이 가진 잠재력을 활용하여 지속가능한 발전을 이룰 수 있을 것인가 라는 점이다.

자신의 존재가 보호받으면서 발전하려는 욕구는 한 개인이든 한 사회이든 동일하다. 그런데 오늘날 남한의 토지사유제와 금융

---

73) 책 『희년』(2019)에서 필자의 집필 장을 수정 및 보완하여 활용함.

자본주의 시스템은 발전에 대한 욕구를 강하게 자극하면서 결과적으로 한 개인과 사회를 위기에 빠뜨리는 경향이 강하다. 필자는 이와 같은 파괴적인 경제 구조를 '토지+금융 매트릭스'라고 표현하는데, '매트릭스'라는 표현은 영화 '매트릭스'에서 따온 말이다. 경제의 최하위에 토지 매트릭스가 있다면, 최상위에는 금융 매트릭스가 있다. 토지 매트릭스에서는 토지 불로소득을 사유화하여 빈부 격차를 심화시키고 서민들이 가난에서 빠져나오지 못하도록 한다. 금융 매트릭스에서는 강제된 성장 메커니즘이 정부나 기업 및 가계가 영원히 갚을 수 없는 부채의 늪에서 빠져나오지 못하도록 한다. 이제 두 매트릭스가 만나서 형성된 '토지+금융 매트릭스'는 개별적인 매트릭스가 지닌 파괴력을 극대화하여, 괴테의 말대로, 우리 스스로를 자유인이라고 착각하는 노예의 삶으로 전락시킨다(조성찬, 2012).

평화체제가 형성되고, 남북간 그리고 국제적인 경제협력이 진행된다고 할 때, 북이라고 '토지+금융 매트릭스'에서 예외일까? 북은 토지 소유권이 국가에게 있으며, 은행도 모두 국가소유이지만, 대도시를 중심으로 부동산의 투기적 개발이 진행되고 있으며, 농촌 마을에서는 고금리 가계부채 문제가 심각한 상황이다. 물론 정도에 있어서 차이가 있고, 지역적 편향성이 있기는 하지만, 드러나는 문제 양상만 놓고 보면 한국 자본주의 시스템이 초래하는 문제와 본질적으로 차이가 없어 보인다. 여기서 북이 경험하고 있는 두 가지 문제의 중심에는 소위 시장 허용 및 확대를 통해 형성된 '돈주'라는 소(小) 자본가가 자리하고 있다. 여기에 더해 향후 투기적인 해외 자본이 물밀 듯이 들어오면 상황은 더욱 심각해질 것이다. 따라서 북이 경제개방을 허용하더라도 특히 토지와 금융에 있어서 지대추구를 허용하지 않으면서도 지속가능한 경제발전이 가능하도록 하는 제도 구축이 매우 중요하다. 필자는 그 가능성을 남과 북에 공존하고 있는 사회적 경제 경험에서 찾고자 한다.

2. 북한의 사회적 경제 추진 경험

  사회적 경제의 이론적 토대를 제시한 칼 폴라니(Karl Polanyi, 1886~1964)는 그의 책 『거대한 전환』에서 토지, 노동, 화폐는 상품화 되어서는 안 된다고 주장했다. 필자는 특히 사회적 경제 패러다임에 있어서 토지와 화폐 변수에 주목한다. 우선 토지의 경우, 건강한 공공토지임대제 확대가 필요하다(조성찬, 2019). 화폐의 경우, 민간은행 중심의 신용화폐 시스템을 극복할 필요가 있다(조성찬, 2012). 토지와 화폐 및 노동을 균형 있게 결합하여 사회적 경제 기업을 조직하고, 자본주의 논리가 아닌 호혜적인 운영 원리에 기초하면서도 경제적 효과를 창출하는 것이 중요하다. 이러한 사회적 경제는 유럽에서 자본주의의 한계를 극복하기 위한 돌파구로 제시 및 실험되어 오늘날에 이르고 있다.

  사회적 경제는 자본주의뿐만 아니라 구소련, 중국 및 북한 사회주의 개혁 경험에서도 중요한 역할을 감당했다. 이를 학문적으로 '혼합경제' 시기로 구분한다. 사회적 경제 패러다임은 먼저 구소련에서 활발하게 전개되었으며, 이러한 경험과 전략이 사회주의권 국가에 전수되었다(김창진, 2008). 중국의 경우, 1960년대 인민공사로 전환하기 이전에 각종 유형의 협동조합을 경험했으며, 오늘날에는 농업 발전을 위해 새롭게 협동조합 실험을 전개하여 마을자립 및 일자리 창출 등을 도모하고 있다. 북한은 사회주의 계획경제로 이전하기 전인 1960년대 초까지 다양한 협동조합을 추진했다. 그 결과 1948년도에 소비조합원이 520만 명으로, 북한 인구의 절반이 참여할 정도로 그 영향력이 컸다. 지금도 여전히 협동조합 등 사회적 경제 주체들이 일정 위상을 차지하고 있다. 물론 북한의 협동조합은 당의 지도를 받는다는 점에서 자립과 자치의 성격이 약하다는 한계가 있다(이종석, 2011; 이찬우, 2019).

다행히도 최근 새로운 변화의 가능성이 쿠바에서 감지되고 있다. 쿠바의 라울 카스트로 정부는 2011년에 협동조합법을 제정하고, 농업 이외의 제조업 분야에서도 협동조합을 장려하고 있다(김창진, 2017). 쿠바 사례는 북한 헌법이 규정하고 있듯이 사회협동단체가 '과도기적'인 것이 아니라, '그 자체'로 중요한 발전의 주체가 될 수 있음을 시사한다. 실제로, 북한에서 대규모 협동농장이 작업반 단위로 해체되어 기업소 산하로 배치되고 있으며, 2019년 4월 11일에 북한 최고인민회의에서 헌법을 개정하고, '사회주의 기업책임관리제'(33조)를 국가경제 관리의 기본 방식으로 제시했다. 이러한 변화는 도시와 농촌에서 사회협동단체의 공간이 오히려 확대될 수 있음을 강력히 시사한다.

3. 대북 인도지원 사업이 사회적 경제를 만나야 하는 이유

평화에 대한 기대가 한창 달아올랐던 2019년 9월 17일, 남과 북의 두 정상이 평양에서 다시 만났다. 이 때 삼성 등 남한의 4대 기업 총수도 함께 했다. 이것을 바라보면서 기대보다는 우려가 더 컸던 게 솔직한 심정이다. 남북경협에서 대자본이 해야 할 역할이 분명하겠지만, 처음부터 대자본에 지나치게 의존할 경우 남북경협 구조가 왜곡될 수 있다. 대자본 외에도, 북한 도시 주민의 자립과 자치를 지원하면서, 남한의 경험과 역량이 결합될 수 있도록 생활 밀착형 사회적 경제 분야 기업이 남북 도시협력에 적극적으로 참여할 수 있어야 한다. 여기서 필자는 도시협력을 인도지원 사업과 경제협력 사업을 아우르는 의미로 정의한다.

2019년 초 하노이 북미 정상회담이 결렬되고, 같은 해 10월에 진행된 북미 실무회담 역시 서로의 입장 차이만 확인하고 결렬되면서, 유엔과 미국의 대북 경제제재가 상당히 오랜 시간 지속될 수 있겠다는 생각이 들었다. 이러한 전망은 당장이라도 북한에 진출하려는 기업들에게 반가울 리 없을 것이다. 그런데 다르게 생각하면, 이러한 전망은 대북 제재 해제 및 평화체제 수립 이전에 사회적 경제 패러다임을 먼저 인도지원 사업에 적용할 필요가 있음을 보여주는 것으로 받아들일 수 있다. 지금도 대북 제재에 크게 저촉되지 않는 인도지원 사업에 사회적 경제 패러다임을 적용하여 역량이 축적되면 이는 평화체제 성립 이후 남북 도시간 경제협력의 밑거름이 된다는 점에서 매우 중요한 접근법이다.

조금 더 구체적인 전략을 생각해보자. 지금까지 대북 경협은 물론 인도지원 사업도 '퍼주기'라는 오명을 받아왔기에 상당히 조심스럽다. 북한 역시 무상 원조를 받는 것을 더 이상 달갑게 받아들이지 않는다. 그런데 최근 북한의 장마당을 중심으로 한 시장경제 시스템이 발전하면서, 상호간 윈-윈(win-win) 할 수 있는 구조로 지원하는 것이 지속가능하며 북한의 경제발전을 이끌어 내는 지렛대 역할을 할 수 있음이 분명해지고 있다. 강주원(2016)은 지금도 단둥을 통해서 남북중 경제협력이 가능함을 구체적으로 설명한다. 따라서 대북 경제제재가 지속되는 국면에서 대북 인도지원 단체들이 단순히 물자를 지원하는 방식을 넘어, 사회적 경제를 적용하여 한 단계 발전된 지원 방식을 고민할 필요가 있다. 하나누리(사)가 라선특별시에서 사회적 금융을 통해 진행하고 있는 농촌자립마을사업은 중요한 사례다.

현재 인도지원 사업은 대북 제재에서 예외다. 남북이 교착상태인 현재에도 큰 규모의 인도지원 사업은 통일부 허가를 통해, 그보다 작은 규모는 중국과 러시아 접경도시를 통해 추진이 가능하다. 이 때 북중 접경지역 도시(연변−라선, 훈춘−블라디보스토크−라선, 단둥−신의주 등) 및 북중러 접경지역을 통한 도시 네트워크를 형성하는 것이 효과적이다. 또한 인도지원 사업 추진을 위한 국제 도시 네트워크를 형성하는 것도 필요하다.

사회적 경제는 대북 제재 시기에 인도지원과 결합함으로써 기존 인도지원 사업에 새로운 전략적 돌파구를 제시할 수 있다. 또한 향후 평화체제 시기에 북한의 이데올로기를 자극하지 않으면서도 남북 도시 간 교류와 협력을 할 수 있는 가교가 될 수 있다. 북한에도 협동조합 같은 사회적 경제 조직들이 활동하고 있기 때문이다. 남한의 서울시뿐만 아니라 여러 도시들은 사회적 경제, 공유도시 등 다양한 경험과 노하우를 보유하고 있다. 이제는 한 걸음 더 나아가, '사회적 경제'를 통해 남과 북 도시간 인도지원 사업 및 경제협력 사업을 전개해 나갈 준비를 해야 한다.

4. 지역발전 지원전략으로서
사회적 금융

　대북 인도지원 사업을 하게 되면 지속적으로 다음과 같은 질문들을 만나게 된다. 대북 인도적 지원방식은 언제까지 가능할까? 대북 퍼주기라는 논란을 어떻게 뛰어 넘을 수 있을까? 모니터링은 가능한가? 남은 지원하고 북은 수혜를 받는 관계가 아닌 남북이 상생하는 방법은 없을까? 자본주의의 장점만 전할 방법은 없을까? 북측 사람들이 이해하기 쉬운 방식은 없는가? 어떻게 하면 스스로 자립에 이르게 할 수 있을까? 이러한 질문은 끝이 없다. 그리고 이러한 질문에 적절한 답변을 찾기도 쉽지 않다.

　그런데 사회적 금융을 인도지원 사업에 결합하면 나름 설득력 있는 답변을 제시할 수 있다. 북측도 사회적 경제 방식을 선호한다. 대출을 해주고 상환을 받는 방식이라 퍼주기는 있을 수 없다. 투자 방식으로 접근하면 북에 자주 들어가지 않아도, 모니터링 인력이 많지 않아도 된다. 남북이 함께 협력하여 상생하는 방법이 될 수도 있다. 탐욕의 자본이 아닌 공동체를 살리는 방법이 될 수도 있다. 북의 체제를 존중하며 인민들의 욕구를 해결해 줄 수 있다. 사회적 금융을 통해 스스로 자립할 의지와 희망을 열어

줄 수 있다. 독자들은 이러한 답변이 설득력이 있다고 생각되는 가? 그런데 사회적 금융을 조금 더 이해하면 가능성이 있음을 공 감할 수 있을 것이다.

사회적 금융(social finance) 전문가인 문진수에 따르면, 사회 적 금융이란 사회적으로 가치 있는 일에 돈을 투·융자하여 지속 가능한 발전을 도모하는 것을 통칭하는 개념이다. 지역사회와 국가, 나아가 인류가 직면한 다양한 문제를 해결하기 위한 금융자본을 조성하고, 이에 필요한 금융 서비스를 개발·적용하는 금융 방식 을 뜻한다. 가난한 이들에게 소액의 자금을 대출하고 상환하는 마이크로 크레딧(micro credit) 방식이 도입된 것이 18세기 초이 고, 협동을 통한 자활을 기치로 고리대금업자들의 횡포에 맞서 최초의 신용협동조합이 설립된 것이 1864년 독일이다. 낙후된 지역 의 경제발전을 위해 자체 기금을 조성하고 중개기관(은행)을 세운 지역금융의 역사도 100년이 훨씬 넘는다. 모두 부도덕하고 파괴 적인 기성 금융 질서를 혁신하기 위한 치열한 자구 노력의 결과 물이다(문진수, 2013: 24~25).[74] 앞서 이야기한 '토지+금융 매트 릭스'를 깨기 위한 나름의 치열한 실험이었다.

현대적 의미의 사회적 금융이라 부를 수 있는 것들은 마이크 로 파이낸스, 사회목적투자, 지역개발금융 및 관계형 협동금융이 라는 4가지로 나누어 볼 수 있다. 각각의 개념 및 방식과 사례는 〈표 4-1〉에서 정리해 보았다.

---

74) 문진수, 『금융, 따뜻한 혁명을 꿈꾸다』, 북돋움, 2013.

<표 4-1> 사회적 금융의 유형과 개념 및 사례

유형	개념 및 방식	사례
마이크로 파이낸스	금융에서 소외된 사회 취약계층에게 무담보 신용 대출 방식으로 소액의 창업 자금을 빌려주고, 교육 훈련 등 경영 지원 서비스를 통해 자립·자활을 돕는 기법	아일랜드 기금 그라민 뱅크 키바(KIVA)
사회목적 투자	기부나 자선을 넘어 주로 사회·환경 영역에서 지속 가능한 투자 기반을 만듦. 사회적 가치 창출이 주요 목표지만 금전적 이익을 함께 기대함.	아쇼카 재단 사회혁신채권(SIB) 언리미티드 외
지역개발 금융	지역 안에 뿌리를 내리고, 지역민들과 긴밀한 관계금융을 유지하며, 지역 주민과 지역 경제의 발전을 위해 봉사하는 금융기관	홋카이도 시민펀드 클라우드 펀딩, 지역통화, 지역재단 클린턴 정부 (지역신용협동조합, 지역은행, 벤처캐피털, 지역대부기금)
관계형 협동금융 (연대금융)	뜻을 같이하는 사람들이 공동으로 자본을 모아 공동체의 이익과 발전을 위해 돈을 쓰는 것. 자조·자립형 사회적 경제 클러스터 조성에서 중추 기능 담당.	- 스페인 몬드라곤의 노동인민금고와 공제조합 - 이탈리아 에밀리아로마냐의 협동기금과 협동신용은행 - 캐나다 퀘벡의 데자르뎅 - 스웨덴의 야크은행 - 네덜란드 라보뱅크

자료: 문진수(2013)의 책 『금융, 따뜻한 혁명을 꿈꾸다』을 요약 정리하였음.

위의 〈표 4-1〉에서 유형화한 4가지는 언뜻 보면 명확히 구별이 가지 않는다. 그럼에도 사회적 금융의 주체, 지원 대상, 지원 방식 등에서 차이를 보인다. 우선 앞의 세 가지 유형인 마이크로파이낸스와 사회목적투자, 지역개발금융은 선의의 뜻을 가진 주체가 금융을 필요로 하는 이들을 돕는 형태다. 반면 마지막의 관계형 협동금융은 스스로의 문제를 스스로의 힘으로 해결하는 방식이다. 지원 대상에 있어서, 마이크로 파이낸스는 주로 가정의 여성들을 대상으로 소규모로 빌려주는 방식이라면, 나머지 세 가지 방식은 비교적 큰 규모로 개인보다는 기업을 주로 지원한다. 지원 방식에 있어서, 마이크로 파이낸스와 사회목적투자가 시장 친화적 성격이라면, 지역개발금융과 협동금융은 공동체 친화적이라는 점에서 차이가 있다. 그럼에도 불구하고 실제 현장에서는 이러한 유형의 사회적 금융 기법들이 상호간 복합적인 관계망을 형성하여 작동한다. 즉, 지역발전이라는 관점에서 네 가지 유형은 각자 다른 접근법과 강조점으로 서로 긴밀하게 연결되어 있다. 유형을 결정하는 관건은 해당 지역의 특성이 어떤 조건을 가지고 있느냐 하는 점이다.

정리하면, 오늘날의 한국 사회에서 북미관계 개선과 대북 경제 제재 완화만을 기다리고 앉아있기에는 북한 내부의 지역발전에 대한 욕구가 분명하며, 한국 사회는 향후 평화체제를 준비하기 위해서라도 작게나마 경제 및 사회 문화 교류의 물길이 계속해서 흘러야 한다. 이러한 점에서 오늘날 경제제재 상황에서도 가능한 인도지원 사업에 사회적 경제 패러다임, 특히 사회적 금융을 결합하는 것은 어쩌면 불가피한 선택인지도 모른다.

이하에서는 하나누리가 라선시에서 진행하고 있는 농촌자립마을사업과, 국제농업개발기금(IFAD) 및 마라나타 트러스트 사례가 보여주듯이 사회적 금융을 결합하여 지역발전을 지원함으로써, 퍼주기라는 오명을 피하고, 북과 국제사회가 서로 상생이 가능하며, 건강한 자본으로 지역을 살리고, 무엇보다 북의 체제를 존중하면서 주민들의 욕구를 해결하며, 결과적으로 자립할 수 있도록 지원하는 것이 가능함을 살펴본다.

5. 북한 지역발전에 사회적 금융을 결합한 사례

1) 국내 하나누리 라선농촌자립마을 프로젝트

하나누리(www.hananuri.org)는 남과 북으로 분단된 한반도에 생명과 평화의 가치를 심는다는 비전으로 2007년에 통일부 등록 비영리 대북 민간지원단체로 설립되었다. 핵심 분야는 크게 세 가지다. 첫째, 북한 농촌 지역사회의 실질적 자립을 돕는 사업을 전개하고 있다. 둘째, 남북 주민들의 사회문화 교류 방안을 모색한다. 학생들과 성인들이 목도리를 떠서 북한 아이들에게 전달하는 '목도리, 남북을 잇다' 캠페인도 여기에 해당된다. 셋째, 평화와 통일을 위한 연구와 교육을 진행하고 있다. 이 일은 부설 기관인 하나누리 동북아연구원이 담당하고 있다.

하나누리는 2007년 설립 이래 2009년부터 라진특구에서 농촌마을 지원사업을 전개해 오고 있다. 이 사업은 북중 접경도시인 연변의 조선동포 네트워크를 통해 진행되고 있다. 지원 목적은 북한 농촌마을의 실질적 자립을 돕는 것이다. 하나누리는 그동안 여러 번의 시행착오를 거쳐 오다가, 2017년부터는 48가구의 작은 농촌 마을인 Y마을과 협약을 맺고, '마을금고'라는 방식을 통해 마을을 지원하기 시작했다. 마을금고는 스웨덴의 야크은행(JAK Bank)이 적용하고 있는 무이자 저축－무이자 대출 시스템을 차용하였다.

히니누리는 Y마을과 10년 지원 협약을 맺고, 단계별 자립목표에 대한 큰 틀에 합의하였다. 먼저 '경제적 자립'을 '외부 지원 없이 한 마을이 스스로 식량, 육아, 주거, 교육, 의료, 에너지, 자치 등 기본 필요를 감당할 수 있는 상태'로 정의하고, 3단계에 이르는 자립목표를 설정했다. 1단계 자립은 우선적으로 식량과 육아를 감당하는 상태다. 2단계 자립은 중앙 및 지방정부가 책임지는 기능을 제외한 주거, 교육, 의료, 에너지, 자치 등 나머지 기능을 감당하는 상태이다. 3단계 자립은 고등교육, 고급의료 등 높은 수준의 경제적 부담을 감당할 수 있는 상태이다. 하나누리는 기본적으로 10년 동안 2단계 자립목표에 도달하는 것을 기본적인 목표로 설정했다. Y마을은 10년 동안 자립을 목표로 단계별로 구체적인 사업을 제안하는 식이다.

이러한 목표 달성에서 마을금고의 역할이 핵심적이다. 마을금고는 기본적으로 사업대출과 가계대출을 진행하게 된다. 현재 하나누리가 이 마을과 맺은 협약의 핵심은 10년간 투자한 원금을 그대로 100% 환수하는 방식이다. 가령, 2017년도에 하나누리가 트랙터와 적재함, 쇄토기는 물론 비료와 디젤유 등을 지원했는데, 이에 대해 Y마을은 트랙터 등 고가의 기계류는 10년 동안, 그리고 나머지 항목은 5년 동안 현금으로 100% 상환하는 것이다. 따라서 마을은 주체적으로 자립을 추구하면서도 원금을 지속적으로 상환할 수 있는 책임감을 보여줘야 한다. 그리고 상환된 금액은 향후 재투자되어 혜택의 범위가 넓어진다. 아래 사진은 협약에 따라 Y마을이 2018년에 실제로 첫 상환 후 이를 기념하기 위해 찍은 사진이다.

[사진 4-1] Y마을로부터 받은 1차 상환액(2018.7.)

 2018년 상반기부터 하나누리는 Y마을과 2단계 자립사업의 일환으로 식품가공공장 설립을 논의하기 시작했다. 식품가공공장은 식량문제 해결이라는 1단계 자립 목표를 달성했다고 판단한 Y마을이 먼저 적극적으로 제안해 온 사업이다. 하나누리는 이 사업이 2단계 자립으로 나아가기 위한 핵심적인 프로젝트라고 판단하고 무이자 대출을 통해 지원하기로 결정했다. 개요는 이렇다. 건축면적 145.5㎡의 부지에 옥수수 국수, 두부 생산 및 정미 등을 위한 소규모 식품가공공장을 짓는 것이다. 여기에 필요한 것은 공장 건물과, 식품 가공을 위한 국수기계, 착유기(건두부 제조용), 정미기 등 설비들이다. Y마을이 추산한 전체 소요 경비는 35,505 미국 달러(한화로 4천만 상당)였다. 2019년 10월 현재 본 사업은 선불이 완공되었고, 필요한 기계 시설도 구비되어, 곧 식품 가공생산에 들어가게 된다. 그렇게 되면 생산되는 상품은 시장에서 판매가 가능하여 부가적인 소득 창출이 가능하다. 여기에 더해 생산 과정에서 나오는 부산물은 가축의 사료로 사용될 수 있어 여기에서도 부가적인 소득 창출이 가능하다. 참고로 북은 정책적으로 가축에서 나오는 소득의 100%가 가구에 귀속된다고 밝혔다. Y마을은 이제 식품가공공장 다음으로 축사 건립을 희망하고 있다. 대규모 축사에서 씨종자를 키워 마을 가구에게 나눠 주려는 것이다. 필요한 가축 사료는 식품가공공장의 찌꺼기를 활용하면 된다. 이렇게 사회적 금융을 통해 단계적으로 자립을 현실화하고 있다.

[그림 4-1] 식품가공공장 설계도

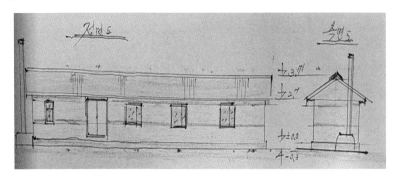

하나누리는 Y마을과 협약을 맺으면서 처음부터 마을금고 사업에 가계대출 사업을 포함하기로 했다. 이에 근거하여 Y마을은 하나누리가 제안한 '무이자 저축－무이자 대출'이라는 큰 틀에서 한 가구당 최대 500위안을 1년 동안 무이자로 빌리는 방안을 제안해 왔다. 이 마을의 가계대출 사업을 위해서는 대략 우리 돈 500만원의 기금이 필요하다. 북측 내부의 상황 변화로 인해 가계대출 사업은 아직 시작하지 못한 상태다. 조만간 협의 과정을 거쳐 추진하려고 한다. 한국의 시민사회와 개인은 이러한 민간 차원의 남북 협력사업에 적극적으로 참여함으로써 남북 상생에 참여할 수 있으며, 보다 실질적인 통일을 앞당기는 데 기여할 수 있다.

하나누리가 Y마을과 전개해 오고 있는 사업을 사회적 금융의 관점에서 해석해보자. 앞에서 문진수는 사회적 금융의 유형을 마이크로파이낸스, 사회목적투자, 지역개발금융, 관계형 협동금융으로 구분했다. 하나누리가 Y마을과 전개해 오고 있는 농촌자립마을 프로젝트는 실체의 성격은 약하지만 '마을금고'를 두고, 이를 통해 사업대출 및 가계대출(향후)로 나누어 무이자 대출 사업을 전개해 오고 있다. 이러한 점에서 볼 때 우선 지역개발금융의 성격이 강하다. Y마을이 주체적으로 관리 운영하는 마을금고는 주민들이 관계금융 형태로 지역경제 발전에 기여하기 때문이다. 다음으로 비영리단체인 하나누리가 무이자 대출 방식으로 진행하기 때문에 사회목적투자의 성격이 강하다. 원래 사회목적투자는 기부나 자선이 아닌 투자 성격으로 일정한 수익이 창출되어야 하는데, 하나누리가 적용하는 방식이 적어도 기부나 자선의 형태는 아니고, 투자 수익을 기대하지는 않지만 100% 상환을 추구하기 때문에 일정 정도는 사회목적투자로 볼 수 있다. 향후 대출 이자율은 조정이 가능하다.

다음으로, 현재로서는 가구를 대상으로 소액대출 사업을 전개하지 않기 때문에 마이크로 파이낸스로 보기는 어렵다. 그런데 조만간 가구를 대상으로 대출을 전개하게 되면 마이크로 파이낸스의 성격을 강하게 띨 수 있다. 가구별 대출을 하게 되면 농촌 가구들은 자립을 위해 가축을 구입할 수도 있고, 다른 곳에 투자할 수도 있다.

마지막으로, 본 사업은 주민들이 자발적으로 기금을 모으고 지역 내의 필요한 곳에 지원하는 방식이 아니어서 관계형 협동금융으로 보기는 어렵다. 그런데 마을금고가 향후 규모나 방식이 발전하여 실체를 갖는 금융기관으로 발전하고, 주민들도 보다 적극적으로 (가령 야크 은행의 무이자 저축처럼) 기금 형성에 참여한다면 관계형 협동금융 성격을 가질 수 있다. 물론 마을금고가 복합적인 기능을 갖게 된다면 그 활동 범위는 한 마을이 아닌 라선특별시 안에 있는 농촌마을과 기업소가 대상이 되어야 할 것이다. 그 때가 되면 라선특별시에서도 스페인 몬드라곤의 노동인민금고와 유사한 사회적 금융 생태계를 꿈꿀 수 있을 것이다.

하나누리가 진행하는 농촌자립마을 프로젝트의 특징을 정리하면 다음과 같다. 첫째, 이 사업은 대외상황의 악조건 속에서도 흔들림 없이 지속된 사업이다. 둘째, 북측 나진특구 경제 관료와 형성된 신뢰관계를 기초로, 북측 협동농장과 협의하면서 진행하고 있다. 수요자 기반 프로젝트인 것이다. 셋째, 가장 작은 단위에서 참여할 수 있는 남북 경제협력 모델이다. 미시적인 차원의 평화와 화해를 위한 몸짓이기에 작은 단체들도 참여가 가능하다. 넷째, 마을금고를 통해 무이자 대출을 진행하고 있어 사회적 금융의 일환으로 볼 수 있다. 향후 남북 도시협력에 있어 사회적 경제라는 패러다임이 중요한 역할을 할 수 있다.

2) 국외 국제농업개발기금(IFAD), 마라나타 트러스트(Maranatha Trust), 키바(KIVA) 사례[75]

하나누리 사업을 소개하다 보면, 많은 사람들이 사회적 금융 방식을 인도지원 사업에 결합하여 진행하는 모델에 대해 흥미로운 관심을 보이면서도 다른 한편으로는 저개발 국가에서 진행되는 많은 사업들이 사실 이와 유사하게 전개되고 있다는 점을 지적한다. 결국 사회적, 경제적 조건이 유사한 경우 지역발전 전략 역시 공통점을 가질 수밖에 없음을 인정하게 된다. 이러한 점은 하나누리가 인도지원 사업에 사회적 금융을 결합하여 추진하기 이전부터 이미 북한에서 비슷한 방식으로 접근한 사례들에서 발견된다. 여기서는 언론을 통해 공개된 국제농업개발기금(IFAD)의 농촌 진출 사례와, 마라나타 트러스트의 도시 진출 사례를 간략하게 살펴본다.

---

75) 주로 다음의 기사를 참고하였음: DailyNK, "北, 유엔기구에 소액대출사업 재개 요청", 2008.12.12.

국제농업개발기금(IFAD: The International Fund for Agricultural Development)은 UN 산하 기관으로, 개발도상국의 농업개발과 빈곤퇴치 사업에 재정 지원을 하는 것을 목적으로 한다. 한국정부도 기금에 참여하고 있다. 국제농업개발기금은 1996년부터 2008년까지 12년을 1차 사업기간으로 설정하여 3단계로 진행했다. 1단계는 1996년~2002년으로 잠업개발사업을 진행했으며, 2단계는 1997년~2003년으로 축산복구지원사업을 전개했다. 마지막 3단계는 2001년~2008년으로 산간지대 식량안보사업을 전개했다. 여기에 쓰인 총 지원액은 9,810만 미국 달러였다. 10년 거치, 40년 상환에 수수료는 0.75%였다. 이후 2010년부터 진행하려는 2차 사업계획은 모든 협동조합으로 확대하고 대출액 상한선도 높일 것을 구상했었다.

국제농업개발기금은 2001년 4월부터 2008년 6월까지 소액대출사업도 진행했다. 대상 지역은 황해북도 곡산군과 신계군, 양강도 삼수군과 풍서군의 46개 협동농장, 4만 5천 가구였다. 대출금은 연간 조선돈 1만원으로 이는 미화 70달러 정도에 해당한다. 이자율은 5%였다. 사업 결과는 성공적이어서 북한 당국이 유엔기구에 소액대출사업을 재개할 것을 요청했다고 한다. 그런데 2010년에 새롭게 시작하려던 2차 사업은 북의 핵실험으로 재개되지 못했다.

국제농업개발기금 프로젝트에서 눈여겨 볼 지점은 기금운용방식이다. 기본적으로 국제농업개발기금은 매칭펀드 방식으로 북한의 조선중앙은행과 협력 형태로 진행되었다. 조선중앙은행은

IFAD에서 받은 기금에 자체 기금을 더해 군 단위 지방은행을 통해 선정된 협동농장과 주민에게 대출해 준다. 협동농장과 주민은 대출받은 돈으로 가축, 영농 기구를 마련하여 농업생산 향상에 힘쓴다. 이후 잉여 가축과 식량을 되팔아 지방 은행에 상환하는 방식이다. 대출 대상 선정 기준은 식량이 부족한 지역, 소득이 낮은 협동조합, 농장 내에서 저소득층 여성들을 최우선으로 하였다. 모니터링을 위한 상주직원은 없으며, 필요한 때에 협력단체인 세계식량계획(WFP) 및 식량농업기구(FAO)와 공동으로 진행했다. 사업 추진 결과 주민 식량 사정과 생활수준이 이전에 비해 크게 향상되었다고 보고되었다.

IFAD 외에도 호주의 마라나타 신탁회사가 2004년부터 북한 재무성과 합작으로 '조선－마라나타 은행'을 설립해 북한의 공장과 기업, 일반 주민에게 자금을 대출하고, 컨설팅도 하는 사업을 전개했다. 대출받은 이들은 상점을 임대하고 제품을 판매하여 얻은 수익금으로 상환하는 방식이다. 평균 대출금은 2000유로였으며, 금리가 약 12%로 상당히 높은 것으로 알려져 있다. 그럼에도 불구하고 대출 회수율이 100%로 성공적이라는 평가를 받았다. 아무래도 재무성과 합작하고 평양에서 진행되는 사업이어서 당이 엄격하게 관리했을 가능성이 크지만, 그럼에도 소액대출을 통해 시장경제 개념을 이해하기 시작했다는 평가다.

마라나타 신탁회사 외에도 미국의 소액대출 민간단체인 '키바(KIVA)'도 대북사업에 관심을 가졌으나, 북한 당국과 합작 없이 민간차원의 대출 사업은 진행하기 어렵다는 판단 아래 북한 진출을 무기한 연기한 것으로 알려졌다. 참고로, 키바는 마이크로크레딧의 창시자인 무하마드 유누스에게서 영감을 받은 미국의 젊은 부부가 2005년 10월, 아프리카 우간다에 사는 가난한 이웃 7명에게 소액의 돈을 빌려주면서 시작되었다. 이 사업은 7년 만에 82만 명이 후원자가 64개 개도국 86만 명에게 3억 5,000만 달러를 대출해주는 놀라운 기록을 만들어냈다. 키바의 대출 방식은 대출을 위한 온라인 플랫폼을 만들고, 돈이 필요한 개도국의 공동체가 사업계획서를 올리면 이를 보고 지원을 희망하는 이들이 선택하는 방식이다. 최소 25달러만 있으면 키바를 통해 원하는 공동체에 대출해 줄 수 있다. 대출은 기본적으로 무담보, 무보증이고, 6개월 내지 1년 사이에 갚으면 된다(문진수, 2013: 73~74).

지금까지 살펴본 국제금융기관 진출 사례는 북한 핵실험에 따른 대북 제재라는 대외적인 환경으로 끝나기는 했지만 여전히 유효한 방식이다. 이러한 방식은 일방이 돕고 도움을 받는 방식보다는 함께 문제를 해결한다는 의미에서 매우 중요한 접근법이다. 대자본이 북한 경제협력 구조를 결정하기 전에 미시적인 차원에서 한국 및 국제 사회적 금융 조직들이 적극적으로 참여하여 새로운 생태계를 만든다면 우리는 중국이나 베트남 등과는 다른 북한 고유의 대안경제 체제를 경험할 수도 있다. 미래는 우리의 작은 손에 달려있다.

6. 북한에서도 몬드라곤의 노동인민금고가 가능하다

    스페인에 가면 협동조합으로 유명한 몬드라곤이 있다. 몬드라곤 하면 곧바로 언급되는 인물이 1958년에 난로와 라디에이터를 만드는 울고(Fagor) 라는 생산협동조합을 설립한 호세 마리아 아리스멘디아리에타(Jose Maria Arizmendiarrieta) 신부다. 신부는 협동조합이 제 자리를 찾아가려면 협동조합에 자금을 대출해 주는 협동조합 은행이 필요하다고 생각했다. 그래서 1959년에 노동인민금고(Caja Laboral)를 설립했다. 노동인민금고는 이후 몬드라곤 공동체의 발전을 이끄는 성장 엔진 역할을 감당했다. 노동인민금고는 운영 자금을 지원하는 것은 물론 기술 지원까지 감당했다. 지역개발은행의 역할을 감당한 것이다. 오늘날 노동인민금고는 스페인 전역에 400개가 넘는 지점을 갖춘 금융기관으로 발전하여, 스페인에서 가장 성공한 금융기관 중 하나로 인정받고 있다(스테파니 자마니 외, 2009: 90~92; 문진수, 2013: 144~146).

    북한에 가면? '협동농장신용부'라는 금융기관이 있다. 협동농장신용부는 중앙은행 중심의 금융체계에 포함되지 않는 금융기관이다. 협동농장 신용부는 협동농장원들을 대상으로 한 소비금융업무 수행을 목적으로 조직된 농촌신용기관으로서, 협동농장원들이 낸 출자금과 사업과정에서 축적한 자금을 바탕으로 농민들에게 부업경리자금이나 생활비자금 등을 대출해 주는 업무를 수행한다(묘성민·이동헌, 2016. 33~34). 그런데 이러한 협동조합형 금융기관이 실제로 자기 역할을 잘 감당하고 있는지는 알 수 없다.

북한에 가면? 시장경제 발전과 더불어 새로 형성된 '돈주'가 있다. 그런데 돈주의 역할에 대해 상반된 주장이 존재한다. 임을출은 계획 및 배급체계가 붕괴된 이후 시장화 및 비공식 사금융이 활성화되었고, 돈주들이 고리대금업과 사채업을 영위한다고 부정적인 역할을 강조했다(임을출, 2015). 이와 반대로 이찬우는 돈주들이 부정적인 역할 외에도 사회에 공헌하는 방향에서 사회적 경제의 기능을 하고 있다는 측면을 강조한다. 그의 설명을 조금 더 들어보자. 돈주의 8할 정도가 여성인데, 이들은 주택자금 또는 생활자금 대출, 보건 위생 환경보호 분야 기부, 취약계층 지원과 교육 분야 기부, 지방기업 생산자금 대출, 협동단체 생산자금 대출 등을 돕고 있다고 한다(이찬우, 2019: 286). 어찌 보면 협동농장신용부의 역할을 감당하고 있는 것처럼 보인다.

북한에서 사회적 금융의 제도적 가능성은 중요한 연구주제이다. 앞으로 현장에 기초한 연구를 진행할 필요가 분명하다. 그래야만 북한 지역발전을 위한 사회적 금융 생태계 구상을 할 수 있다. 북한이라고 몬드라곤의 노동인민금고 아니 더 적합한 모델을 꿈꾸는 것이 과연 허상일까? 그렇지 않다고 본다. 다만 여기에 우리의 상상력의 한계를 뛰어넘는 용기와 지혜가 필요하다.

　가능성은 존재한다. 하나누리 라선농촌자립마을사업, 국제농업 개발기금, 마라나타 트러스트 사례를 통해 사회적 금융 방식을 통한 지역발전 전략이 어떻게 가능한지, 그리고 북측이 이러한 사업방식에 대해서 어떤 입장과 태도인지를 개략적으로 알 수 있었다. 그리고 북한의 금융제도를 깊이 살펴보지는 못했지만, 협동농장신용부와 돈주의 사회적 기능을 통해 내부에서도 사회적 금융 발전의 가능성들을 조금이나마 엿볼 수 있었다. 앞으로도 사례를 통한 실험과 연구는 지속되어야 한다. 이러한 방향성에 동의하는 사업 및 연구 주체들이 적극적으로 참여하기를 기대한다.

본 장은 사회적 경제 패러다임을 실제적으로 북한에 어떻게 접목할 수 있는지를, 실제 북한에서 전개된 사례를 통해 살펴보았다. 이러한 내용은 앞 장에서 이찬우의 글을 통해 과거는 물론 지금도 사회적 경제의 구체적인 수단인 협동조합이 북한에서 작동하고 있음을 보인 지점에서 한 걸음 더 나아가, 국내 및 국외 사회적 경제 주체들이 북한과 어떻게 협력할 수 있는지를 살펴본 것이다.

그런데 사회적 경제를 통해 북한과 협력할 수 있는 틀을 크게 인도지원 사업 및 남북경협 사업의 두 가지로 구분할 때, 대북 경제제재가 해소되지 않은 남북 분단의 상황에서, 무엇보다 인도지원 사업에 우선적으로 접목할 필요가 있음을 주장했다.

이러한 접근법은 최근 북한 정부가 무조건적인 수혜자가 되는 인도지원 사업에 대해 거부반응을 보이고 있는 흐름과도 무관하지 않다. 즉, 퍼주기 식 인도지원 사업이 아닌, 상호간 윈−윈(win-win)할 수 있는 방식으로 인도지원 사업을 전개하면 북한 정부도 이런 사업을 거부할 이유가 없으며, 이러한 접근은 더 나아가 대북 경제제재가 해소되었을 때 남북경협을 추진할 수 있는 징검다리가 된다.

인도지원 사업에 사회적 경제를 어떻게 접목할 수 있는지를 보다 구체적으로 살펴보기 위해 본 장은 라선특별시에서 사회적 금융 기법을 활용한 (사)하나누리의 라선자립마을프로젝트 사례와, 국외의 국제농업개발기금(IFAD), 마라나타 트러스트(Maranatha Trust), 키바(KIVA)가 국제개발협력 사업으로 추진한 사례들을 간략하게 살펴보았다.

이렇게 실제 추진한 사례들이 주는 도전정신에 힘입어 인도지원 사업을 넘어 사회적 경제를 통한 남북경협 추진전략을 모색해 보자.

서울 사회적 경제의 경험을 통한
서울 – 평양 도시협력의 새로운 상상

김영식 전국 사회연대경제 지방정부협의회 사무국장
공웅재 (전)민주연구원 네트워크실 부장

1. 들어가며

2018년 12월, 교수신문은 전국 대학교수를 대상으로 올해의 사자성어를 선정하는 설문조사를 진행했다. 그 결과 '논어-태백 편'에 실린 고사성어 '임중도원(任重道遠)'이 선정됐다. 임중도원 은 '짐은 무겁고 갈 길은 멀다'는 뜻이다. 이 고사성어를 추천한 전호근 경희대 교수는 "문재인 정부가 추진 중인 한반도 평화 구상과 각종 국내정책이 뜻대로 이뤄지기 위해선 해결해야 할 난제가 많이 남아있는데 굳센 의지로 잘 해결해 나가기를 바라는 마음"에서 골랐다고 전했다.

이 전망은 정확하게 맞아떨어졌다. 2017년 5월 문재인 정부 출범 이후 세 차례의 남북정상회담, 두 차례의 북미정상회담에도 불구하고, 남북관계는 롤러코스터를 오르내리듯 불안정한 상황이 반복되고 있다. 북측은 2019년 말까지를 북미관계 개선의 마지막 시간표로 보고 압박을 가중하고 있다. 냉전이냐, 평화냐. 한반도는 다시 갈림길에 서 있다.

2000년 6·5 정상회담 이후 급진전을 이루었던 남북관계는 2010년 천안함, 연평도 사건과 이명박 정부의 5·24조치 이후 급속히 나빠지게 된다. 정부 당국 간 대화와 교류는 물론 민간 차원의 종교, 사회문화 교류까지 모두 중단되다시피 했다. 이런 분위기는 박근혜 정부로까지 이어졌다. 2013년 북측의 3차 핵실험과 광명성 발사를 시작으로, 2016년 4~5차 핵실험, 그에 대한 정부의 개성공단 철수와 북측의 폐쇄 맞대응, 유엔안전보장이사회의 강력한 경제제재, 그에 따른 미국, 일본, 한국 정부의 독자 제재가 이어졌다.

2017년 3월 박근혜 대통령이 탄핵됐고, 그 해 5월 대통령 선거가 있었다. 급박히 치러진 대선에서 집권한 문재인 정부 초반까지도 남북관계 경색은 지속됐다. 북미 간에는 상대방 최고 지도자를 향한 가시 돋친 설전이 이어졌다. 북측은 9월에 6차 핵실험을, 핵실험 전후로는 중거리탄도미사일, 지대함 탄도미사일, 대륙간탄도미사일 발사 실험을 계속 단행했다.

이처럼 얼어붙어 있던 한반도에 훈풍이 불기 시작한 것은 2018년부터다. 남북관계 개선과 평창동계올림픽 참가를 시사한 북측 김정은 위원장의 신년사가 그 시작이었다. 이후 문재인 대통령의 한미연합훈련 연기 선언, 이어진 남북 고위급회담, 평창동계올림픽 북측 선수단 파견과 북측 예술단의 서울, 강릉에서의 공연, 김정은 위원장의 특사 김여정, 김영남의 방남과 평창올림픽 개막식 참가 등의 일정이 숨 가쁘게 진행되었다.

한반도 평화의 기운은 점점 고조되어 갔다. 2018년 4월, 판문점 남측지역 '평화의집'에서 11년 만에 3차 남북정상회담이 열렸다. 이후 5월 판문점 북측지역 '통일각'에서의 4차 남북정상회담, 6월 1차 북미 정상회담, 7월 남북 장성급 군사회담, 9월 개성 남북공동연락사무소 개소, 9월 평양에서의 5차 남북정상회담 개최 등 2년여 시간 동안 남북, 북미 관계의 역사를 뿌리째 뒤흔든 역사적인 장면들이 연이어 연출되었다.

그러나 70여 년 넘게 공고하게 유지되어 온 분단과 갈등의 구조가 쉽사리 깨지기는 어려웠다. 2019년 2월 어렵게 성사된 2차 북미정상회담이 결렬되고, 이후 남북관계와 북미관계 모두 경색되었다. 6월 판문점 평화의 집에서 남북미 정상회동이 개최되었으나 관계개선에 대한 극적인 합의를 이루지 못했다. 북측은 7월부터 미사일 실험을 단행하고, 한국과 미국 정부에 대한 비판의 칼날을 세웠다. 10월에는 김정은 위원장이 금강산을 방문해 남측에서 조성한 시설 철거를 지시하는 등 남북, 북미 관계의 전망을 어둡게 하는 뉴스들만 연일 나오고 있다. 북측에서는 연말까지 가시적인 성과를 내지 않으면 중대결심을 한다고 엄포를 놓았다. 하지만 엎친데 겹친 격으로 탄핵국면을 헤치고 2020년 대선을 앞둔 미국의 트럼프 대통령은 북미관계 진전을 위한 파격적인 제안과 수용을 할 수 없는 상황이다.

남북관계, 북미관계는 이처럼 지난 수십 년 동안 예측이 불가능했다. 남측과 북측의 문제만이 아니기 때문이다. 대립과 갈등의 기본 구도 속에 각국의 입장에 맞는 변화를 이끌어내기 위한 남북한과 주변 열강들의 각축전이 벌어지고 있다. 북측의 변화 또한 예측이 쉽지 않다. 단절되고 제한된 정보로는 김정은 정권 이후 더욱 빠르게 변화하는 북측의 모습을 제대로 파악하기 어렵다.

이런 상황에서 우리는 기존 남북교류협력을 업그레이드한 사회적 경제를 통한 대북 인도지원과 교류협력을 이야기하고자 한다. 구체적으로는 서울의 사회적 경제 경험을 바탕으로 한 서울-평양 간 도시협력이다. 퍼주기 논란으로 비난받거나, 정권의 입맛에 맞게 취사선택 되어 온 교류협력을 넘어서는 남북협력 방안을 제시하고자 한다. 남북한 주민들이 동질감을 느끼게 하고 상호 이익을 가져오는 인도지원, 북측 사회에 대안적인 경제공동체가 자리 잡을 수 있도록 돕는 개발협력, 남북한의 지역이 고루 발전할 수 있는 지역 간 경제교류, 대기업 중심이 아닌 사회적 기업의 진출을 통해 지속가능하게 이어지는 교류협력 모델 개발 등이 그것이다.

세 번의 남북정상회담이 개최되고, 남북교류와 경제협력에 대한 수요가 많아지면서 사회적 경제 주체들의 기대감 또한 높아졌다. 남북 당국 간 보건의료, 산림, 철도, 도로 등 다양한 분야의 교류가 진행되었고, 민간과 지자체 차원에서도 다양한 남북교류협력에 대한 아이디어가 봇물 터지듯 쏟아졌다.

다만 협력사업의 대상이 북측, 그리고 북측 주민들이라는 점에서 그동안의 사회적 경제 정책, 사업방식과는 근본적으로 다르게 접근하는 것이 필요하다. 그동안 한국 사회적 경제의 성과는 무엇이며, 어떤 가치를 위해 활동을 해왔는지, 왜 북측에 사회적 경제 방식을 도입하고자 하는지, 과연 남측의 사회적 경제 주체들이 북측과 협력할 준비와 역량을 갖추고 있는지 등의 질문에 대답할 수 있어야 한다. 그리고 그 대답을 위한 준비들을 착실히

해나가야 한다.

한편 향후 남북교류협력의 과정에서는 지금처럼 중앙정부의 독점이 아닌, 지방정부의 특색 있고 자율적인 협력사업의 비중이 높아질 가능성이 크다. 중앙정부 중심의 남북교류는 정치적인 이유에서 국제정세의 영향을 절대적으로 받을 수밖에 없는 반면, 지방정부의 교류는 인도적인 성격을 기반으로 시민사회와 함께 추진하기에 용이하기 때문이다. 지속성과 안정성의 측면에서 볼 때, 중앙정부 중심의 남북교류는 그 비중을 점차 줄여나가고, 지방정부와 시민사회가 남북교류를 확대할 필요가 있다. 이 과정에서 지방정부들이 기존에 진행한 남북교류협력의 성과와 개선점을 면밀히 검토해야 한다. 남북 지방정부 간 교류협력이 안착될 수 있는 제도적인 보완책은 무엇인지, 지방정부와 사회적 경제 조직들이 지속적으로 협력할 수 있는 방안은 무엇인지 등에 대한 많은 검토가 필요하다.

이 글에서는 사회적 경제 방식을 중심으로 한 지방정부의 남북 도시협력에 관한 여러 가지 과제를 짚어보고, 북측에서 북측 주민들과 어떤 방식과 내용으로 사회적 경제 기반의 남북교류협력을 진행할 수 있을 것인지에 대해 아이디어를 나눠보고자 한다.

2. 서울 사회적 경제의 변화:
성과와 과제

1) 서울 사회적 경제의 현황

사회적 경제를 중심으로 한 서울−평양 간의 협력을 상상해보기 위해서는 먼저 서울의 사회적 경제가 어떤 상황인지 살펴봐야 한다. 서울시의 사회적 경제 정책이 본격화된 것은 2011년 박원순 시장 취임 이후부터라고 보는 것이 일반적이다. 물론 그 이전에도 사회적 경제와 관련한 서울시의 정책은 존재했다. 실제로 서울시는 사회적기업 육성법이 제정된 2007년 이후 '서울형 사회적기업' 선정 제도 등을 운영하며 많은 예산을 투입했다. 하지만 본격적으로 일자리 창출과 지역사회문제 해결을 위한 정책수단으로 사회적 경제를 활용하기로 하고 정책목표를 수립한 것은 2012년부터이다. 2012년에는 서울시 사회적경제 정책기획단을 꾸려 정책방향을 민−관 협력을 통해 수립하고, 2013년 1월에는 서울시 사회적경제지원센터를 산하기구로 설치했다. 이 센터는 서울시의 사회적 경제 성장을 위한 지역생태계 조성 사업, 공공구매 활성화를 위한 지원 등을 다양하게 수행했다. 그동안 개별 사회적기업에게 인건비와 사업비를 직접 지원해주는 방식의 정책 중심으로 이루어졌다면, 2012년 이후에는 시장을 만들어주고 기업의 역량을 키워주는 간접 지원체계 강화 방식으로 정책방향도 변화됐다.

　이처럼 민–관 협력을 통해 사회적 경제 지원정책이 체계화되고 내실화되면서, 서울시의 사회적 경제 조직은 양적으로 급성장하게 되었다. 서울시 사회적경제지원센터의 자료에 따르면 서울의 사회적 경제 기업은 매년 증가추세에 있다. 2011년 718개에서 2016년 말 기준 3,512개로 5년 전에 비해 4.8배 증가한 것으로 나타났다. 이러한 양적 성장은 2012년 12월에 시행된 〈협동조합기본법〉에 따라 협동조합의 설립이 용이해진 영향도 있다. 실제 2016년 기준으로 서울의 사회적 경제 기업 중 협동조합이 차지하는 비중은 76.9%에 달한다. 서울의 사회적 경제 조직 네 곳 중 세 곳은 협동조합인 셈이다. 다음으로는 인증 사회적기업(8.1%), 예비 사회적기업(5.8%)등으로 나타나 양적 성장을 협동조합 분야가 주도함이 뚜렷하다. 하지만 전반적으로 사회적 경제 기업의 창업은 계속 활발해서 유형에 상관없이 수가 늘어나고 있는 것으로 파악됐다. 실제로 사회적 경제 신규 창업 사업체 수는 2012~2015년간 설립된 서울시 신설 법인의 2.7%에 해당해서 2012년 이후 사회적 경제 기업 창업이 활발했음을 알 수 있다.

2) 서울 사회적 경제의 성과와 과제

지난 10여 년간 서울의 사회적 경제가 이루어낸 가장 큰 성과는 '성장'이다. 기업의 수로 보아 사회적 경제 기업은 약 5배 이상 증가했다. 여기에 매출과 고용 측면에서도 성장이 이루어졌다. 2016년 기준으로 서울시 사회적 경제 기업의 매출액은 1조 9,600억원으로 5년 전에 비해 169.2% 증가한 것으로 나타났다. (서울시 사회적경제지원센터, 2017) 사회적 경제 기업에 의한 고용도 꾸준히 증가해서 2016년 약 17,900명에 달한다.

서울시 공공구매에서 사회적 경제가 차지하는 비중도 지속적으로 높아졌다. 2013년 507억 원이었던 서울시의 사회적 경제 제품 및 서비스 공공구매액은 2018년에 1,300억 원으로 대폭 증가했다. 정부의 사회적 기업 공공구매 참여 확대 노력과 함께 서울시와 사회적 경제 주체들이 함께 노력한 결과 공공시장 참여가 크게 늘어난 것이다. 조달시장 진입 여부가 중소기업의 수준을 간접적으로 증명해준다는 점에서, 사회적 경제 기업의 공공구매 진입 확대는 다양한 지원정책을 통해 사회적 경제 기업의 질적인 성장 또한 이뤄냈다는 점을 보여준다.

서울시 25개 자치구 대부분에서 사회적 경제 생태계의 기반이 만들어졌다는 점도 지난 10여 년의 정책과 민간의 활동이 만들어낸 성과이다. 자치구별로 사회적 경제 기업의 네트워크 조직(협의회, 연합회 등)이 만들어졌고, 사회적 경제 활성화를 지원하는 중간지원조직들이 속속 설립됐다. 경제주체로서 사회적 경제 기업이 역할을 할 수 있는 기반이 늘어난 셈이다.

이처럼 지난 10여 년 동안 일구어낸 많은 성과에도 불구하고, 서울의 사회적 경제는 여전히 중요한 과제를 안고 있다. 가장 큰 문제는 사회적 경제에 대해 여전히 높지 않은 시민체감도이다. 사회적 경제 조직들은 대부분 지역기반 경제활동을 통해 사회문제를 해결하고 시민들이 필요를 채우는 것을 미션으로 한다. 이전에 비해 괄목할 만큼 나아지기는 했지만, 여전히 사회적 경제 분야는 전체 지역경제에 대비해서 낮은 비중을 차지하고 있다. 그리고 생협 등 일부 영역을 제외하고는 시민들이 경제활동을 하는데 있어 사회적 경제를 우선적으로 떠올리기는 쉽지 않다. 따라서 앞으로 서울의 사회적 경제 기업들이 서울시민—더 나아가 일반국민들에게 어떻게 다가가야 할지 더 깊은 고민이 필요하다.

대체로 협동조합 유형에 국한되기는 하지만 높은 수준의 휴면기업 비율도 서울의 사회적 경제가 가지는 문제 중 하나이다. 전체적으로 사회적 경제 기업의 실질 운영률은 2016년 기준 64% 정도를 나타낸다. 구체적으로 들여다보면 이 실질 운영률은 사회적 경제 기업의 유형에 따라 큰 편차를 보인다. 2016년 기준으로 예비사회적기업과 소비생협은 100%, 인증사회적기업은 99% 운영되고 있는 반면, 협동조합은 절반수준인 54.1%만이 실제 운영되어 절반 가까이가 휴업 상태에 가까운 것으로 나타났다. 이는 협동조합이 다른 유형에 비해 설립이 용이하고 소수의 인원만으로도 창업하는 경향이 많기 때문이라고 분석된다. 물론 서울시의 식당, 카페 등 자영업 폐업률이 48%를 넘는 것을 감안한다면

(2019년 기준) 사회적 경제 기업의 실질 운영률이 특별히 낮은 것은 아니다. 오히려 사회적기업 등의 경우는 일반창업에 비해 훨씬 더 안정적으로 운영되고 있다. 그러나 절반에 가까운 협동조합이 창업초기 단계를 벗어나지 못하고 휴업상태에 있게 되는 상황은 정책 차원의 대책을 필요로 하는 것으로 보인다.

사회적 경제 내에서 나타나는 격차(양극화)도 주목할 만한 서울 사회적 경제의 문제점이다. 매출 차원에서 보면 급격한 매출 증가세에도 불구하고 그 내용이 상위기업으로 편중된 점을 들 수 있다. 실제로 2조에 육박하는 사회적 경제 기업 매출 가운데 인증사회적기업의 비중이 절반이 넘는 것으로 파악된다. 그리고 상위 10개 기업의 매출은 그 가운데에서도 큰 비중을 차지한다. 따라서 아직도 많은 사회적 경제 기업들이 대체로 영세한 상태에 놓여있을 것이라는 추정이 가능하다. 더불어 사회적 경제 활성화를 위한 생태계 조성도 자치구별로 불균등한 결과를 낳았다는 점도 기억해야 한다. 자치구 사회적 경제의 기반 자체가 구별로 편차가 컸고, 자치구의 사회적 경제에 대한 관심과 자원투입도 차이가 났다. 그렇기 때문에, 결과적으로 서울시의 생태계 조성사업이 전체적인 기반조성의 효과를 만들어냈지만, 지역별 편차는 여전히 존재하게 되었다.

이렇게 서울의 사회적 경제는 지난 10여 년 동안 양적, 질적으로 성장했지만 여전히 가야할 길이 멀다. 서울－평양 남북협력을 사회적 경제 방식으로 엮어내고 주도하기 위해서는, 서울의 사회적 경제를 둘러싼 모든 주체들이 필요한 역량을 키우기 위해 더

욱 노력해야 한다. 정책을 수행하는 서울시와 자치구 등 정책당
국뿐만 아니라, 서울의 사회적 경제 기업들 또한 사회적 경제를
통한 남북협력의 한 주체로 서려는 준비를 해야 한다는 것이다.

3. 지방정부의 남북교류협력

1) 지방정부의 남북교류협력 역사

사회적 경제 방식의 남북교류협력을 진행하기 위해서는 먼저 남북교류협력의 역사를 고찰해 보는 것이 필요하다. 남북교류는 대북 인도적 물자지원으로부터 시작되었다. 1995년 8월, 북측 유엔대표부는 연이은 자연재해로 인한 식량 부족을 타개하고자 유엔인도주의사무국(UNDHA)에 긴급 구호 요청을 했다. 그동안 국제사회에서 고립과 단절을 선택한 북측이 최초로 전 세계에 도움의 손길을 요청한 것이다. 이를 계기로 유엔인도지원국은 수해 지역에 조사팀을 파견하고, 북측의 인도적 위기상황을 국제사회에 알려 긴급지원을 호소했다. 유엔기구, 국제적십자연맹 등 국제사회의 대북지원 활동이 활발해지자 국내에서도 민간단체들을 중심으로 동포애적 차원에서 북측을 지원하려는 캠페인이 활발히 진행되었고, 정부는 처음으로 쌀 15만 톤을 무상으로 북측에 지원했다.

[사진 5-1] 1995년 북한에 지원된 쌀 선적이 이루어지는 강원도 동해항

출처: 정부기록사진집

　지방정부의 남북교류협력은 민선2기 지방정부가 구성되면서 본격화됐다. 1998년 금강산관광 시작을 계기로 강원도가 최초로 '남북교류협력기금 조례'와 '남북강원도교류협력위원회 조례'를 제정하고, '남북교류지원담당' 전담부서를 설치했다. 1999년 제주도는 북측에 감귤 100톤을 지원함으로써 지방정부 남북교류의 물꼬를 텄다. 당시 풍작으로 과잉 생산된 감귤을 북측에 지원한 것인데, 북측 주민에게도 도움이 되고 국내 감귤 가격도 안정화되는 긍정적인 결과를 가져왔다. 이 '감귤 지원'은 이후 10여 년 동안 도민들의 지지를 바탕으로 가장 오래 지속된 지방정부 협력 사업으로 기록되고 있다.

[사진 5-2] 2009년 12월 제11차 감귤·당근 북한보내기 선적

출처: 제주의 소리

　이후 2000년 6.15 공동선언을 통해 사회, 문화, 체육, 보건, 환경 등 다방면의 남북교류협력이 추진되었다. 경기도, 강원도 등 접경지역 지방정부를 중심으로 보건의료, 농업협력 등 대북 인도적 지원, 사회문화 교류 등도 활발히 이루어졌다. 경기도는 2003년 북측 민화협(민족화해협의회)과 남북교류협력 의향서를 체결한 후, 민간단체와 협력사업으로 당곡리 농촌 현대화 사업, 개풍군 양묘장 조성 및 산림녹화 사업, 말라리아 공동방역 사업 등을 추진하였으며, 지방정부 중 가장 꾸준히, 규모 있게 남북교류사업을 진행하였다.

　인천시는 평양시 체육단 축구장 현대화사업을, 전라남도는 평안남도 대동군 농기계수리공장 건설 지원, 못자리용 비닐 및 온

실 자재 지원을, 전라북도는 '춘향전 남북 합동공연'을, 서울시는
조선종양연구소 현대화사업을, 경상남도는 경남통일농업협회를
통한 농업협력사업을, 그리고 충청북도는 황해북도 봉산군 비료,
농기계 지원을 진행하는 등 지자체마다 다양한 방식과 내용으로
남북협력사업을 진행했다.

〈표 5-1〉 지자체 남북교류협력사업 추진 계기 2018

지자체	추진계기	최초 사업
서울	2004년 룡천열차 폭파사고	2004년 룡천참사 피해지원
부산	2022년 아시아게임 개최	2000년 부산 전국체육대회 금강산 성화 채화
대구	인도적 차원 성금 및 생필품 지원	2009년 북한어린이 내복 보내기 운동
인천	1964년 한국 수해시 북한 수해구호물품 인천항 통해 전달	2004년 룡천참사 피해 지원
경기	2000년 6·15 남·북 공동 선언 후 경의선 연결, 개성공단 사업 추진	2002년 농업, 보건, 식품 등 인도 지원
강원	2000년 6·15 남·북 공동 선언	2000년 농업용 비닐 지원
충북	2008년 황해북도 봉산군과 농업교류협력	2008년 남북농업교류협력
경북	남·북간 사과산업 상생발전	2008년 개성지역 사과원 조성
전북	2003년 시장·군수협의회 남·북교류사업 추진 합의	2004년 농기계, 영농자재 지원 등
제주	1990년 말 제주감귤의 과잉 생산	1999년 감귤·당근 보내기 운동

출처: [한반도 新경제시대] 99년 감귤로 '비타민C 교류'… 지자체 나서니 남북 통했다, 파이낸셜뉴스, 2018.5.1.

　김대중, 노무현 정부를 거치며 활발하게 진행되던 남북교류협
력은 2008년 금강산 관광 중 박왕자씨가 피격되는 사건을 계기
로 급격하게 얼어붙게 된다. 이 사례는 남북교류가 남북관계의
특수성과 불규칙성에 절대적인 영향을 받을 수밖에 없다는 것을
입증하는 대표적인 사례로, 현재까지 금강산 관광이 재개되지 못하
고 있는 이유이기도 하다. 이후 천안함, 연평도 사건 등으로 말미

암아 2010년 이명박 정부에 의해 5.24 조치가 발효되고, 정부 당국, 지방정부, 민간 차원의 남북교류는 공식적으로 전면 중단되었다.

이러한 양상은 박근혜 정부로까지 이어져 2018년 3차 남북정상회담 전까지 10여년 간 지방정부의 남북교류협력은 개점휴업 상태에 빠졌다. 하지만 이 와중에도 경기도, 인천시 등 일부 지방정부에서는 중국을 통해 대북 인도적 지원을 한다거나 타국에서 어린이 및 청소년 스포츠 교류를 하는 등의 방식으로 남북교류의 끈을 이어왔다.

세 차례의 남북정상회담 이후 각 지방정부는 남북교류를 위한 준비를 본격적으로 진행해오고 있다. 남북교류협력사업을 추진할 전담기구와 인력을 신설, 확대하고, 지방정부 차원의 남북교류협력기금을 조성했다. 지역의 민간 전문가들을 포함시켜 남북교류 자문위원회 등을 구성, 운영하고 있으며, 지방의회 차원에서도 남북특위를 만들어 지원하고 있다. 현재 17개 광역 지방정부 모두 남북교류협력에 관한 조례를 제정하여 남북교류와 관련한 행정적인 절차를 완비해놓은 상태다.

2) 지방정부 남북교류협력이 만들어낸 성과

1990년대 후반부터 시작된 지방정부의 남북교류협력은 자칫 중앙정부 중심의 쌀, 밀가루 등 식량원조로 제한될 수밖에 없었던 남북교류를 북측 당국, 민간과의 지속적인 협력과 협의에 바탕을 둔 개발협력사업으로 발전시켰다는데 그 의의를 찾을 수 있다. 하지만 얼마 전까지 지방정부는 단독으로 남북교류사업을 진행할 수 없었다. 『남북관계발전에 관한 법률』, 『남북교류협력에 관한 법률』에는 지방정부가 남북교류협력사업을 추진할 수 있다는 규정이 분명히 명시되어 있지 않았기 때문이다. 남북교류의 근거법 격인 이 두 법률에 '대북지원사업자'는 '법인 및 단체를 포함하는 한국 주민'으로 한정되어 있다. 지방정부를 법인으로 해석해서 대북지원사업 자격이 있는 것으로 봐야 한다는 의견이 많았다. 하지만 지방정부 입장에서는 대북사업의 주체로 지방정부를 명시하지 않은 상황에서 통일부의 승인을 받은 민간단체들과 협력하여 남북교류협력 사업을 진행할 수밖에 없었다. 동시에 지방정부의 구체적인 법 개정 요구도 계속되었다.

이 같은 조치는 2019년 10월에서야 개정이 되었는데, 통일부가 '인도적 대북지원사업 및 협력사업 처리에 관한 규정'에 지자체(지방정부)를 대북지원사업의 주체로 명시함으로써 독자적인 사업 추진이 가능해졌다. 문재인 정부는 분권형 대북정책을 추진하면서 지방정부가 실제 남북교류를 원활히 진행할 수 있도록 제도적, 법적 지원을 적극화하겠다는 입장이다.

[그림 5-1] 대북지원사업 추진절차 2018

신청인(단체)	주요내용	처리방법
대북지원사업 계획 수립	사업계획, 예산조달계획, 합의서(안) 등 작성	통일부 등 협의
[사업협의를 위한] 북한주민접촉 신고 (필요시) 방북승인 신청	전화, 팩스, 이메일, 중개인 등을 통한 간접접촉 모두 포함 (방북시)방북교육 이수 필수 * 수리(승인)시 부여된 조건에 따라 결과보고 ※ 사업협의 결과에 따라 합의서, 의향서 등 체결	신고(신청) : 남북교류협력시스템 결과보고 : 남북교류협력시스템 방북교육 : 통일교육원 방북증 수령 : 남북교류협력지원협회
대북지원사업자 지정신청	신청서 및 구비서류 제출	대북지원정보시스템
물자 반출신청 (승인시) 물자 반출	품목, 거래형태, 대금결제방법 등에 따라 물자반출승인 * 승인시 부여된 조건에 따라 결과보고	남북교류협력시스템
수송장비 운행승인 신청 출입통행계획 신청 (승인시) 화물운송	남북 간에 선박·항공기·철도차량 또는 자동차 등의 수송장비 운행 모두 포함 * 승인시 부여된 조건에 따라 결과보고	신청/결과보고 : 남북교류협력시스템 운행증 수령 : 남북교류협력지원협회
통관	반출신고 서류 구비	전자통관시스템(관세청)

* 모든 신청(신고), 결과보고는 남북교류협력시스템(www.tongtong.go.kr)에서 처리
 - 단, '대북지원사업자 지정신청'은 대북지원정보시스템(hairo.unikorea.go.kr)에서 처리
* 대북지원사업자는 "대북지원사업자 지정신청" 단계 생략

출처: 남북교류협력지원협회

　지방정부들은 대북지원사업자로 지정되기 전부터 민간단체들과의 다양한 협력을 통해 단순한 물자지원 차원에서 머물러있던 남북교류를 한 단계 발전시키는데 중요한 역할을 해왔다. 대표적인 사례로 경기도와 강원도, 인천시가 민간단체와 협력하여 북측

강원도 지역을 중심으로 진행한 말라리아 공동방역 사업을 들 수 있다. 말라리아는 학질모기에 물려 감염되는 법정 전염병이다. 한국에서는 1970년대 퇴치되었으나, 북측에서 말라리아 발생이 증가한 후 1990년대 파주 등 접경지역을 중심으로 다시 발생하기 시작하였다. 말라리아는 전염성이 높고 치사율이 높아 예방을 통해서만이 질병의 발병 정도를 낮출 수 있다.

남측의 접경지역 지방정부들은 남북관계가 단절된 상태에서도 2008년부터 북측과 말라리아 공동방역을 진행했고, 방역차량과 방역물품을 북측에 지원하면서 환자 발생 현황 등을 북측과 교환했다. 이러한 공동방역 이후에 말라리아 환자가 50% 정도 줄어들었다는 결과가 발표되었다. 남북 간 공동방역 사례는 지방정부의 남북교류가 일시적인 이벤트가 아니라 실제 도움이 되는 내용이어야 한다는 점을 보여준다. 남북협력이 참여하는 남측 지역의 주민들에게 실질적으로 도움이 되고 북측 주민들에게도 이익이 돌아가는 실리적인 방식과 내용으로 진행되었을 때 그 효과성 또한 증대된다는 것이다.

경상남도의 '통일딸기 사업'도 대표적인 지방정부의 대북협력 사업이다. 2005년 경상남도는 한국의 딸기 모주를 북측의 강남군 장교리로 가져가 모종으로 키운 후, 2006년 딸기모종 1만여 주를 다시 경상남도로 반입하는 통일딸기 사업을 진행하였다. 대부분 중국에서 수입해오던 딸기모종을 비용절감 차원에서 북측에서 반입함으로써 생산단가를 낮추고, 경상남도 딸기농가가 품질 좋은 모종을 확보하는데 큰 기여를 하였다. 이 사업을 통해 국내

농가는 가격경쟁력을 갖추게 되었고, 북측 주민들에게도 이득이 돌아갔다는 점에서 이를 남북경제교류 우수사례로 뽑을만하다. 이외에도 남북 전문가의 인적교류를 통해 북측의 농업, 보건의료 전문가들의 실력을 높이고, 농업생산력 증대를 위한 연구소를 건립하고, 공장 설립 후 북측에 직접 운영을 맡겨 자생력을 높이는 등 다양한 개발협력사업이 지방정부를 통해 이루어졌다. 이렇게 지방정부는 대북협력사업을 '개발협력사업'으로 전환하는데 적극적이었다.

[사진 5-3] 북측 농민들이 남측 농민으로부터 딸기 시설재배법을 배우는 장면

출처: 경남통일농업협력회, 풀리지 않는 남북교류···통일딸기 '시들시들', 2011.5.1. 한겨레.

지방정부의 남북교류협력은 남북통합의 과정에서 중앙정부만이 아닌 광역 지방정부, 기초 지방정부, 주민들의 다양한 참여가 활성화된다는 점에서도 긍정적이다. 1999년 2월 민간단체들도 독자적으로 대북 직접지원(협의, 물품지원, 수송, 모니터링 등)을 할 수 있는 '창구 다원화 조치'가 시행되기 전까지, 남북교류는 중앙정부가 독점하는 것이었다. 지방정부에게는 사업의 파트너인 북측과 접촉하거나 협력하는 것이 제도적으로 막혀 있었다.

하지만 1999년 이후 지방정부의 남북교류 협력이 가능해지면서, 협력사업 진행 과정에서 주민들의 참여가 가능해졌다. 지역 주민들뿐만 아니라 북측 주민들에게 실질적인 혜택이 돌아가는 사업을 설계함으로써 지역경제도 활성화되고, 남북한 주민들 간의 동질성 회복, 안보불안 해소, 말라리아 전파 등 감염병 예방을 포함한 시민들의 안전 보장, 남북 경제공동체 기반 마련 등 여러 성과를 얻을 수 있었다. 남북 주민 간에 호혜와 상생의 공동체 문화가 형성될 수 있었던 셈이다. 각 지방정부에서 조례제정 등을 통해 남북교류사업에 대한 명확한 근거를 만들고, 정치적 유불리에 상관없이 일관되게 사업이 가능하도록 뒷받침한 것 또한 의미가 있다.

3) 지방정부 남북교류협력 과정에서 드러난 어려움

지난 20여 년 지방정부의 남북교류협력 과정에는 한계도 명확하게 존재했다. 우선 지방정부가 추진하려는 사업은 다양하고 많지만, 실제 사업으로 현실화하기 어렵다는 것이다. 예를 들어 지방정부는 남북한 지역 간의 자매결연과 교류 등에 대한 관심이 많고, 지역경제 활성화를 위한 농업, 경공업, 관광, 사회문화교류 등 다양한 분야의 협력을 원한다. 이를 위해서는 북측의 지방정부와 파트너십을 맺고 협력하는 것이 이상적이다. 하지만 북측은 지방정부, 지방권력이라는 개념 자체가 희박하다. 중앙집권적인 통치구조 하에서 지방정부가 가지는 권력이 극히 제한적일 수밖에 없다. 남측 지방정부의 교류협력사업 의향을 현재는 민화협이라는 북측의 기관 한 곳이 전담해서 받아 처리한다. 그러다 보니 지방정부의 요구에 입각한 다양한 사업의 진행은 협의 단계에서부터 어려울 수밖에 없다. 예를 들어, 서울시가 남북협력사업으로 서울－평양 간 정기 경평축구 부활을 제안하더라도 서울시 대북협력의 파트너가 되어야 하는(평양시 지방정부에 해당하는) 평양시 인민위원회는 이 내용을 남측과 협의할 권한이 없다. 북한의 정치구조상 서울－평양 간 정기 경평축구 부활을 서울시장과 평양시 인민위원장이 협의해서 결정할 수 없는 구조인 것이다.

대부분의 지방정부가 남북협력사업에서 단기적인 효과를 기대하는 것도 또 다른 어려움이다. 지방정부 입장에서는 빠른 시간 내에 투입비용 대비 최대의 효과를 얻고 싶어 하고, 계량화된 지표를 통해 결과물이 측정되기를 바란다. 그러다보니 사업의 모니터링이 그나마 가능하고 북측의 부담이 덜한 평양 중심의 사업, 식량이나 의약품, 비료 지원 같은 일시 지원 위주로 사업이 진행될 수밖에 없었다. 그리고 가시적으로 효과성이 드러나지만 고비용인 건물 신축, 콘서트 등 일회성 행사, 공연 등으로 사업이 편중되었다. 물론 불안정한 남북관계 속에서 중장기적인 교류협력사업을 진행하기 쉽지 않다는 점은 감안해야 한다. 그렇지만 단기성 남북교류사업들이 그동안 과도하게 진행된 측면이 있다는 점도 부정할 수 없다. 결국 사업추진 과정에서 여러 단계를 거치는 개발협력 형태의 남북협력사업 비중은 낮아지고, 일시적인 지원 형태의 단기성 사업추진과 지역 간 중복투자 등으로 남북교류협력은 오히려 퇴보하기도 했다.

남북교류의 과정에서 남북교류협력기금 등 국민들의 세금이 사용됨에도 불구하고 국민들의 공감대를 이끌고 참여를 촉진하는 프로세스가 제대로 작동하지 못했다는 것도 문제점이다. '퍼주기'라는 일부의 정치적 공세에 맞서려면 남북교류협력의 여러 장점들을 제대로 국민들에게 설명해 냈어야 하는데, 그동안의 남북교류 사업들은 대체로 그러지 못했다. 국민들에게 남북교류협력이 남북통합의 필수불가결한 초기 투자비용이고 미래에 더 큰 비용과 대가를 치르지 않기 위한 선제조치이기도 하다는 점을 설득해냈어야 했다. 남북이 상호 이익을 나누는 협력사업이자, 돈으로 환산할 수 없는 남북 주민들의 정서적 교감과 공동체성 강화의 계기가 바로 남북교류협력이라는 사실을 국민들에게 제대로 설명하지 못했다. 이는 지방정부의 남북교류협력에서도 대체로 마찬가지여서, 남북협력에 대해 국민들은 여전히 부정적인 인식을 가지고 있는 상황이다.

〈표 5-2〉 시도별 남북교류협력기금 조성 현황 2019

시/도	최 초 신설연도	기 금 존속기한	조 성 액	비고(부서명)
서울	2012년	2022년	395억	남북협력담당관
부산	2007년	2021년	74억	도시외교정책과
대구	2015년	2024년	51억	자치행정과
인천	2004년	2020년	26억	남북교류협력담당관
광주	2005년	2024년	63억	남북교류협력과
대전	2016년	2020년	40억	자치분권과
울산	2018년	2022년	10억	시민소통협력과
세종	2018년	2020년	11억	자치분권과
경기	2001년	2020년	355억	평화기반조성과
강원	1998년	2020년	185억	남북교류과
충북	2012년	2022년	34억	자치행정과
충남	2011년	2020년	39억	자치행정과
전북	2008년	2022년	103억	국제협력과
전남	2003년	2021년	38억	자치분권과
경북	2008년	2021년	41억	미래전략기획단
경남	2019년	2022년	20억	대외협력담당관
제주	2007년	2021년	53억	평화대외협력과
총계			1,538억	

출처: 중부매일, "충북도 남북교류 전담부서 · 협력기금 확충해야", 2019. 6. 10.

4) 지방정부 남북교류협력의 과제

이제 남북교류는 예전의 물자지원, 행사 중심의 단순 협력에서 벗어나 지속가능한 개발협력, 지방정부 중심의 분권형 남북교류, 남북 경제공동체를 대비하는 중장기적인 방향성에 바탕을 둔 남북 교류기 진행되어야 한다. 이를 위해 다음과 같은 과제가 적지 않다.

첫째, 지방정부를 대북지원사업자로 지정하는 법적 체계를 확립하는 것이 중요하다. 『남북교류협력에 관한 법률』에는 당초 대북교역 당사자를 '국가기관, 지방자치단체, 정부투자기관 또는 대외무역법에 의하여 무역업의 허가를 받은 자'로 규정하였으나, 2009년 이 법률이 개정되면서 지방자치단체가 빠지게 되었다. 빠른 시일 내 남북교류협력법 개정을 통해서 지방정부가 법적으로 대북교역 당사자의 지위를 회복하는 것이 중요하다.

둘째, 남북교류협력사업을 진행할 때 정부, 지방정부, 민간을 아우르는 유기적인 소통과 협력체계 구축이 필요하다. 북측은 체제의 특성상 남북교류협력사업 진행과정에서 단일한 입장과 절차를 가지고 사업을 한다. 그러나 우리는 그렇지 않다. 사업추진 주체별로 서로 다른 입장과 절차, 조건 등이 생긴다. 민주주의 국가인 남측의 특성을 감안하면 당연한 일이지만, 사업을 추진하는 과정에서의 비효율성은 개선이 필요하다. 따라서 사업과 활동의 자율성은 충분히 보장하되 중복사업을 예방하고, 사업의 효과성과 효율성을 높이기 위해서는, 사업 참여 주체들끼리 공동사업을 기획하고 중장기적인 사업의 발전계획을 마련할 수 있는 권위

있고 실질적인 협의체가 운영되어야 한다.

셋째, 남북교류협력 사업 전반을 기록하고, 평가하며, 주체들 간 정보를 공유하고, 실무자와 활동가들의 재교육을 담당하는 중간지원조직의 실립이 필요하다. 남북교류의 역사가 20년이 넘었으나 축적된 자료와 노하우는 턱없이 부족하다. 그동안 남북교류가 정치적인 상황과 판단에 의해 결정되고 진행된 탓이다. 지방정부에서 남북교류를 추진하겠다고 선언하더라도, 담당자들은 남북교류를 어디에서부터 출발해야 하는지, 어떻게 진행해야 하는지, 북측에 어떻게 연락을 취해야 하는지조차 모르는 경우가 많다. 그러므로 남북교류협력의 전 과정을 기록, 지방정부 남북교류 담당자의 전문성 제고를 위한 교육체계 마련, 남북교류 전문인력 양성, 지방정부 간의 정보와 노하우 공유, 남북협력사업 통계 제공 시스템 구축 등의 역할을 수행할 중간지원 기관의 설립과 운영이 필요한 때이다.

마지막으로 지속가능한 남북교류협력을 위해 새로운 발전방안을 모색해야 한다. 그동안 남북교류는 일시적 행사 위주의 문화, 스포츠 교류, 긴급 식량 및 보건의료 물자지원, 수해지원, 농업물자 지원 등이 대부분이었다. 농업, 보건의료, IT, 산림 등의 분야에서 남북한 전문가가 참여하는 공동 심포지엄을 개최하거나, 양측 전문가 교류, 북측 전문가 해외연수 등의 인적교류가 진행되기도 했다. 하지만 그 횟수와 비중은 얼마 되지 않는다. 지속적인 남북교류협력을 위해서는 지방정부의 남북교류협력 사업체계에 대한 전면적인 평가와 개편이 있어야 한다.

북측은 2000년대 중반 이후부터 인도적 지원이라는 이름으로 보내지는 지원물자를 거부하고 있다. 남측 입장에서도 인도적 차원이라 할지라도 다량의 구호물자를 북측에 보내는 것은 국민정서를 감안할 때 정치적인 부담이 크다. 지방정부의 남북교류협력이 한 단계 더 성장하기 위해서는 이제부터라도 상호호혜(相互互惠)와 유무상통(有無相通)의 관점을 명확히 하는 것이 필요하다. 개발협력의 모델을 통해 북측 경제와 공동체에 도움이 되고, 남측에도 경제적 이득이 돌아갈 수 있도록 사업을 설계해야 한다. 그리고 이러한 개발협력사업이 국제적인 역학관계와 정치적인 이유로 흔들리지 않도록 법률체계를 확립해야 한다. 국제기구나 다른 나라들과 정책협력을 강화하는 것도 중요하다. 지방정부 간의 남북교류협력사업을 조율하고, 남북연락사무소 등을 통한 북측과의 소통구조를 안정적이고 지속적으로 유지하기 위해 대통령 직속 '남북교류협력위원회'처럼 민관이 함께 하는 공식 기구를 설립하는 것도 필요하다.

이런 차원에서 남북교류협력에 사회적 경제의 모델을 접목하고, 사회적 경제 주체들이 참여하는 것은 긍정적인 결과를 낳을 것이라 생각된다. 사회적 경제가 지향하는 공동체의 성장과 사회적 가치의 실현은 남북교류협력이 지향하는 것과도 부합하기 때문이다. 이는 오히려 기존의 남북교류사업이 큰 규모의 재정 투입과 단기적인 사업, 눈에 보이는 결과 중심으로 진행되어 왔던 것을 바로잡고, 긴 안목으로 내다볼 수 있도록 유도하는 촉진자의 역할을 하게 될 것이다.

4. 서울 – 평양 사회적 경제 협력의 가능성과 방향

1) 가능성

이제 사회적 경제 방식을 통한 남북교류 협력사업에 대해 이야기해보자. 사회적 경제 기반 남북교류협력사업은 한마디로 남북교류 협력사업을 사회적 경제 방식으로 수행하자는 것이다. 다시 말해 남측의 남북교류 주체들이 사회적 경제 조직을 통해서 또는 사회적 경제 방식으로 북측 주민과 경제활동의 파트너가 되어 북측 지역에서 사업을 벌이는 것이다. 이는 현재 국회에 제출되어있는 '사회적경제기본법안'에서 말하는 사회적 경제 활동 – '양극화 해소, 양질의 일자리 창출과 사회서비스 제공, 지역공동체 재생과 지역순환경제, 국민의 삶의 질 향상과 사회통합 등 공동체 구성원의 공동이익과 사회적 가치의 실현을 위하여 사회적 경제 조직이 호혜협력과 사회연대를 바탕으로 사업체를 통해 수행하는 모든 경제적 활동'(사회적경제기본법안, 2016.8.17. 발의, 유승민 의원 등 15인) – 을 남북협력의 과정에 적용시키는 것이라고 할 수 있다.

남북교류협력에 사회적 경제를 도입함으로써 기존의 인도적 지원 중심 남북교류협력이 가지는 여러 한계를 뛰어넘을 수 있다. 첫째, 기존 인도지원 사업에 대한 새로운 전략적 돌파구가 될 수 있다. 앞서 말한 바와 같이 북측은 남측이 사용하는 '인도적 지원'이라는 말에 대한 거부감을 줄곧 표시해왔다. 그런 명칭을 붙이고 들어오는 물자와 사업은 공식적으로 받지 않겠다는 입장이다. 2010년 이후 변변한 남북교류나 물자지원의 경험이 없는 상황에서, 북측의 이런 원칙은 지금도 지속되는 상황이다. 그래서 북측은 남북교류사업을 인도적 지원이 아닌 '경제협력사업'으로 칭하며 '서로를 도와주는 방식'으로의 교류협력을 강조해왔다. 사회적 경제 방식의 남북교류는 북측의 이런 입장과도 상당 부분 일치한다. 북측은 남북경협을 통해 남측 등의 자본이 급격하게 북측으로 유입되어 사회 혼란을 불러일으키는 것을 우려하고 있고, 실제 그 가능성을 차단하고자 한다. 사회적 경제는 자본주의의 문제점을 보완하는 경제 방식으로 공동체성과 사회적 가치의 실현을 우선하는 경제 시스템이다. 더구나 협동조합과 협동농장, 기업의 사회주의적 소유와 집단주의적 운영에 익숙한 북측 사회와 북측 주민들에게 사회적 경제는 상대적으로 큰 부담 없이 받아들일 수 있는 경제운영 방식이라 할 수 있다. 그러므로 사회적 경제 기반 남북협력은 현재의 교착상태를 돌파할 수 있는 좋은 접근이 될 것이다.

둘째로 사회적 경제 방식의 남북협력을 통해 대북 인도적 지원과 남북교류를 수행하는 민간단체, 사회적 경제 주체들이 사업의 지속성과 확장성을 담보할 수 있다. 사회적 경제 방식은 일방적 지원이 아니라 '사업'을 수행하는 방식이기 때문에, 남측의 인도적 지원을 수행해온 민간단체들이 그동안의 퍼주기 논란에서 벗어나는 데에도 도움이 된다. 사회적 경제 방식의 남북교류를 통해 북측은 경제와 산업의 자생력을 키우고, 남측은 일자리 창출과 지역경제 활성화에도 도움이 된다는 것을 증명할 수 있다. 또한 사회적 경제 기반의 남북교류는 남측의 사회적 경제 영역에도 도움이 된다. 현재 많은 사회적 경제 조직들이 일반기업과 치열하게 경쟁하며 성장하기 위해 노력하고 있다. 이들 조직에게는 남북협력 참여가 북측이라는 새로운 시장에서 안정적으로 사업을 지속하고 더욱 활발한 활동을 펼칠 수 있는 기회가 될 수 있다.

다만 이를 위해서는 대기업 자본의 유입과 공기업의 무분별한 북측 시장 진출을 적절히 통제하고, 사회적 경제 단위가 남북교류협력에 있어 일정 부분 이상 기회를 보장받을 수 있도록 남북협력 사업 참여에서 일종의 쿼터제나 특별법 등의 도입이 필요하다. 아직까지 사회적 경제 기업이 대기업이나 공기업과 비교했을 때 규모가 작은 것이 사실이기 때문이다. 북측에서 사회적 경제 기업이 다양한 활동을 통해 사회적 가치를 확산하고 북측의 자립과 자치, 공동체성 회복을 돕는다면, 남과 북이 공히 사회적 경제 방식을 남북경제통합의 대안으로 인정하고 통일한국의 중요한 경제 시스템으로 수용할 수 있을 것이다.

셋째, 남북교류협력에 대한 국민들의 인식을 개선하고 남북 경제가 호혜성장하는 계기가 될 수 있다는 점이다. 남북경제협력의 대표적 사례인 개성공단을 보면 가능성을 엿볼 수 있다. 2005년부터 업체들의 입주가 시작되어 2016년에 가동이 전면 중단되기까지 개성공단은 많은 성과를 남겼다. 125개의 기업이 입주해서 북측 노동자 5만 5천여 명이 남측 기업에서 남측 사람들과 함께 일을 했으며, 2015년 기준 56,000달러의 생산액을 달성했다. 국내기업들에게 있어 개성공단은 저렴하고 우수한 노동력과 잘 갖추어진 인프라를 갖춘 우수한 산업단지였다. 국가안보적인 측면에서도 개성공단은 의미 있는 변화를 만들었다. 유사시 서울에 가장 빠르게 접근할 수 있는 군사요충지인 개성에 주둔해 있던 북측 군대들을 개성공단 조성 이후 최소 10km 이상 북측으로 이동시키는 효과를 발휘한 것이다.

이렇게 경제협력은 남북한 모두에게 이익이 될 수 있기 때문에, 사회적 경제 방식의 남북교류협력 또한 적극적으로 수용할 필요가 있다. 이는 북측 주민들에게는 기존의 마을과 공동체를 유지하는 상태에서 남북협력을 통해 안정적인 경제적 이득을 제공받을 수 있는 기회가 된다. 또 남북한 전문가 교류와 기술이전 등을 통해 생산성 확대를 가져올 수 있으며, 서로 이질적이었던 남북의 경제시스템을 융합할 수 있는 시간과 기회를 얻을 수 있다.
남측의 경우에도 많은 사회적 경제 주체들이 자신들의 사업을 평양, 남포, 원산 등 북측 곳곳에서 펼칠 수 있는 기회가 주어지게 된다. 농업, 수산업, 임업, 도시재생, 사회주택, 협동조합, 마을기업, 공유, 안전, 환경, 청년, 여성, 노인, 장애인 등 현재 북측 사회에는 거의 모든 분야에서 모든 세대와 계층을 대상으로 하는 사회적 경제 사업이 가능하고 필요하다. 북측에서 사회적 경제 기업들이 다양한 사업을 펼쳐 북측 주민을 지원한다면, 남측 주민들에게 대북 지원과 교류협력사업이 일방적인 퍼주기가 아님을 보여줄 수 있다. 또, 남한에 비해 뒤처져있는 북한의 경제가 남한의 고도성장 과정에서 드러난 부작용을 극복하고 사회적 가치가 우선하는 경제모델로 전환, 발전할 수 있다는 희망을 줄 것이다.

사회적 경제 기업이 이익을 사회와 공동체에 환원하고 가치 중심의 경영을 펼치면, 지나친 경쟁과 이윤추구 중심이 아닌 협동과 연대를 바탕으로 한 '따뜻한 시장경제' 시스템을 북측 주민들에게 보여줄 수 있다. 그러면 북측 주민들 또한 거부감 없이 사회적 경제를 수용하고 그 틀 안에 자연스럽게 편입될 수 있다. 이렇게 경제적 측면에서 남북한의 거리를 좁히는 일은 통일과정에서의 통일비용을 절감하는데도 큰 도움이 될 것이다.

2) 서울시의 방향

서울시는 한국 사회적 경제의 대표적 도시이다. 2011년 박원순 시장 취임 이후 사회적 경제를 중요한 시정의제로 삼아 공유도시, 협동조합도시 등 사회적 경제 선도도시로서의 면모를 보여주고 있다. 남북교류협력에 있어서도 서울시는 개발협력 중심으로 남북한의 통합을 준비하는 중장기적인 계획을 세우고 있다.

〈표 5-3〉 서울-평양 도시협력 구상안 주요과제 2016

인프라 협력
· 대동강 수질개선 및 평양 상하수도 개량 사업
· 도시안전 및 재난분야 공동협력
· 대중교통 운영체계 협력

경제협력
· 애니메이션 산업단지 설립
· 신재생 에너지 분야 협력
· 기술표준 통합 위한 공동사업단 구성

시민교류
· 평양역사유적지구의 세계 유산 등재를 위해 서울시가 지원
· 2019년 100회 전국체전(서울 개최)에 평양시 초청

출처: 서울시

남북관계가 악화된 상황에서도, 2016년에 서울시는 미래를 내다보고 지방정부 중 최초로 '공동이익' '협력·분담' '참여·지지'의 3대 기본원칙에 입각한 『서울-평양 포괄적 도시협력 방안』을 발표했다. 이 방안에서는 3대 분야 10대 사업을 제시하고 있는데, 3대 분야는 '도시인프라 협력'(4개 사업) '경제협력'(4개 사업) '시민교류'(2개 사업) 등이다. 구체적인 사업으로는 '도시인프라 협력'에 도시안전과 재난분야 공동 협력, 대중교통 운영체계 협력, 도시환경 개선 등이 있다. '경제협력 분야'에는 산업협력단지 조성, 신재생에너지 분야 협력, 산림자원 공동이용 및 식

생, 동물자원 교류, 기술표준 통합을 위한 공동사업단 구성 등이 포함됐다. '시민교류 분야'에서는 역사, 문화, 체육, 학술 교류와 보건의료 협력 등의 구체적인 사업이 제시됐다.

서울−평양 포괄적 도시협력은 일회성 중심, 식량 중심의 대북 지원에서 벗어나, 서울과 평양이라는 남북한의 지방정부가 주도해서 교류협력 사업을 진행하는 것이다. 그런 의미에서 서울−평양 도시협력은 앞으로 지향해야 할 분권형, 지역 중심 남북교류 협력의 청사진을 보여주고 있다. 또한 '지속가능한 도시교류'라는 명확한 목표를 설정하고, 기본원칙과 실행절차(우호교류협약 → 공동사업단 → 현지조사, 실무협의 → 시범사업 → 본 사업)를 명확히 하며, 핵심적인 10대 사업을 제시함으로써 중장기적인 발전전략에 바탕을 둔 체계적인 남북 개발협력사업을 추진할 수 있게 되었다. 특히 도시인프라 협력과 경제협력 분야 8개 사업의 경우 남측 사회적 경제 주체들이 지방정부와 협력하여 진행할 수 있는 사업으로, 상징성이 큰 평양에 사회적 경제를 도입한 협력사업의 전진기지를 마련할 수 있다는 데 의의가 있다. 또한 서울−평양 도시협력 시민제안 공모, 시민 700여 명이 참석하는 서울 평화통일 원탁토의를 통한 도시협력 방안 모색 등 시민들의 지지를 받고 시민들이 삶 속에서 남북교류를 실천할 수 있는 방안을 모색하고 있다. 도시협력 3대 분야에서도 '시민협력'을 제시함으로써, 남과 북 사람들의 인적교류와 동질성 회복, 소통이 중요한 과제임을 드러내고 있다. 서울시는 시민들의 의견을 수렴해서 2032년 하계올림픽 서울−평양 공동유치, 대동강 수질개선을 위한 평양 상·하수도 개량사업 지원, 100회 전국체전 평양참가 및 경평축구 개최, 서울·평양 교향악단 합동공연 등을 우선 추진 사업으로 선정하여 진행 중에 있다.

서울－평양 포괄적 도시협력 방안은 지방정부 남북교류협력을 한 단계 발전시킬 수 있는 계획이라 평가된다. 하지만 실현가능성 측면에서는 몇 가지 개선책이 필요하다. 첫째, 서울－평양 도시협력 방안이 안정적으로 진행되기 위해서 앞서 언급한 바와 같이 지방정부도 구체적으로 대북사업자로 명시하는 제도개선이 중요하다. 중앙정부와 지방정부 간의, 그리고 지방정부들 간의 유기적인 협력을 통해 상대적으로 정보와 전문성이 취약한 지방정부도 교류협력사업을 원활하게 진행할 수 있도록 서로 돕는 것도 필요하다. 이를 위해서는 현재 대한민국 시도지사협의회에서 운영하는 남북교류협력특별위원회 등을 강화하여 지방정부 차원의 교류협력 정보와 노하우를 공유하는 것이 필요하다. 더불어, 남북교류협력의 컨트럴타워 기능을 하는 대통령 직속 남북교류협력위원회 신설 등이 논의되어야 한다.

둘째, 유엔의 대북제재 하에서 실현가능한 교류협력사업부터 우선 진행하고, 제재의 해제가 필요한 사업의 경우 민간 등과 협력하여 중장기적인 접근방법을 취하는 것이 중요하다. 세 차례의 남북정상회담 등으로 남북교류에 대한 기대감은 높았으나, 실제로는 당국 간 협의 이외에 지방정부, 민간 차원의 남북교류 횟수는 극히 적은 상황이다. 남북 간 교류의 물꼬를 트는 것부터가 서울－평양 도시협력의 중요한 시발점이 될 것이다. 유엔 제재의 영향을 받지 않는 사업들―예컨대 취약계층에 대한 보건의료 지원, 식량지원, 산림 자원 이용 및 관리 협력, 재해예방, 평양 상하수도 개량, 대동강 수질개선 등 인프라 개선사업, 경평 축구 등 시민 문화, 스포츠 교류 사업 등이 빠르게 진행될 수 있도록 북측과 협력하는 것이 중요하다.

셋째, 민간단체, 사회적 경제 주체들과의 공동사업 진행이 필요하다. 서울시가 제안한 10대 사업 중 사회적 경제 단위, 민간단체들과의 협력이 가능한 부분에 대해서는 사업의 주도권을 서울시가 가지는 것이 아니라, 민간단체나 사회적 경제 조직 협의체 등에 주도권을 주고 민간에게 사업의 기획과 운영에 대한 큰 자율성을 주는 것이 필요하다.

지방정부가 새로운 남북교류의 주체로서 적극적으로 사업을 진행하는 것은 긍정적이지만, 지방정부의 실적 위주로 사업이 기획되고 진행되어서는 안 된다. 이제는 남북교류 협력사업에서 양적인 성과보다 남북 양측의 질적인 변화를 지향하는 것이 중요하다. 남북의 주민들이 만나 이질화의 과정을 극복하고, 상호 이해를 바탕으로 민족적 동질감을 느낄 수 있어야 한다. 사회적 경제 조직, 민간 주도의 사업 방식과 내용으로 기존 남북교류 협력사업의 형식적인 틀을 깨는 시도가 필요하다.

5. 사회적 경제 기업을 통한
    남북협력모델 탐색

　　앞서 서울시가 제시한 서울－평양 포괄적 도시협력 방안에 입각하여, 사회적 경제 분야에서 남북 협력이 가능한 모델로, 도시 안전과 재난, 대중교통 운영체계, 도시환경, 산업협력단지 조성, 신재생에너지, 산림자원 공동이용 및 식생, 동물자원 교류, 기술표준 통합을 위한 공동사업단 구성, 역사문화, 체육, 학술 교류와 보건의료 협력 등을 예로 들었다. 이 가운데 남북한의 준비정도와 관심도, 현실가능성과 예산투입의 적정성 등을 바탕으로, 남측의 사회적 경제 기업들과 지방정부가 함께 북한에서 진행할 수 있는 구체적인 남북 협력사업에 대해 분야별로 제시하고자 한다. 이 사업들은 사회적 경제를 중심으로 한 지방자치단체 간의 남북 협력사업으로 추진해볼 만한 사업들이고, 상상력을 더욱 발휘한다면 북측의 개발협력사업으로 활용될 수 있는 내용들이다.

1) 도시 인프라협력 '도시안전과 재난'

∷ 우리마을 집수리센터

노후, 취약주택이 많은 평양 외곽지역에 집수리, 안전강화, 재건축 서비스를 제공하는 센터를 구역 단위 인민위원회에서 운영한다. 집수리 관련 사회적기업이나 마을기업은 북측 주민들을 대상으로 '집수리 전문가' 양성 교육을 진행하고 센터 운영 컨설팅 등을 담당하며, 인민위원회에서 수요 파악 및 인력배치 등을 통해 자체적으로 집수리 서비스가 제공될 수 있도록 한다.

센터에서는 집수리, 도배, 장판, 안전점검 등 찾아가는 서비스는 물론 집수리 공구 대여, 주민 대상 집수리 교육 등을 실시하는 구역 단위 마을관리센터의 역할도 수행하게 된다. 집수리 전문가들에 대해서 서비스 제공에 따른 임금을 제공함으로써, 지역 내 유휴인력 일자리 창출 및 사업의 효과성을 높일 수 있다.

집수리센터 운영이 안정화되면 남한에서 부상하고 있는 마을관리기업의 사례를 차용하는 것도 가능하다. 기존의 서비스 구역을 넘어 다른 지역에까지 집수리 서비스를 확대할 수 있도록 집수리센터의 인력충원 및 사업지역, 사업범위를 확장하도록 한다. 이를 통해 집수리센터가 외부 지원 없이 자생적으로 운영되고, 수익이 센터의 장비 및 비품, 시설확충에 재투자될 수 있도록 한다.

∴ 우리마을 돌봄 119 서비스

갈수록 노인인구는 늘고 있지만, 복지서비스를 제공하기 위한 인력확충은 시간과 비용이 많이 드는 것이 현실이다. 이러한 문제점을 해결하기 위해, 사회적 경제 활성화를 목적으로 하는 지방정부 연합체인 진국 사회연대경제 지방정부협의회에서는 사회적 경제 기업, 대기업과 협력해서 첨단기술을 활용한 비대면 돌봄서비스를 제공하는 '인공지능 돌봄서비스' 사업을 2019년부터 시행해왔다. '행복 커뮤니티' 사업으로 명명된 이 인공지능 돌봄서비스는 독거노인 가구에 인공지능 스피커를 설치하고 기본적인 대화하기, 음악듣기, 치매예방 콘텐츠 등의 서비스를 제공하여 노인들의 외로움과 고독감, 우울감을 감소시키는 역할을 한다. AI 스피커를 통한 비대면 돌봄서비스를 제공하여 생활관리사의 개별 가구 방문수요를 줄이면서도 독거노인들이 필요로 하는 감정적 돌봄서비스를 제공하는 방식이다. 또한 독거노인에게 위급상황이 발생하면 AI 스피커에 '살려줘'라고 소리치는 것만으로도 응급구조 신호가 해당 가구를 담당하는 공무원, 가족 등 보호자 등에게 전해져 신속하게 병원에 이송하거나 구급차가 출동할 수 있도록 하는 기능도 제공한다. 1차적으로 서비스 제공과 관리는 사회적 경제 기업이 수행하고, 지자체는 지역주민인 독거노인에게 적절히 서비스가 제공되는지, 인공지능 스피커에게 사용자가 발화한 내용 가운데 위기신호는 없는지 등을 사회적 경제 기업과 함께 모니터링하게 된다.

이러한 첨단 돌봄서비스를 사회적 경제 기업을 통해 제공하는 것이 가능하기 때문에, 북측에서 희망할 경우 북측 지역 주민들에게도 유사한 서비스를 공급하는 사업을 추진해볼 수 있다. 사업의 진행과 관리는 남측의 정보통신 사회적 기업에서 담당하며, 대상지역과 대상자 선정, 관련 설비와 인프라 구축, AI 스피커 설치 및 사용법 교육 등을 남북이 함께 기획하고 진행한다. 사용자의 서비스 이용 패턴 등을 모니터링하고 위기신호를 확인하는 관제센터는 북측 지역에 설치하여 운영하며, 센터에 북측 주민들을 채용하여 사회적 일자리를 창출한다. 남측에서 AI 스피커, 관련 기자재, 관제센터의 시설 및 장비 등을 지원하고, 북측에서는 관제센터 공간 제공, 센터 직원 채용 및 급여 제공, 대상자 선정 및 관리, 결과 데이터 취합 및 제공 등을 담당하게 된다. 중장기적으로는 생활관련 인공지능 분야에서 북한이 기초적인 역량을 키울 수 있도록 센터 관리와 운영 전반을 북측에서 담당할 수 있도록 추진한다.

　이 사업을 통해 북측 노인들에 대한 실질적인 복지 서비스를 제공하고, 남측의 정보통신 기술발전에 대한 북측 주민들의 인식도 높일 수 있다. 경제적으로는 북측 주민들에게 일자리를 제공하고, 남측의 사회적 경제 기업이 서비스 공급역량을 제고하는 효과도 기대할 수 있다.

[그림 5-2] 인공지능 돌봄서비스 구조 2019

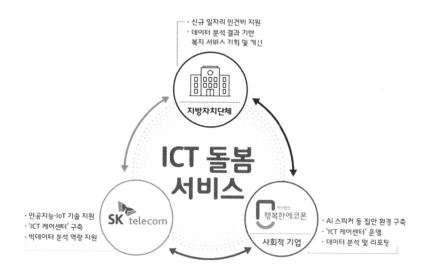

출처: 전국 사회연대경제 지방정부협의회

2) 도시 인프라협력 '대중교통 운영체계 협력': '따릉이' 자전거 통합운영 시스템

대중교통이 취약한 평양시 내에 서울시의 자전거 공유 시스템인 '따릉이' 방식의 시스템을 도입, 운영한다. 이와 더불어 평양 시민들이 안전하게 자전거를 탈 수 있도록 자전거 전용도로를 구축한다. 센터의 설치 및 운영은 현재 서울시의 사례와 같이 남측의 자전거 관련 사회적기업과 북측이 별도로 설립한 기관이 공동으로 진행한다. 남측에서는 사회적기업의 자전거를 구매하여 북측에 제공하고, 시스템 구축, 센터 운영 등의 노하우를 북측 인력에게 제공한다.

따릉이 시스템 도입을 통해 남측 사회적 기업은 수요보다 공급이 훨씬 많은 중고 자전거를 재활용하여 북측에 지원함과 동시에 자원재순환을 할 수 있다. 북측 입장에서도 주민들의 대다수가 이동수단으로 활용하고 있는 자전거를 공유하는 시스템을 도입함으로써 북측 인민들이 자전거를 구매하지 않고도 실질적인 이동편의를 제공받을 수 있게 된다. 또한 중장기적으로 북측의 대중교통 시스템 개선을 위해 필수적인 북측 주민들의 이동 및 대중교통 활용 등에 관한 빅데이터를 축적할 수 있다.

한편 따릉이 시스템 운영 중 상당 부분을 차지하는 GPS 시스템 도입과 설치 등은 북측에서 자랑하는 정보통신 기술을 활용하여 남북 합작으로 개발할 수 있다. 북측 주민들의 편의를 위한 IT 기술을 남북이 공동으로 개발함으로써 남북 IT 교류 활성화와 북측 내 인프라 구축을 위한 남북협력이 구체화되는 계기를 마련할 수 있다.

3) 도시 인프라협력 '도시환경 개선': 사회주택 건설

북측에는 아직도 평양 등 일부지역을 제외하고는 거주형태 중 주택의 비중이 압도적으로 높다. 아파트나 다세대 및 다가구주택(빌라, 연립주택 등)은 평양, 남포 등 대도시를 중심으로 분포하고 있으며, 신축이나 재건축 또한 이들 대도시 지역을 중심으로 진행되고 있다. 반면 대도시 이외 지역의 주택 상당수가 노후화되고 낙후되어 있고, 정부 차원의 재개발이나 재건축 등이 거의 이루어지고 있지 않다. 이러한 주거환경의 격차 때문에 많은 북측 주민들의 전반적인 안전과 위생, 삶의 질이 위협받는 실정이다. 또한 일종의 촌락공동체를 형성하고 있는 북측의 '시골'에는 아직 전통적인 가치관의 공동체 문화, 마을 문화가 남아있다. 이러한 특성을 감안해서, 공동체성을 유지하면서 주민들의 안정적인 주거와 주민편의를 제공할 수 있는 마을재생사업과 사회주택 건설이 필요하다.

북측의 지방도시 또는 촌락을 재생하기 위해서, 마을재생의 경험이 많은 남측의 사회적 기업 등이 북측의 해당 지역 인민위원회와 함께 사업을 진행한다. 이들은 일방적으로 주택 신축과 리모델링만 진행하는 것이 아니라, 해당 지역 주민들에게 가장 필요한 것이 무엇인지, 지역의 발전을 위해서 주민들이 다함께 협력할 수 있는 것이 무엇인지, 어떤 주택의 형태와 건축방식이 적합한지 등을 주민 워크숍과 교육 등을 통해 주민 주도로 기획하고 추진한다.

마을재생의 범위는 투입되는 재정에 따라 다양할 수 있으나, 사회주택 등 거주시설을 기본으로, 체육관, 문화시설 등 주민편의시설, 공동작업장 및 공동텃밭, 온실조성 등 자립경제 시설, 마을과 연계한 학교시설 개보수 등을 진행할 수 있다. 이 과정에서 남측은 사회주택 건설 및 마을재생의 노하우를 북측에 전수하고, 인력을 파견하여 관련 교육 및 재생사업 전반 관리를 진행하며, 북측 인민위원회는 부지조성, 건축 및 리모델링 실무, 주민 선정 및 관리 등을 담당한다.

마을재생과 사회주택 건설 등은 북측 주민들의 가치관과 주거형태를 존중하면서도, 주민들의 삶의 질을 높이며 공동체를 유지할 수 있는 효과가 있다. 또한 주민과 지역 중심의 경제 및 생활체계를 안정화하여 주민자치를 실질적으로 강화할 수 있다. 나아가 북측의 지역 및 도시재생사업, 생활 SOC 구축 등으로 확장할 수 있는 여건조성에도 이바지할 것으로 기대된다.

4) 경제협력 '산업협력단지 조성': 우리마을 공동작업장 운영

북측은 여전히 농업중심 국가이다. 지방은 물론 평양에서도 협동농장 및 텃밭 등에서 생산되는 농산물이 가구 수입원의 상당부분을 차지하고 있다. 농업 및 협동농장에 익숙한 북측 주민들을 대상으로 공동작업장 설치 및 생산자 협동조합을 결성, 운영하여, 농업 생산성 증대 및 상품성 강화, 판로확대 등을 추진하는 것이 중요하다.

북측에도 농업 등의 협동조합은 주민들에게 익숙한 개념이다. 그러나 기존 협동조합은 시장의 활성화 및 개인, 가족 중심의 경제 구조로 급속히 변화하고 있는 현실에서 제 역할을 못하고 있다, 따라서 생산자 협동조합을 중심으로 농산물의 생산성 증대를 위한 다양한 지원을 시행하고, 포장설비 설치 등을 통해 농산물의 상품성을 높이는 것이 중요하다. 단순히 지역시장에서 개인이 판매하는 차원을 넘어, 마을 혹은 협동조합 단위의 상품이 될 수 있도록 지원하는 것이 필요하다.

이 과정에서 남측의 농업전문가들이 북측과 교육 및 인적교류를 하는 것이 필요하다. 농업생산성 증대 방법, 스마트팜 등 선진화된 농업기술, 상품성을 높이는 다양한 방법들을 전수할 수 있으며, 이 과정에서 예전 경상남도의 통일딸기 사업의 경우처럼 남북에게 모두 이득이 되는 농업협력사업모델을 다양하게 발굴할 수 있다.

5) 경제협력 '신재생에너지 분야 협력': 평양 에너지전환마을 프로젝트

만성적인 에너지 부족에 시달리고 있는 북측에 석탄, 석유 등 화석연료가 아닌 태양광 등 신재생 에너지 중심으로 에너지전환마을을 구축할 필요가 있다. 이처럼 친환경적이며 지속가능한 에너지 수급모델을 개발하는 것이 평양 에너지전환마을 프로젝트이다. 북측 전역의 에너지 문제는 하루 이틀이 아니지만, 급격한 경제개발을 진행하고 있는 평양 지역의 에너지 소요는 상당하다.

하지만 에너지 수요를 여전히 석탄 및 화력발전으로 충당하고 있어 급격한 환경오염은 물론, 에너지의 지속가능성 부분에서도 우려되는 부분이 많다. 또한 일반 주민들은 여전히 충분한 에너지를 공급받고 있지 못하는 상황으로, 주민들이 일상에서 안정적으로 에너지를 사용할 수 있도록 대안마련이 필요하다.

그 대안 중 하나는 사회적 경제 협력사업으로 평양 시내 건물, 아파트 옥상, 주차장 등의 유휴공간에 태양광 패널을 설치하고, 지하철 및 공공기관 조명을 LED로 교체하는 것이다. 평양−남포 등 고속도로 중앙녹지에 태양광 패널을 이설하여 태양광 도로로 조성한다. 이외에 산업기반 및 주민생활 전반에 태양광 등 신재생 에너지가 주 에너지원이 될 수 있도록 전환작업을 수행한다. 평양 주민들은 현재에도 각종 소규모 태양광 패널이 부착된 형태의 가전제품을 많이 사용하고 있다. 대부분이 중국산인데, 좀 더 효율이 높고 안정적인 제품의 공급을 남측의 제조업 분야 사회적 경제 기업과 개발해서 공급하는 것도 가능하다.

에너지전환마을 프로젝트는 화석 연료 중심, 중앙정부 중심의 에너지 정책에 대한 개선과 변화를 만들어내는 첫걸음이다. 평양 주민들에게도 신재생에너지의 도입을 통해 안정적인 에너지를 사용할 수 있게 하고, 주민들의 실천으로 지속가능한 마을, 지속가능한 평양을 만들 수 있다는 메시지를 전달할 수 있다. 이를 시작으로 남북한 에너지 교류 또한 확대될 수 있다.

6. 마치며

    사회적 경제 방식의 남북교류협력 모델 개발은 지속가능한 남북교류협력에 있어 중요한 과제이지만, 추진을 위한 대전제가 있다. 바로 남북관계의 안정과 남북 간의 신뢰회복이 그것이다. 뻔한 이야기로 들릴지 모르지만 지난 25년여의 남북교류의 과정이 순탄치 못했던 이유는 백이면 백, 남북관계의 불안정과 남북 간의 반목과 대립이었다. 한반도에 평화의 기운이 넘치면, 민간 차원의 인도적 지원도, 남북경제협력도, 사회문화교류도, 인적교류나 지식정보교류도, 종교 교류도 원활하게 진행될 수 있다. 정부 차원의 식량지원, 대규모 개발협력, 올림픽이나 월드컵 같은 국제 스포츠 교류와 공동개최 등도 급물살을 탈 수 있다. 그래서 남북관계, 북미관계의 개선 없이는 사회적 경제 방식의 남북교류협력의 발전이 가능하지도 않고, 설사 추진되더라도 허울만 있고 내실은 없는 속 빈 강정에 그칠 가능성이 높다. 따라서 평화로운 한반도, 갈등과 대립을 벗어나 하나 되는 한반도를 만드는 과정에서, 사회적 경제 방식의 남북교류협력이 그 대안이 될 수 있다는 것을 보여주어야 한다. 사회적 경제 방식으로 남북교류협력을 진행한다면, 급속한 개혁과 개방, 자본의 유입에 북측 주민들이 피해를 입지 않으면서도 고유한 공동체와 이웃의 가치를 지키고 남북한의 동질성을 회복하는 과정이 만들어질 수 있다는 점을 증명해야 한다. 그래서 사회적 경제가 남북평화에 기여할 수 있다는 점을 보여주어야 한다. 실제로 사회적 경제가 지향하는, 공동체의 복리와 이익을 우선하는 방식은 북측의 경제 시스템이 전환되고 남북협력을 안정화하는데 많은 기여를 할 것이다.

남측의 사회적 경제 주체들 또한 남북교류협력의 과정에서 그동안 많은 장벽에 가로막혀 위축되었던 사업의 영역과 시장을 확보하고 고용과 재정의 안정성을 가져올 수 있다. 사회적 경제 방식의 교류협력사업이 남북통합과 북측 경제의 안정적인 성장에 기여한다는 것이 입증되면, 정부 차원의 직접 및 위탁사업, 남측 지방정부와의 협력사업, 민간단체 및 국제기구 등과의 협력사업을 통해 사회적 경제 단위들이 제 역할을 할 수 있게 된다. 이는 남한의 사회적 경제가 더욱 성장하는 밑거름이 될 것이다. 이 과정에서 사회적 경제 단위들에 대한 정책적 배려와 재정 및 행정지원, 북측과의 협상과 협의 과정에 대한 지원 등 정부의 적극적인 역할이 중요하다. 지속가능한 남북교류협력 추진과정에서 자본력과 협상력을 갖춘 대기업 등이 협력의 기회를 독식하지 않도록 정부가 살펴야 한다.

다른 한편으로 남한의 사회적 경제 주체들의 시각전환도 필요하다. 단순히 새로운 시장으로서만 북한을 바라볼 것이 아니라, 사회적 경제를 한 단계 업그레이드한다는 인식으로 한반도 평화의 과정에서 사회적 경제의 역할, 비전과 미션, 중장기 전망 등을 준비할 수 있도록 내부역량을 강화해야 한다. 협력의 주체인 사회적 경제 조직들이 준비되지 않은 상태에서 남북협력사업을 추진한다면, 남북 모두에게 오히려 더 큰 역효과를 불러일으킬 수 있다는 점을 기억해야 한다. 그리고 자본주의가 발달한 남한과 달리 북측의 사업 환경은 사회적 경제 기업들에게 더욱 냉혹할 수 있다는 점도 인식해야 한다.

사회적 경제는 모두가 행복한 경제를 지향하기 때문에 남북평화와 통합의 대안으로서 큰 잠재력을 가지고 있다. 한반도의 평화와 지속가능한 미래를 위해 남한의 사회적 경제가 이제 충분히 역할을 해야 하고, 할 수 있다. 70년이 넘는 남북의 갈등과 반목, 위기와 두려움을 떨쳐내고, 어린이부터 청년, 중장년, 노인 세대들까지 안전하고 평화롭게 남북을 오고가며, 대륙으로 뻗어나가 각자의 꿈을 펼칠 수 있는 통일한국의 미래를 우리 사회적 경제가 앞당길 수 있다. 지금부터가 시작이다.

　본 장은 지방정부가 어떻게 남북협력의 당사자로서 역할을 할 수 있을지, 그리고 사회적 경제 방식의 남북협력을 진행한다면 어떤 사업이 가능할지 함께 찾아보도록 준비됐다. 다시 말해, 어떻게 서울로 대표되는 남측 지방정부와, 평양으로 대표되는 북측 지방정부 사이에 도시협력을 추진할 수 있는지 구체적인 방안을 설명했다.

　본 장에서 몇 가지 인상적인 지점들을 찾을 수 있다. 우선 중앙정부가 아닌 지방정부가 향후 남북교류협력의 주체로 나서야 하는 이유를 설득력 있게 설명했다는 점이다. 그 핵심 이유는 '중앙정부 중심의 남북교류는 정치적인 이유에서 국제정세의 영향을 절대적으로 받을 수밖에 없기 때문에 지속성과 안정성이 약하기 때문'이다. 또 하나는, 남북교류협력의 궁극적인 목표가 결국 북측 주민들의 일상생활을 개선해서 향후 남북통일이 이루어졌을 때 통일비용을 줄이고 남북한이 함께 공동체로서 함께 살아가기 위한 기반을 만드는 것이라는 점을 강조했다는 점이다. 이는 남북교류협력이 투자 대비 수익 추구라는 자본주의 시장경제의 기본 공식을 도모하는 것이 아니라, '해당 지역의 주민들에게 실질적으로 도움이 되는 방식'을 도모한다는 점에서 사회적 경제의 철학과 이어진다.

　이러한 흐름에서 본 장은 구체적인 사업모델을 제시하여, 관(官)과 민(民)이 우선적으로 어느 분야에서 어떠한 협력관계를 맺어야 하는지에 대한 그림을 제시함으로써 우리들의 상상력을 자극했다. 본 장은 기본적으로 지방정부라는 관의 관점에서 남북교류협력사업에 사회적 경제 패러다임을 접목할 수 있는 방안을 살펴본 것이기에, 이제 남은 것은 민의 관점에서 사회적 경제 적용방안을 탐색하는 것이다. 이러한 내용은 본서의 마지막 장인 도현명(사회적 기업 대표)의 글에서 이어진다.

대북 경제협력에서
사회적 경제의 적용 가능성

도현명
(임팩트스퀘어 대표)

1. 들어가며

　필자는 어느 날 우연한 기회에 북한의 스타트업(Start-Up)[76]이 해외의 한 국가에서 창업 교육을 받는다는 사실을 접하게 되었다. 이는 당시 개인적으로 굉장히 충격적인 사건이었다. 스타트업은 자본주의의 대표기관인 '기업' 중에서도 가장 최신의 흐름이다. 이런 상황이 북한에서도 전개되고 있다는 사실을 알게 되면서, 필자는 그간의 여러 선입견에서 탈피하여 다양한 상상을 할 수 있게 되었다. 특히 북한에도 스타트업이 존재한다는 사실은 새로운 가능성을 생각하게 했다. 필자가 운영하는 회사는 여러 차례에 걸쳐 새터민이 창업한 기업이나, 새터민을 고용 및 지원하는 소셜벤처에 자문을 해왔다. 때로는 국제적인 조직들과 '북한' 및 '평화'라는 이슈를 다루며, 한국의 소셜벤처가 무엇을 준비할 수 있는지 논의하는 기회도 가졌다. 이를 통해 스타트업이나 소셜벤처, 크게는 사회적 경제가 북한에 진입할 수도 있다는 관점에서 북한을 보게 되었다. 이는 완전히 새로운 것이다.

---

76) 스타트업(Start-Up)이라는 말은 한국 사회는 물론 국제적으로 새로운 아이디어 및 기술에 바탕을 둔 신규 창업회사를 통칭하는 의미로 쓰인다.

사회적 경제를 통한 접근은 단순히 새로운 것을 더해 다양성을 확대하는 수준을 넘어서서, 북한과 관련된 다양한 난점들에 접근할 수 있는, 새로운 길을 개척할 수 있다는 의미를 갖는다. 따라서 북한의 스타트업 현황은 어떠한지 조사해보고, 이를 바탕으로 대북 경제협력의 관점에서 사회적 경제 접근법이 북한사회에 적용 가능한지 살펴보는 것은 매우 중요하다.

　하지만 필자가 북한 전문가인 것은 아니다. 본 장은 사회적 경제에 대한 전문성을 바탕으로 새로운 가능성을 조망하려는 목적을 담은, 북한 비전문가의 견해이다. 즉, 북한에 대한 전문성을 바탕으로 한 분석과 전략 수립이라기보다 '대북 경제협력과 사회적 경제라는 두 가지 주제가 잘 어우러지지 않을까?'라는 호기심에서 시작된 소셜벤처 기업가의 상상과 탐색의 결과인 것이다.

　문재인 정부가 시작될 때 대북 경제협력이 다시 활발해지리라는 기대가 많았다. 그러나 생각보다 구체적인 실천 사례나 변화가 나타나지 않으면서 안타까움을 자아낸 것이 사실이다. 그와는 별개로 한국 사회에서 사회적 경제 생태계는 크게 확대되고 있다. 국내뿐만 아니라 국외에서도 다양한 형태와 성격의 사회적 경제 조직, 그리고 생태계가 빠르게 확장되고 있다. 이런 배경 속에서 필자는 사회적 경제 생태계의 종사자이자 한국 국민으로서 두 이슈의 융합을 통한 새로운 가능성을 제시하고자 한다.

[참고1] 사회적 기업과 소셜벤처

사회적 기업은 사회문제 해결의 도구로 비즈니스를 선택한 조직이다. 빈곤 아동이 영양 불균형 문제에 시달리고 있다면 그 문제를 해결하기 위해 어떤 행동을 할 수 있을까? 기부가 가장 쉬운 방법이며, NGO에 들어가거나 국회의원이 되어 문제를 해결할 수도 있다. 이렇게 우리가 사용할 수 있는 솔루션은 꽤 다양하다. 그런데 1970년대부터 1980년내 중반까지 특이한 사람들이 나타나기 시작했다. 이들은 사회문제 해결을 위해 비즈니스를 선택했다. 그들에게는 새롭게 등장한 개념에 대한 정의가 필요했고, 이를 사회적 기업이라고 부르기 시작했다.

사회적 기업은 본래 비영리에서 출발했으며 설립 목적은 사회문제 해결이다. 현대사회에서 가장 강력한 조직인 기업이 좋은 도구이자 방법이 되는 것이다. 그래서 사회적 기업은, 굳이 구분하자면 비영리성이 강하다. 소셜벤처는 사회적 기업의 한 부분집합이다. 사회적 기업 중 가장 벤처다운, 즉 규모화에 중점을 두는 그룹을 의미한다. 예를 들어 어떤 사회적 기업은 지역 노인 60여 명을 보살피는 것을 미션(Mission)으로 삼을 수 있다. 이는 당연히 좋은 사회적 기업이다. 하지만 수혜자의 규모가 작다. 이에 비해 소셜벤처는 큰 규모의 영향력과 시스템 변화를 추구하는 것을 본질로 한다. 이를 위해서는 빠른 성장이 중요하고, 빠른 성장은 다양한 위기를 동반한다. 여기서 위기 혹은 위험요인을 감수하고도 크게 성장하기로 결정한 사회적 기업을 소셜벤처라고 부른다. 최근 각 국가에서 나타나는 창업과 투자, 성장과 변화는 주로 소셜벤처에서 일어나고 있다.

2. 우연한 조우,
조선 익스체인지

앞서 언급한 사실을 인지하게 된 뒤로 여러 가지 고민이 줄을 이었다. '무엇인가 할 수 있지 않을까? 뭐라도 해야 하지 않을까? 뭔가 기회가 있지 않을까? 그들에게 도움이 되는 방법이 있지 않을까?' 이런 생각에서 정보를 찾아보기 시작했다. 이때 처음 접하게 된 것이 조선 익스체인지라는 싱가포르 NPO의 활동이었다. 조선 익스체인지는 실제로 북한에 들어가 거의 10년 가까이 창업 교육을 진행하고 있는 비영리 조직이다. 2003년 북한에 종합시장계획이 수립된 이후 장마당이 활성화되기 시작했다. 그리고 '돈주'라는 자본가가 생겨나기 시작했다. 이 현상이 북한에서 스타트업과 관련된 변화의 중요한 기점이 되었다. 북한의 스타트업은 마치 한국 기업처럼 움직이고 자영업자처럼 활동하기 시작했다. 소기업들의 경제생태계와 유사한 사회적 구성체가 점차 형성되었다.

싱가포르의 이 비영리 단체는 창업과 기업가 교육을 위해 자원봉사자들을 동반하여 북한으로 들어간다. 기업가 교육은 주로 문제해결 능력, 창의력, 새로운 규칙 만들기를 다룬다. 새로운 규칙 만들기의 맥락을 부연 설명하면, 기존 규칙은 방법론적으로 통하지 않는 허상이기에 이를 깨라는 것이다. 북한에서 규칙을 깨라는 말을 할 수 있다는 사실이 굉장히 신기했다. 조선 익스체인지는 매해 창업 교육을 하고 있으며, 지금까지 2,600명 정도의 인원이 교육을 수료했다.

조선 익스체인지는 북한의 스다드입에 창업과 관련된 교육을 제공하는 역할도 하지만 그들의 상황을 바깥에 알리는 미디어의 역할도 한다. 개인적으로 그 역할이 매우 중요하다고 생각한다. 조선 익스체인지가 한국에서 여러 차례 강의를 한 적이 있는데, 그때마다 강의에 참석한 청년들이 크게 당황스러워했다. 전혀 상상하지 못했던 새로운 사실을 접하게 되었기 때문이다.

예를 들어서 북한에도 아침 식사 판매와 같은 사업이 생기고 있고 또 24시간 편의점처럼 자정까지 운영하는 매장도 생기고 있다고 한다. 소상공인들의 장사가 활성화되면서 시장이 움직이고 있다. 이때 이런 질문이 떠오른다. '24시간 편의점이 어떻게 가능하지?' 여기에 대한 대답은, 늦은 밤까지 누군가가 물건을 찾고 소비하고 있기 때문이다. '그렇다면 왜 아침에 김밥을 팔게 되었을까?' 아침 식사를 집에서 해 먹는 것보다 밖에서 사 먹는 것이 더 낫다고 판단하는 사람이 생겨났기 때문이다. 노동자들은 소득이 올라가면 자신의 노동력을 직접 투입하여 얻기보다는 대신 돈을 지불하고 얻으려는 습성이 생긴다. 택시를 타거나, 밥을 사 먹거나, 늦은 시간에 쇼핑을 한다. 이렇게 시장이 돌아가기 시작했다는 증거들이 조선 익스체인지를 통해 외부에 전달되고 있다.

이들에 따르면 최근에는 IT 비즈니스도 상당히 많이 만들어지고 있다고 한다. 북한 주민들은 사실상 외국 인터넷 접속이 불가능하지만, 중국 및 러시아와 연결된 지역 폐쇄형 인트라넷에는 접속이 가능하다. 그 좁은 생태계 안에서도 IT 비즈니스가 늘어나고 있다. 사실 수년 전까지만 해도 창업되는 기업 중에 IT 비즈니스는 거의 없었다. 그러나 이제는 IT 비즈니스가 전체 창업의 절반을 차지한다. 이 사실은 우리의 상상력을 크게 자극한다.

3. 북한 스타트업의
   현황과 의의

　최근에는 북한 주민뿐만 아니라 중국에서 북한으로 넘어간 중국인이나 조선족들이 창업을 많이 시도하고 있다고 한다. 조선익스체인지가 밝히고 있듯이 스마트폰 사용자가 400만 명을 넘어섰다는 것이 사실이면, 비즈니스를 해볼 만한 최소한의 시장규모가 구성되었다고 볼 수 있다. 이 정도면, 한국이나 다른 선진국같이 각 영역에서 수십 개의 기업 중 몇 개의 플레이어는 충분한 성공을 거두며 살아남을 수 있다.

　현재 북한 내 스타트업의 종류는 생각보다 다양하다. 예를 들어 외국인 관광객이나 비즈니스맨이 방문했을 때 휴대전화를 대여해 주는 서비스가 있다. 외국인이 체류할 때 휴대전화를 쓰려면 당에 신고하고 허가를 받아야 하는데, 이는 쉽지 않은 일이기에 휴대전화 대여 서비스가 등장한 것이다. '만물상'(http://manmulsang.l com.kp)이라는 이커머스 플랫폼도 있다. 조금 과장해서 '북한의 아마존'이라고 불리기도 한다. 그리고 정부가 직접 운영하는 '옥류'라는 이커머스 사이트가 있다. 당에서 직접 운영하고 있어서 사용자가 가장 많다. 만물상은 옥류보다 작지만 빠르게 성장하고 있으며,

민간 서비스 중에는 가장 큰 규모다. 2016년 말 자료에 의하면 하루 방문자가 2만 2천명이 넘는다. 그리고 자동차용 내비게이션이 생각보다 잘 작동된다고 한다. '길동무'라는 내비게이션이 대표적이다. 물론 전국에서 사용 가능한 수준은 아니고 두 도시에서만 사용 가능하다고 한다. 가장 충격적이었던 것은 자녀 시간 관리 캘린더 사업이 최근 빠르게 성장하고 있다는 사실이다. 북한에서도 자녀의 사교육을 관리하는 등 시간관리의 필요성이 커서 이런 캘린더가 쓰이고 있다고 한다. 또 태권도 격파장에서 과도하게 사용되고 버려지는 나무를 줄이기 위해 다회용 격파장이 만들어지기도 했다. 평양에서는 콜택시 앱이 운영되고 있기도 하다. 천연건강차 벤처도 창업이 되었다는 발표가 있고, '나의길동무'라는 전자책이 확산되고 있다는 정보도 있다. 스마트폰으로 찍은 사진을 보정하는 '봄향기'라는 사진 앱도 매우 큰 유명세를 누리고 있다. 이 앱의 이용자 중에는 젊은 여성이 상당히 많다고 한다. 그리고 24시간 배송을 보장하는 쇼핑 앱 '앞날'이 있다. 말하자면 우리나라의 쿠팡 로켓배송 서비스와 유사하다.

　이런 다양한 스타트업의 성장을 보면 몇 가지 함의를 이끌어 낼 수 있다. 먼저 다수의 북한 국민들이 가지고 있던 생활 방식이 빠르게 변화하고 있다는 점이다. 아마 경제적으로 어느 정도 여유가 있는 집단에 국한된 일이겠지만, 그들의 라이프 스타일이 우리나라 대중의 그것과 유사한 지점이 많다는 사실은 큰 변화를 보여준다. 더불어 북한의 스타트업도 앱 개발 능력이 확보되어 있다는 점을 인식해야 한다. 물론 북한은 자유로운 앱 시장환경을 가지고 있지는 않다. 앱을 깔거나 등록하려면 특정 오프라인 매장에 가서 허가를 받고 블루투스로 앱을 전송받아서 설치해야 한다. 앱 설치 전체가 검열된다는 이야기인데 사실 그 과정에 사용하는 도구들이 얼마나 열악할지는 보지 않아도 자명하다. 그럼에도 저런 앱 서비스기 니온다는 깃은 내부 앱 개발 역량이 쌓이고 있으며, 개발자가 사용하는 도구들이 개선되고 있다는 반증이다. 마지막으로 스타트업과 관련된 생태계가 점차 구성되어 간다는 점이다. 자금을 구하고 인력이 배치되고 시장에서 판매되는 등의 작업이 부족하나마 가능하다는 점은 단순히 몇 개의 기업이 나타났다는 수준이 아니라 실제적인 생태계가 만들어졌다는 증거다.

4. 대북 경제협력에서
사회적 경제 조직의 활용
가능성

1) 유형1 – 북한 내 사회적 경제 조직의 육성

대북 경제협력에서 사회적 경제 조직을 활용할 수 있는 방법을 몇 가지 유형으로 나눠보자. 첫 번째 유형은 현지 조직, 곧 북한 내에서 사회적 경제를 직접 육성하는 방안이다. 이게 중요한 이유는 일반적으로 경제적 상황이나 문화적 특수성으로 인해 외부에서 개입하면 문제해결이 어려워지기 때문이다. 자생력을 갖추기 위해서는 현지화 과정이 꼭 필요하다. 다만 사회적 경제 조직을 육성하는 것이 수년 안에 이루어지는 것이 아니기 때문에, 10~20년의 장기적인 관점에서 내부의 자생력을 키우기 위한 인큐베이팅을 해야 한다.

과거에 자립 지원을 목적으로 브루키나파소라는 최빈국에 마이크로파이낸스를 적용한 사업이 있었다. 이때, 마이크로파이낸스에 대한 이론과 최빈국에 대한 적용 전략을 충분히 수립 후 실행에 옮겼음에도 불구하고 결과가 좋지 않았다. 다양한 이유가 있겠지만, 실패의 큰 원인은 개발도상국이라는 공통점 외에 문화, 시장, 인구밀도, 자연환경 등의 차이점을 간과한 것이다. 마이크로파이낸스라는 똑같은 도구도 사회의 특성에 따라 적용방식에 차이를 둘 필요가 있었던 것이다. 그래서 현지에서 자생적으로 형성되는 것이 더 우월하다. 사회적 정세는 사회와 붙어 있어야 하기 때문이다. 특히 북한은 일반적인 사회와 큰 차이를 보이기 때문에 북한 내에서 스스로 형성된 조직이 바람직하며, 장기적으로 이러한 방식이 가장 적절하다.

관련하여 실행할 수 있는 몇 가지 아이디어를 정리하면 다음과 같다. 첫 번째는 '평양 소셜벤처 엑셀캠프'를 진행하는 것이다. 엑셀캠프는 1~2주 동안 모여 사업모델을 발전시키는 단기 프로그램이다. 창업 희망자들이 2주 동안 전문가들과 함께 지내며 압축적으로 사업 멘토링을 받고, 전략과 실행안을 정리한다고 생각하면 이해하기 쉽다. 창업 희망자들은 계속해서 모델을 고도화하고 시장조사를 하면서, 사업을 빠르게 성장시킬 준비를 한다. 전문가들이 북한에 상주하거나 자주 왕래할 수 없기에 이런 방식은 효과적이다. 땅이 좁아서 지속적인 멘토링을 제공하는 것이 효과적인 한국과 달리, 영토가 넓은 미국은 캠프방식이 잘 발달되어 있다. 콜로라도 덴버의 전문가 팀이 샌프란시스코의 멘티 팀을 만나려면 항공편을 이용해 4시간을 이동해야 하기 때문에 자주 만난다는 설정 자체가 불가능하다. 이처럼 자주 오가기가 어렵거나, 공간적으로 멀리 떨어져 있는 경우는 엑셀캠프를 활용해서 현지의 창업 준비팀을 빠르게 성장하도록 지원할 수 있다.

엑셀캠프는 이러한 이점 외에 상징성도 충분히 가지고 있다. 세계 최초로 평양에서 엑셀캠프를 진행하면 세계적인 관심을 받을 수 있다. 세계의 다양한 국제구호단체들이 좋은 파트너가 될 수 있다. 그런데 해외에서 북한에 직접 들어가면 언어적 한계는 물론 역사에 대한 이해가 없어서 좋은 품질의 프로그램을 진행하기 어렵다. 하지만 한국은 북한과 역사는 물론 언어의 기반이 같기 때문에 충분한 의사소통이 가능하다. 그리고 사전에 철저히 훈련하고 준비한다면 북한 팀들에게 좋은 엑셀러레이팅 프로그램을 제공할 수 있다. 물론 단독 수행보다는 북한 구호단체, 글로벌 NGO와 함께 가서 명분을 높이는 방안이 유리하다.

정치적인 이념 갈등 시대를 살았던 세대들은 대화가 어려울 수 있다. 그러나 새로운 평화시대에 접어든 오늘날의 청년들은 당면한 문제를 어떻게 해결할 것인가에 대해 동질성을 가지고 공감하며 만날 수 있다.

예전에 팔레스타인에서도 엑셀캠프가 진행된 적이 있다. 이 나라에는 한국과 다른 유형의 평화 이슈가 있다. 이미 잘 알려져 있듯이, 팔레스타인의 서안지구에 고립된 사람들이 있다. 이들은 이스라엘과의 갈등으로 이주도 어렵고 항상 긴장 상태에 빠져 있다. 그런 곳에서 엑셀캠프가 열리는 것이 그리 흔한 일은 아니다. 이 역시 비즈니스 자체보다는 그곳에 있는 이들에게 새로운 희망과 생명을 주기 위해서, 무엇인가를 새롭게 일으키고 혁신할 수 있는 씨앗을 만들기 위해 시작된 도전이었다. 말하자면 그런 시도가 이곳 평양에도 필요하다는 것이다.

다음은 지역 스타트업 거점에 대한 이야기이다. 필자가 2019년 대통령 순방단과 함께 스웨덴에 방문하면서 그곳에 있었던 노르휀 재단을 만나게 되었다. 노르휀 재단은 스톡홀름에 노르휀 하우스라고 불리는 코워킹 스페이스를 운영하고 있다. 오래된 기차 역사를 개조해서 만든, 유럽에서 가상 큰 규모의 소셜벤처 인큐베이팅 센터이다. 이 센터의 2호점이 르완다의 수도인 키갈리에서 만들어지고 있다. 노르휀 재단은 그곳에 인큐베이팅 센터를 설립하고 아프리카 전역의 스타트업을 위한 지원 근거지로 삼는다는 계획을 발표했다. 그 이야기를 듣고, 노르휀 하우스 3호는 어디를 생각하고 있는지 질문했다. 그들은 답변으로 평양에 3호점을 설립한다면 같이 하겠냐는 제안을 해 왔다. 우리도 생각해 보지 못한 관점으로 가능성을 제시한 것이다. 아주 많지는 않지만, 스웨덴 사람들 중에서 북한에 관광을 다녀온 사람들이 있다. 그래서 그들에게 평양 3호점 설립은 충분히 생각해볼 수 있는 접근법이었다. 앞의 엑셀캠프가 2~3번 반복되고 그로부터 성과가 나오고 평화 아젠다가 자리 잡기 시작한다면 그에 적합한 펀드도 만들어질 수 있고 노르휀 하우스 같은 인큐베이팅 센터도 평양에 만들어질 수 있다. 그러면 세계의 다양한 전문 엑셀러레이터가 특정 기간 머물면서 사람들을 키우고, 투자하고 돌아오는 것이 가능해진다.

한국 청년들에게 가장 심각한 사회문제가 무엇인지 설문조사를 진행하면 통일(북한)이라는 답변이 5위 안에 잘 포함되지 않는다. 반대로 해외의 전문가들에게 한국의 대표적인 사회문제를 물었을 때에는 북한 문제가 1위가 아닌 적이 없다. 국내외의 현격한 시각 차이를 짚어볼 필요가 있다. 국외에서 볼 때, 북한 내에 소셜벤처 기지를 설립하는 것은 굉장히 강력하고 현실적으로 고려 가능한 아젠다이다. 고유한 역할을 갖는 한국도 이 도전에 적극적으로 참여하여, 평양에서 새로운 변화를 일으키는 데 기여해야 한다.

2) 유형2-사회적 경제 조직의 북한 진출

두 번째 유형은 이미 국외에서 활동 중인 사회적 경제 조직을 초기에 투입하는 방안이다. 북한 내부에 있는 사회적 경제 조직들이 단기간에 자립하는 것이 어려우므로, 이와 더불어 어떻게 국외 조직들이 북한에 들어갈 수 있을까를 고민할 필요가 있다. 그리고 국외에도 좋은 사회적 기업이 많지만, 한국의 사회적 경제 조직들도 북한 진출을 적극적으로 고민해야 한다. 특히 창업기업, 소셜벤처에 초점을 맞춰 설명하면, 성공 가능성이 높은 분야인 신재생 에너지, 영양, 의료, 모빌리티 분야의 사회적 경제 조직이 들어갈 필요가 있다. 앞에서 언급한 영역은 연구개발이 최소 4~5년 필요하고, 내부에서 만들기에는 시기가 너무 늦기 때문에 외부에서 복제해서 투입되어야 한다. 영양과 관련된 문제 역시 한국에서 수십 년 동안 연구를 지속해오고 있기에 북한에서 새롭게 개발할 필요가 없다. 소셜벤처가 그 지역에 맞게 현지화해서 들어가는 것이 적합하다.

두 가지 연구를 예시로 들어보겠다. 첫 번째는 응용 가능성에 대한 이야기다. 정부가 시민사회, 기업사회 공헌을 통해 해결하려는 문제를 사회문제라고 한다. 한국의 사회문제 해결은 여전히 해결되지 못한 채로 남아있는 문제를 다루기 때문에 어려울 수밖에 없다. 그런데 한국의 사회문제 해결에는 도전적인 솔루션이 상방으로 올라가기는 어려워도 하방으로 내려가면 조금 더 적정 기술화될 수 있다. 시험에서 20점 맞는 아이가 40점 맞기는 쉽지만, 80점 맞는 아이가 100점 맞기는 어렵다. 한국은 시장이 척박하지는 않지만 사회문제의 난이도가 높은 편이다. 한국 사회의 문제를 해결하는 데 쓰이는 방안 중 일부는 오히려 북한의 사회문제 해결에 더 적합한 경우가 많다.

두 번째는, 복제 가능성에 대한 이야기다. 본래 사회혁신은 복제를 통해 나타난다. 국내에 이미 2천 개가 훌쩍 넘는 인증 사회적 기업이 있으며 그 외에도 약 3천 개 정도의 미인증 사회적 기업 및 소셜벤처가 존재한다. 협동조합과 마을기업까지 포함하면 전체를 다 합해 약 1만 개가 넘는데 그 중 일부는 복제 가능성이 있다. 복제를 거듭하며 사회혁신에 이르는 것이 수월한 방법이다. 복제 가능성이 높은 한국의 사회적 경제 기업이 북한에 진출하는 것이 유리하다. 예를 들면, 북한의 북부 도시에서 태양광 발전이 점점 많이 쓰이고 있다. 소요 전기량은 절대적으로 적지만 태양광 발전을 소비하는 속도는 생각보다 빨라지고 있다. 그 이유가 무엇인지 확인해보니, 친환경에 대한 생각이 강해서라기보다는 전기 인프라 상황이 좋지 않다는 근본적인 문제와 더불어, 가전제품이 소모하는 전기량이 적어서다. 한국은 전기 필요량이 너무 많아서 태양광 패널 몇 개로는 충분하지 않다. 반면, 북한은 대부분 사용하는 가전제품이 핸드폰, 텔레비전, 전화기 등이어서 태양광 패널이 적어도 된다. 그래서 태양광 발전을 적용하기에 수월한 것이다.

이 영역에 들어가는 소셜벤처 중 유명한 곳이 '박스(Bboxx)'라는 기업이다. 영국 기반 회사이며 유럽 전역에 퍼져 있는데, 소형의 독립된 태양력 발전 설비들의 솔루션을 만드는 전문 기업이다. 가장 저렴하면서 가성비 좋은 태양광을 만든다. 초기에는 친환경 아젠다가 많은 유럽에 많이 공급되었고, 현재는 아프리카 르완다로 사업을 확장하고 있다. 필자가 2019년 1월 르완다에 방문했을 때 '박스'의 현지 매니저를 만나 대화를 나눈 적이 있다. 그는 대화에서 다음으로 아시아에서 검토하고 있는 나라 중 하나가 북한이라고 말했다. 북한은 사용하는 가전제품이 많지 않기 때문에 패널 두 개로도 한 가정이 쓰는 전력을 충당할 수 있다는 것이다. 그래서 A4 용지 두 개 크기의 배터리에 전기를 충전해놓으면 이것으로 핸드폰을 충전하고, 전구를 밝힐 수 있다고 한다.

'노을'이라는 소셜벤처가 있다. 말라리아 같은 혈액의 바이러스를 진단한다. 아프리카에서 말라리아를 진단하기 위해서는 큰 병원에 있는 혈액 배양기를 사용한 시약 진단 방식에 의존해야 하는데, 이는 66일이나 걸린다고 한다. 큰 병원이 있는 도시에서 몇 주를 기다려 말라리아 확진을 받은 후 약을 받아 집에 도착하면 이미 늦다. 그 사이에 환자가 사망할 확률이 높기 때문이다. 이일은 전 세계적으로 반복해서 벌어지고 있고 북한에서도 마찬가지다. 이를 개선하기 위해 노을은 혈액을 현미경으로 촬영하여 이미지 기반으로 15분 내에 질병을 진단할 수 있는, 세계 최초의 기기를 개발했다. 15분 안에 바이러스 여부를 인공지능이 판독하면 의료진이 그 자리에서 처방한다. 필자는 북한의 가장 큰 사회문제 중 하나가 전염병 문제라고 생각한다. 이는 누군가 주장하듯 북한의 전염병이 우리나라에도 영향을 줄 수 있기 때문이다. 사전에 방지하고 대비해야 하는 전염병은 인도적 차원에서 소셜벤처가 들어가 치료방안을 공급할 필요가 있다.

오파테크라는 소셜벤처의 '탭틸로'라는 스마트 점자학습기가있다. 전 세계에 3억 명의 시각장애인이 있고, 대부분 개발도상국에 있다. 선천적인 경우보다는 상처, 오염 등의 후천적 요인으로 시력을 잃은 경우가 대부분이다. 혹은 열병으로 인해 시력을 잃기도 한다. 이는 곧 제때 관리가 안 되었다는 뜻으로, 선진국에서는 그 수가 줄어들고 있는 반면 개발도상국에서는 늘어나고있다. 시각장애인은 점자를 모르면 학습을 할 수 없다. 그러다보면 돈을 벌 수도 없어 가난한 상황에 빠지게 된다. 앞서 언급한 스마트 점자학습기는 점자를 가르쳐주는 선생님이 없어도, 학부모가 가르쳐주지 못해도 공부할 수 있도록 돕는 기기다. 현재해당 소셜벤처는 개발도상국용을 만들고 있다. 북한에도 시각장애인이 많은데, 이들의 학습을 도와줄 기기와 더불어 점자 문맹을 퇴치할 프로젝트가 필요하다.

마지막으로 커피 찌꺼기를 비롯해 바이오매스로 고체연료를 만드는 기술이 있다. '포이엔'이라는 한국의 소셜벤처는 커피 찌꺼기로 만든 제품 사업이 성공하자 이를 발판 삼아 미얀마의 땅콩 껍질을 고체연료로 만드는 사업을 추진하고 있다. 고체연료를 팔아서 큰돈을 벌지는 못하지만 큰 규모의 탄소배출권을 얻게 된다. 버려지는 것으로 연료를 만들었으므로 석탄을 적게 사용해도 되니 탄소배출권을 확보하게 된다. 이러한 방식으로 이익을 남긴다. 국내 정유사와 임팩트 펀드가 수십억 원을 포이엔에 이미 투자하였고, 미얀마 프로젝트에는 별도로 몇 배나 큰 금액이 투자될 예정이다. 미얀마에서 버려지는 땅콩 껍질을 사용하기 때문에 추가적으로 발생하는 사회적 가치가 엄청나다. 농민들은 그동안 버렸던 땅콩 껍질로 이득을 얻게 된다. 이들에게 스토브를 함께 주는 것도 가능하다. 아궁이에 불을 지피면 보통 빨간색과 노란색 불이 나오는데 이렇게 되면 불완전 연소로 인해 본래의 화력이 나오지 않는다. 제대로 된 스토브에서 연료를 태우면 같은 연료를 태우더라도 20~30% 추가로 효율을 낼 수 있다. 탄소배출권을 확보할 수도 있다. 북한도 땔감을 그냥 사용하기보다 고체연료로 사용하는 것이 좋다. 이러한 기술을 북한에 적용하면, 겨울마다 겪는 난방 문제를 개선할 수 있으며 탄소배출권을 통해 돈을 벌 수 있고, 스토브는 무상으로 제공할 수 있다. 실제로 라오스와 미얀마에서는 이 프로그램으로 스토브를 무료로 지급하고 있다.

3) 유형3 - 사회적 금융의 도입

세 번째 유형은 금융과 투자다. 전 세계적으로 임팩트 투자를 하는 조직들이 많은데, 결론적으로 북한 내 조직에 대해서는 지분투자가 불가하다. 하지만 금융이 들어가는 것은 가능하다. 크게 두 가시 방식으로 접근할 수 있다.

첫 번째는 '낫포세일'이라는 미국의 비영리 조직이 프로젝트에 적용한 방식이다. 낫포세일은 인신매매를 반대하는 아주 근본적인 조직이다. 비영리단체들은 인신매매된 사람들을 구출하지만, 이후 그들을 그대로 두면 옛날로 돌아가 버린다. 인신매매 기간에 축적된 트라우마가 강하기 때문에 사회생활에 적응하기도 어렵다. 페루에 인신매매를 당해서 매춘하던 마을이 있었다. 낫포세일은 완전무장한 경찰을 데리고 들어가 피해자 구출에 성공했다. 그리고 "이제 자유로운 삶을 사세요."라고 조언했으나 피해자들은 할 수 있는 일이 없어 다시 자발적으로 성매매를 선택했다. 이를 보고 낫포세일은 엄청난 충격을 받았다. 그 뒤 피해자 구출은 낫포세일이 하지만 그들의 자립은 소셜벤처에게 맡기고 있다. 앞에서 이야기한 피해자들은 아마존에서 채취한 열매로 '레블'이라는 건강음료를 만드는 제조회사를 설립하여 자립하고 있다.

낫포세일은 우간다의 난민촌에도 갔다. 그곳에서 투자를 시도했는데, 당연히 주식회사 같은 법인이 있을 리가 없었다. 만약 있더라도 우간다의 주식회사에 대해 신뢰도가 높지 않았을 것이다. 그래서 우간다에서의 투자는 지분투자가 아닌 자금 대여 방식으로 진행되었다. 이 방식은 흥미로운 조건이 따라온다. 예를 들자면, 난민촌의 손재주가 좋은 엄마 2명에게 일자리를 주는 사업가에게 약 1천만 원을 대출해 준다. 그리고는 사업가에게 '내년까지 고용자를 10명으로 늘린다면, 갚아야 할 1천만 원 중 500만 원은 기부금으로 환급해주겠다.'고 미리 이야기하는 것이다. 이렇게 기부가능한 대출(forgivable loan)로 투자 방식을 만들 수 있다. 꼭 돈을 돌려받는 방식만이 투자가 아니라, 사회적 가치가 충분히 발생하는 곳에 투자하되 사업가의 동기부여가 약화되지 않도록 하는 것도 훌륭한 투자 전략이다. 투자자가 개입할 수 있는 여지를 제공하는 투자 정책도 중요하다. 낫포세일은 프로젝트 공모사업을 진행하여 투자자가 개입할 수 있는 여지를 제공했고, 여기에 참여하여 수상한 세 팀에 최대 1천만 원씩 대출해 주었다. 이 사업은 좋은 성과를 거두었다고 한다.

이 방식이 북한에도 동일하게 적용될 수 있다. 우리는 대출을 이야기하면 바로 연대보증 등을 생각하지만, 투자 관점으로도 접근할 수 있다. 물론 그 방식이 완벽하진 않지만, 우리가 원하는 사회적 가치의 추구와 자금 유지 및 방만하게 운영되지 않도록 하는 제어 수단 등 필요한 것들을 모두 갖출 수 있다.

두 번째는 필자가 관심 있어 하는 주제로, 바로 사회혁신채권(SIB, Social impact bond)이다. 이는 미래에 지출될 것이 확실한 정부의 세출을 예방하는 것에 민간 소셜벤처가 투자하고 실행함으로써 정부의 미래 세출을 크게 줄이는 것이다. 그렇게 줄어든 차액 중 일부를 정부가 민간 소셜벤처에게 보상하는 프로젝트다.

얼마 전에 보츠와나에서 코뿔소 채권이 만들어졌다. 코뿔소 채권은 앞에서 말한 사회혁신채권의 일종이다. 코뿔소가 계속 밀렵을 당하고 있는 상황에서, 국가는 어떤 식으로든 밀렵을 막고 싶지만 예산이 없다. 결국 코뿔소의 개체 수는 점점 줄어들게 된다. 그에 따른 여파로 UN으로부터 받던 자연보호기금, 관광기금 등을 모두 잃게 될 수 있다. 때문에 보츠와나 정부도 밀렵꾼들만큼이나 필사적이다. 그런데 한 환경운동 임팩트 투자자가 보츠와나를 포함한 코뿔소 보호지역의 정부에게 거래를 제안했다. "만약 코뿔소가 너희 지역에서 없어지면 전 세계적으로도 엄청난 손해다. 그런데 우선 당신 나라가 입게 될 경제적 손해를 적어봐라."라고 말했다. 보츠와나 정부는 유엔의 자연보호기금 지원 중단, 관광객 감소 등으로 산업에 엄청난 손해를 입을 수밖에 없었다. 예를 들어, 500억의 손해가 예상된다고 하자. 그렇다면 "우리가 지금 100억을 투자해서 5년간 완벽하게 방비하겠다. 사설 시스템을 이용해서 코뿔소가 하나도 죽지 않도록 보호하고 자연 번식으로 숫자가 늘어나면, 거의 확실시된 500억의 손해를 100억으로 막아낼 수 있다. 성공하면 200억으로 갚아 달라." 이렇게 제안하는 것이다. 이러한 격차를 예방하는 것과 같은 큰 문제들은 자연과 관련된 경우가 많은데, 그 이유는 훼손될 경우 복구 비용이 많이 들기 때문이다. 임팩트 투자자는 100억의 채권을 발행하여 민간 투자자들에게 "코뿔소 채권 사세요."라고 말하면서 "이 채권을 사면 발생할 이익의 몇 퍼센트를 돌려줄게요."라고 투자를 받는다.

그리고 정부와 거래를 체결한다. 만약 이 기업이 밀렵꾼을 막는데 실패하면 정부는 돈을 주지 않아도 된다. 이것이 사회혁신채권의 기본 모델이고, 만약 목적이 개도국의 사회문제를 막는 것이라면 개발성과연계채권(DIB)이 된다.

북한에도 관광자원이 모여 있는 장소들이 있는데, 그 장소들이 크게 훼손되었다는 이야기가 들려온다. 그런데 이를 보호할 수 없는 이유는 관광자원을 훼손하면서 누리던 경제적 이득을 포기할 수 없기 때문이다. 하지만 잘 따져보면 경제적 이득이 생각보다 크진 않다. 관광자원에도 사회혁신채권을 적용할 수 있다. 이 외에도, 멸종위기종을 보호하고 그것들을 세계적인 자원으로 유지하기 위해 사회혁신채권을 만드는 것이 가능하다. 앞서 언급한 코뿔소 사회혁신채권은 단숨에 마감되었다. 실제로 '돈을 벌 생각은 없지만, 코뿔소는 지켜야 해'라고 생각하는 사람들도 투자에 동참했다. 물론 돈이 필요한 사람들도 그 의미를 보고 투자한다. 북한에서도 전 세계를 대상으로 이러한 채권을 만들 수 있다.

또 다른 사회혁신채권 아이디어도 있다. 통일문제에서 통일비용 이슈는 항상 등장하는 단골손님이다. 그런데 통일비용 중에서 몇 가지는 적은 비용으로도 예방할 수 있는 것들이 있다. 바로 전염병, 보건의료 및 산림 조림 문제이다. 특히 조림 문제가 통일비용 이슈로 크게 부각되고 있다. 씨앗을 심으면 자라기까지 10~20년이 걸리기 때문에 4~5년 자란 나무를 심는 것이 효과적이며, 여기에 엄청난 돈이 투입된다. 나무값만 수조 원이 들 수도 있다. 그런데 이미 개발된 환경 임팩트 채권 모델을 잘 활용한다면 적은 비용으로 조림 문제를 해결할 수 있다. 지금 몽골이나 블라디보스톡의 광활한 대지에 내한성 나무를 심어서 준비해나간다면 훨씬 효과적으로 비용절감을 도모할 수 있다. 이러한 문제는 한국이 혼자 할 필요가 없다. 국제공조를 통해서 추진하는 것이 더 바람직하나. 꼬뿔소 사회혁신채권처럼 공개적으로 추진하는 것이 메시지도 강하고 의미도 크다.

5. 결론: 사회적 경제로 만드는 새로운 기회

　다양한 아이디어를 제시했지만 구체적으로 어떤 의미를 남길 수 있을까? 필자의 생각은 다음과 같다. 우선, 사회적 경제 기업이 향후 경제협력의 주체가 될 필요가 있다. 개성공단은 굉장히 중요하고 의미 있는 접근이었다. 하지만 개성공단 자체만 봤을 때 안타까운 점이 하나 있다. 이는 개성공단 운영이 원활했다 해도 마찬가지다. 개성공단 진출 기업은 철저하게 현지와의 임금 차이를 염두에 두고 사업을 했는데, 이는 한국 기업이 베트남에 진출하는 것과 다를 바가 없다. 이러한 전략이 나쁜 것은 아니지만, 북한이 통일의 파트너라는 점을 고려할 때 제한적인 방법이라는 것은 분명하다. 개성공단처럼 제조업 중심의 대북 진출에서 더 나아가 앞으로는 사회적 경제가 경제협력의 주체가 될 필요가 있다. 예를 들어, 금강산 관광이 다시 시작되더라도 사회적 경제를 중심으로 시작하는 것이 맞지 않을까? 대기업 투자가 아닌 사회적 경제 기업이 추진한다면 어떨까? 라는 상상을 해 본다.

　둘째, 현재 한국이나 선진국에서 쓸모없어 보이는 것도 북한에서는 매우 유용하다. 유럽의 사회적 경제가 폭발적으로 성장한 것은 동유럽과 아프리카로 사업을 확장하면서다. 앞서 언급한 것처럼 유럽의 사회문제 해결은 어렵지만, 그곳에서 축적된 자본과 생각 등이 사회문제 해결이 비교적 수월한 곳으로 확장되면서 큰 효과를 본 것이다. 미국 또한 중남미로 사업을 확장하며 성과를 인있나. 한국노 사회적 경제가 크게 성장했다. 이제 사회적 경제가 북한이라는 새로운 지역으로 넘어가면 새로운 전기를 맞이할 수 있다. 킥스타트의 마틴 피셔는 유럽인이지만, 아프리카로 내려가 케냐에서 본인들의 엔지니어링을 적용했던 사람이다. 유럽도 물이 나오지 않는 곳이 있는데, 이 곳에서는 기름 동력으로 작동하는 펌프를 사용한다. 하지만 케냐는 펌프도 기름도 비싸다. 이에 마틴 피셔는 과거에 자신들이 사용했던 것들을 복기하며 발로 밟는 펌프를 수준 높게 만들어냈다. 이 펌프는 현재 케냐의 농식품 산업에 엄청난 도움이 되고 있다. 케냐는 대수층이 얕아서 8미터 이상만 파서 발로 밟는 펌프를 이용해도 충분하다. 한국에서 쓸모가 없어진 그 '무엇'도 북한에서는 쓸모 있는 경험을 하게 될 것이다.

'어떻게 이것이 새로운 기회가 될 것인가'를 고려하는 것이 필자와 다른 북한 전문가의 가장 큰 관점 차이인 것 같다. 다만 북한에 대한 이해 수준이 더 높아질 필요가 있다는 점은 공감하는 부분이다. 현재 상황이 어떤지, 그들에게 진짜 필요한 것은 무엇인지, 그들이 당면한 문제의 현황은 어떤지 등에 대해서 말이다. 필자를 포함해 한국 청년들은 대부분 이해도가 매우 낮다. 사회적 경제를 통해 이해도를 높여주는 작업이 필요하며, 정보를 제공하고 현상을 실제로 보여주는 사업이 필요하다.

셋째, 세계와 공조하되 우리가 주도해야 한다. 미국의 초대형 NGO가 오더라도 실제로 아이디어를 내고 추진하는 것은 우리가 해야 한다. 그들과 협력해야 자원도 더 많이 확보할 수 있고, 더 큰 명분도 생긴다. 그렇다고 해서 그 과정에서 우리의 주도성을 잃어버리는 것은 아주 곤란하다.

마지막으로, 작더라도 무조건 시도해봐야 한다. 사업에는 LEAN이라는 말이 있다. 너무 완벽하게 진행하려고 하지 말고 작게라도, 어설프게라도 시도해서 수정을 많이 하자는 말이다. 이제는 작은 성공이라도 해야 하는 시점이다. 너무 오랫동안 막혀 있었고, 안 된다는 이야기가 파다한 상태에서 자꾸 아이디어만 개발해봤자 한계가 있다. 정말 변변치 않더라도, 제대로 실현하려는 노력과 성공 경험이 한 번은 있어야 한다. 그를 보고 다음 사람이 참여하면서 실질적인 문제 해결로 나아갈 수 있다. 아무런 시도도 하지 못한 채 긴 시간이 흘렀다. 우리가 직접 들어갈 수 없다면, 미국이나 스웨덴, 영국같이 북한에 접근할 수 있는 나라들에 도움을 요청해야 한다. 이런 노력이 쌓여서 5년 뒤에는 앞에서 제시한 상상들이 현실이 되어있기를 소망한다.

　본서의 마지막 장은 실제 사회적 경제 현장에서 임팩트 투자 기업
가로 활동하고 있는 도현명 내표의 성험과 상상력에서 나온 것들이
다. 본 장은 기업가의 관점에서 어떻게 사회적 경제를 통해 대북 경제
협력 사업을 진행할 수 있는지를 3가지 유형으로 나누어 소개했다.
　필자가 접근한 방식은, 우선 북한과 사회 경제적 상황이 유사한 국
외 성공사례를 보이고, 이러한 모델이 북한에 맞도록 각색된다면 충
분히 적용 가능함을 역설했다. 그리고 북한 내에서 전개되고 있는 창
업 열풍을 소개하면서, 한국 및 국외의 낮은 수준의 사회적 경제 관
련 기술과 노하우가 북한에 확대된다면 충분히 성공가능성이 높다
고 보았다. 필자가 들려주는 이야기는 북한의 상황을 현장감 있게
설명하면서, 실제 일상생활과 직접적으로 연결되는 아이디어라는 점
에서 접목 가능성이 높아 보인다.
　이제 남은 과제는 구체적으로 작은 사업이라도 추진하는 것이다.
이 작은 발걸음을 누가 어떻게 내딛을 것인지, 그리고 이 프로젝트
에서 지방정부는 어떤 역할을 감당해야 하는지 새롭게 돌파구를 모
색해야 한다. 이렇게 함으로써 본서가 목적한 사회적 경제의 인도지
원 사업 및 남북경협 사업에의 접목 가능성을 확인할 수 있으며, 여
기서 더 나아가 남북경협이 대자본에 치우치지 않도록 사회적 경제
가 균형추 역할을 감당할 수 있다.
　더 바란다면 사회적 경제가 북한의 사회주의 경제체제 전환을 견
인해 내고, 향후 통일한국의 대안경제체제가 될 수 있다는 메시지를
한국 사회에 던질 수 있기를 희망한다.

다시 시작이다!

⋮

　통일부 등록 사단법인인 하나누리는 북한의 라선특별시에서 10년에 걸쳐 인도지원 사업을 꾸준하게 진행해 오고 있다. 최근에는 사회적 금융에 해당하는 '무이자 대출' 방식을 자립마을사업에 새롭게 접목하여 실험해 오고 있다. 그러다 보니 하나누리 사업은 자연스럽게 이론 및 방법론적으로 사회적 경제와 접목되기 시작했다. 그래서 관련 자료를 찾아보니, 북은 소련의 영향으로 1940~60년대에 협동조합을 국가적으로 추진했던 경험이 풍부하며, 지금도 헌법과 관련법 및 정부 조직에서 협동조합이 일정 위상을 차지하고 있음을 알게 되었다. 다만, 한국의 농협처럼 관변화되었다는 비판은 피하기 어렵다. 그러한 한계에도 불구하고 협동조합을 핵심으로 하는 사회적 경제 접근법을 대북 인도지원 및 경제협력 사업에 적용하면 적어도 남북 사이에 이데올로기 갈등은 피할 수 있겠다는 생각이 들었다. 만약 이러한 생각이 단지 이론적인 추론을 넘어 실제로도 의미가 있다면, 사회적 경제를 통한 남과 북의 다양한 협력관계 형성은 긴 시간 정체 상태에 머물러있는 남북 관계에 새로운 돌파구를 제시해 줄 수도 있다. 과연 그게 가능할까?

본서는 이러한 희망과 기대, 그리고 마음 한편에 미심쩍음을 품고 여러 필자들이 간고분투하며 집필한 결과다. 사실, 이 책을 총괄한 하나누리 동북아연구원의 조성찬 박사는 사회적 경제 분야에 정통한 연구자가 아니다. 그러다 보니, 본서는 사회적 경제를 엄밀하게 정의하고, 필요한 내용을 체계적으로 구성하는 데 있어서 일정 정도 한계에 노출되었다. 아쉬움이 남지만, 이 책을 접하는 독자들은 '아, 사회적 경제로도 남과 북이 인도지원 및 경제협력을 할 수 있구나!' 하는 가능성에 대한 새로운 시각을 얻을 수 있기를 기대한다. 이 책은 그러한 목적을 위해 쓰인 하나의 탐색이자 브레인스토밍이다.

2019년 9월에 '서울-평양 사회적 경제 심포지움'이 개최된 이후, 많은 변화들이 있었다. 무엇보다, 코로나바이러스가 한국은 물론 전 세계를 휩쓸었다. 그러자 놀랍게도 많은 사람들이 '연대'와 '협력'을 이야기하기 시작했다. 코로나바이러스는 역설적으로 전 세계 시민사회를 하나로 묶어주는 계기가 된 것이다. 한국의 문재인 정부는 4·27 판문점선언 2주년을 맞아 경제회복 전략으로 '동해북부선' 사업을 제시했다. 이르면 2021년 말부터 착공되는 이 사업은 지난 53년간 단절됐던 남강릉역에서 제진역까지의 단선 철로를 복구하는 것이 주요 내용이다. 그렇게 되면 동해선은 부산에서 라선 및 멀리 유럽까지 연결하여, 실질적인 연대와 협력을 가능하게 해준다. 이어 문재인 대통령은 취임 3주년을 맞아 북미 대화만 바라보지 말고 남북이 할 수 있는 일을 찾자고 제안했다. 그 대상에는 유엔 안전보장이사회 제재에 저촉되지 않는 사업과, 저촉되더라도 예외 승인을 받을 수 있는 사업을 추진하자고 제안한 것이다. 본서에서 제시한 사업들은 인도지원 사업 등에 사회적 경제 접근법을 결합한 것으로, 남과 북이 의지만 있으면 경제제재를 피하면서 추진할 가능성이 있다.

이미 이야기했듯이, 본서는 사회적 경제를 통한 북한 인도지원 및 경제협력 사업의 가능성을 알아보기 위한 첫걸음에 해당한다. 이미 관련 논문과 글들이 소개되긴 했지만, 이번에 『사회적 경제, 남북을 잇다』라는 제목으로 하나의 책 형태로 출간되었다는 점에서 큰 의의가 있다. 다만 본서는 몇 가지 연구의 한계를 가지기에 다음 단계의 연구로 이어져야 한다. 첫째, 필자들이 자신의 글에서 주장한 이론과 국외 사례, 각종 정책 및 사업모델이 어떻게하면 적용 가능한지에 대해 구체적으로 연구해야 한다. 둘째, 사회적 경제(협동조합)에 대한 북한의 입장과 현행 법제도 분석, 향후 정책변화 방향성 등에 대한 치밀한 분석이 필요하다. 셋째, 유엔과 미국의 대북 경제제재 틈바구니 속에서 추진 가능한 사회적 경제 사업으로 어떤 것들이 있는지 파악할 필요가 있다. 넷째, 하나누리가 현재 추진하고 있는 라선자립마을사업과, 대북 경제제재 이전에 추진된 국제농업개발기금(IFAD)의 북한 농촌진출 사례 및 마라나타 트러스트의 도시진출 사례 모두 사회적 금융 기법을 적용하고 있다는 점에서 알 수 있듯이, 교류가 원활하지 않더라도 사회적 금융 방식을 적용하면 지속가능하면서도 자립적인 지역발전을 도모할 수 있다. 따라서 북한의 도시 및 농촌에서 사회적 금융 방식을 확대 적용할 수 있는지에 대한 보다 종합적인 연구가 필요하다. 마지막으로, 사회적 경제 접근법에 유엔이 추진하는 '지속가능발전목표'(SDGs)을 결합할 수 있는지 그 가능성을 살펴볼 필요가 있다.

특히 마지막에 제시한 연구과제와 관련하여, 유엔은 2016년부터 2030년까지 국제사회가 공동으로 달성해야 할 주된 목표 17가지를 제시했다. 이제 각국은 매년 목표 달성 여부를 보고서 형식으로 제출해야 한다. 이를 담당하고 있는 '한국 SDGs 시민넷'은 공적개발원조(ODA)를 중요하게 다루고 있어, 북한과의 접목 가능성이 있음을 알 수 있다. 북한 역시 지속가능발전목표 달성을 위해 2016년 '유엔전략계획 2017~2021(UN Strategic Framework 2017~2021 DPRK)'을 세워 식량 및 영양안보, 사회개발 서비스, 복원력과 지속가능성, 데이터와 개발관리를 포함한 4가지 우선순위를 선정하고 상당히 적극적으로 참여하고 있다. 북한은 여기서 더 나아가 4·27 남북정상회담 이후 환경을 포함한 다양한 분야에서 협력사업을 추진하고 있는 가운데, 지속가능한 발전방향으로 남북협력 사업을 진행할 필요가 있다(최현아, 2019). 유엔이 제시한 SDGs '목표'에 사회적 경제라는 '전략'을 결합하여 이를 창조적으로 북한의 인도지원 및 지역개발 사업에 확대 적용하는 것은 새로운 도전이다.

대북 인도지원 사업이 전환기를 맞이하고 있다. 대북 경제제재로 각종 인도지원 사업이 중단된 것을 말하려는 것이 아니다. 한국 및 국제적인 대북 인도지원 사업 자체에 대한 북한 당국의 태도가 달라졌다는 것이다. 북한이 구체적으로 어떤 조치를 근거로 달라졌는지는 파악하기 어렵지만, 들려오는 이야기를 종합하면, 자존심을 상하게 할 수 있는 인도지원 사업 방식에 거부감을 강하게 느낀 북한은 더 이상 인도지원을 받지 않겠다고 한다. 따라서 이제 인도지원 사업도 상호 윈윈(win-win)할 수 있는 구조로 가야 한다. 사회적 경제가 그 해답이다. 인도지원 사업에 사회적 경제를 결합하여 추진하다 보면 서로의 필요와 생각을 더 깊이 이해할 수 있게 되고, 추후 각종 경제협력 사업을 추진하게 될 때 오해를 최소화하면서 보다 새로운 차원으로 나아갈 수 있다. 본서는 바로 그 나침반이다. 본서가 사회적 경제를 통한 대북 인도지원 사업 및 경제협력 사업의 가능성을 탐색하는데 조금이라도 기여할 수 있기를 바란다.

부록

참고문헌

1장

김태근, 「독일여성협동조합 바이버비르트샤프트(Weiberwirtschaft, Wonemen's Economy)의 등장 배경과 향후 역할 전망: 경제활동에서 성불평등과 여성, 협동조합의 새로운 함의」, 『한・독사회과학논총』제29권 제2호, 2019 여름, 183~213쪽.

김해순, 「독일통일 이후 일−가족 조화정책과 여성경제활동: 성별분업을 위주로」, 『젠더와 문화』 제6권 2호, 2013, 7~42쪽.

사회적경제 언론인포럼, 『사회적경제 참 좋다』, 2017, 서울시사회적시장경제센터.

Bassara, Herbert und Armin Woehler, Sozialwrtschaft und Sozialmanagement im deutschsprachigen Raum. 2016, Augusburg: Walhalla Fachverlag, Digital.

Bauer, Rudolph, Personenbezogene soziale Dienstleistungen. Begriff, Qualität und Zukunft. 2001, Wiesbaden: Springer Verlag.

Beck Ulrich (Hrsg.), Riskante Freiheiten: Individualisierung in der modernen Gesellschaft. 1994, Frankfurt am Main: Suhrkamp.

Chaves, Rafael, The Social Economy un the European Union. 2012, European Economic and Social Committee.

Chaves, Rafael und Monzon, José Luis, Die Sozialwirtschaft in der Europäischen Union. Bericht des Internationalen Forschungs- und Informationszentrums für öffentliche Wirtschaft, Sozialwirtschaft und Genossenschaftswesen (CIRIEC) für den Europäischen Wirtschafts- und Sozialausschuss Brüssel. 2012, Bruessel(www.eesc.europa.eu, 검색일: 2019.12.11).

Ehlert, Gudrun und Heide Funk u.a. (Hg.), Woerterbuch soziale Arbeit und Geschlecht. 2011, Weinheim/Muenchen: Juventa Verlag.

Ehrentraut, Oliver und Tobias Hackmann, Lisa Krämer u.a., "Ins rechte Licht gerückt. Die Sozialwirtschaft und ihre volkswirtschaftliche Bedeutung." Herausgeber: Friedrich-Ebert-Stiftung, WISO Direkt, Marz 2014, S. 1-5.

Elsen, Susanne, Gemeinwesenoekonomie. 1998, Neuwied: Luchterhand Verlag.

Europaeischer Wirtschafts- und Sozialausschuss, Die Sozialwirtschaft in der Europaeischen Union. 2012, Bruessel, Belgie(www.eesc.europa.eu: 검색일: 2019.11.10.).

Gruber, Christine, Zum Konzept der Sozialwirtschaft, (soziales_kapital. wissen
    schaftliches Journal österreichischer fachhochschul-studiengänge sozi
    ale arbeit Nr. 11, 2014 / Rubrik "Nachbarschaft"/Standort Wien Printv
    er. (Printversion: http://www.soziales-kapital.at/index.php/sozialesk
    apital/ article/viewFile/324/541.pdf,검색일: 2019.12.20).

Gruber, Christine, "Sozial Wirtschaften in der Sozialwirtschaft." In: Bassara, He
    rbert und Armin Woehler, Sozialwrtschaft und Sozialmanagement im
    deutschsprachigen Raum. 2016, Augusburg: Walhalla Fachverlag, Dig
    ital.

Gruber, Christine und Elfriede Fröschl, "Sozialmanagement." In: Ehlert, Gudru
    n und Heide Funk und Gerd Stecklina, (Hrsg.), Wörterbuch Soziale
    Arbeit und Geschlecht. 2011, Weinheim/München: Juventa Verlag, S.
    388-390.

Meilicke, Bernd (Hg.), Lexikon der Sozialwirtschaft. 2008, Baden-Baden: Nom
    os-Verl.-Ges.

Meyer, Michael and Ruth Simsa, "Entwicklungsperspektiven des Non-Profits-Se
    ktors." In: Simsa, Ruth und Michael Meyer und Christoph Bade (Hg
    .), Handbuch der Non-Profit-Organisation. 2013, Stuttgart: Schaeffer-
    Poeschel Verlag.

Muenkner, Hans-H. und Werner Grosskopf und Guenther Ringle, Unsere Gen
    ossenschaft: Idee – Auftrag – Leistungen. September 2017, Wiesbade
    n: Deutscher Genossenschaftsverlag.

Nestler, Eva-Maria, "Das Genossenschaftsmodell – Stärken und Schwächen An
    alyse." In: Studienarbeit. (o.J.), Steinbeis-Hochschule Berlin SHB. ab
    rufbar(www.iaq-hd.de/veroeffentlichungen/studienarbeiten/, 검색일:
    2019.12.10).

Ruschenbach, Thomas, "Inszenierte Solidaritaet: soziale Gesellschaft in der Risi
    kogesellschaft." In: Beck Ulrich (Hrsg.), Riskante Freiheiten: Individu
    alisierung in der modernen Gesellschaft. 1994, Frankfurt am Main: S
    uhrkamp, S. 89-111.

Schellberg, Klaus, Betriebswirtschaftslehre für Sozialunternehmen. 2012, Augs
    burg: Ziel-Verlag.

Simsa, Ruth und Michael Meyer und Christoph Bade (Hg.), Handbuch der No
    n-Profit-Organisation. 2013, Stuttgart: Schaeffer-Poeschel Verlag.

Sozialgenossenschaften in Bayern – Der Ratgeber zur erfolgreichen Gruendun
g. Bauerisches Staatsministerium fuer Arbeit, Sozialordnung, Familien
und Frauen, (o.J.), (file:///F:/2%20-%20Forschungsinstitution/1%20-
%20%EB%8F%99%EB%B6%81%EC%95%84%20%EC%97%B0%EA%B5%
AC%EC%86%8C/1%20-%20Artikel/1%20-%20Sozialwirtschaft/Literatur/r
atgeber-sozialgenossenschaften.pdf, 검색일: 2019.12.22).

Spellberg, Annette, "Frauen zwischen Familie und Beruf." In: Zapf, Wolfgang
und Richard Habisch (Hrsg.), Wohnfahrt im vereinten Deutschland.
Sozialer Wandel und Lebensqualitaet. 1996, Berlin: Edition Sigma, S.
99-120.

Stappel, Michael, "Zu genossenschaftlichen Neugruendungen mit sozialer Ziels
etzungen." In: Schmale, Ingrid und Johannes Blome-Drees (Hrsg.), G
enossenschaften innovativ. Genossenschaften als neue Organisationsf
orm in der Sozialgesellschaft. 2017, Wiesbaden: Springer VS, S. 147-
160.

Theurl, Theresia und Caroline Wendler, "Was heisst Deutschland ueber Genos
senschaften." In: Band der Muensterchen Schriften zur Kooperation.
2011, Aachen.

Trukeschitz, Birgit, Im Dienst Sozialer Dienste – Ökonomische Analyse der Be
schäftigung in sozialen Dienstleistungseinrichtungen des Nonprofit S
ektors. 2006, Frankfurt am Main: Peter Lang Verlag.

Weidenholzer, Josef, "Perspektiven der Sozialwirtschaft im europäischen Kont
ext." Vortrag am INAS Kongress. 2011, Linz(www.inas-ev.eu. 검색일:
2019.12.01).

Wendt, Wolf Rainer, "Sozialwirtschaft." In: Meilicke, Bernd (Hg.), Lexikon der
Sozialwirtschaft. 2008, Baden-Baden: Nomos Verlag.

Internet:

http://blog.nonprofits-vernetzt.de/category/partizipation/.
http://www.gsef2014.org/?act=sm1&lang=ko.
https://wirtschaftslexikon.gabler.de/definition/wohnungsgenossenschaft-48911.
https://www.gabler-banklexikon.de/definition/sozialwirtschaft-70751.
http://blog.nonprofits-vernetzt.de/sozialgenossenschaften-eine-form-mit-potenzial/.
https://soziales-kapital.at/index.php/sozialeskapital/article/view/324/540.

Hausgemacht eG: www.hausgemacht-muenchen.de(검색일: 2019.1.21).
ko.wikipedia.org/wiki/사회적_경제.

2장

김창진,『사회주의와 협동조합운동』, 한울아카데미, 2008
김창진,『퀘벡모델: 캐나다 퀘벡의 협동조합 사회경제 공공정책』, 2015
김창진 외,『쿠바, 낭만쿠바와 사회주의 쿠바 사이』, 2017
김해순, "독일 통일 과정에서 사회적 경제의 역할과 시사점", [사회적 경제를 통
        한 남북 인도지원 및 도시협력 모델 탐색: 2019 서울─평양 사회적 경
        제 심포지움 자료], 하나누리 동북아연구원, 2019. 9
김호균·이은정 외, [농업분야 관련 정책 문서: 독일 통일 총서 24], 통일부, 201
        8. 2
이찬우,『북한경제와 협동하자』, 라이프인, 2019
이찬우, "평양의 협동조합 경험 및 사회적 경제의 적용 가능성", [사회적 경제를
        통한 남북 인도지원 및 도시협력 모델 탐색: 2019 서울─평양 사회적
        경제 심포지움 자료], 하나누리 동북아연구원, 2019년 9월
페르낭 브로델, 주경철 옮김,『물질문명과 자본주의 I-1: 일상생활의 구조』, 까치,
        1995
페르낭 브로델, 주경철 옮김,『물질문명과 자본주의 II-1: 교환의 세계 상』, 까치,
        1995
페르낭 브로델, 김홍식 옮김,『물질문명과 자본주의 읽기』, 갈라파고스, 2012
스테파노 자마니·베라 자마니, 송성호 옮김,『협동조합으로 기업하라』, 한국협
        동조합연구소/북돋움, 2012
T. Shanin, The awkward class: political sociology of peasantry in a developin
        g society. Russia 1910~1925 (Oxford: The Clarendon Press, 1972)

3장

양문수, 『북한경제의 구조』, 서울대학교출판문화원, 2014
이주호, 『1945~1948년 북한의 상업정책과 소비조합의 활동』, 고려대학교 대학원
　　　석사학위논문, 2012
이찬우, 『북한경제와 협동하자』, 시대의 창, 2019
북한 원전: 『노동신문』, 『민주조선』, 『소비조합』 각호

4장

김창진, 『사회주의와 협동조합운동: 혁명 전후 러시아의 국가와 협동조합, 1905~
　　　1930』, 한울아카데미, 2008.
김창진, 『쿠바 춤추는 사회주의』, 가을의아침, 2017.
문성민·이동현, "1장. 북한 금융의 특징과 제도·정책 변화", 『북한의 금융, 한
　　　국수출입은행 북한·동북아연구센터 편, 오름, 2016.
문진수, 『금융, 따뜻한 혁명을 꿈꾸다』, 북돋움, 2013.
이종석, 『(새로 쓴) 현대북한의 이해』, 서울: 역사비평사, 2011.
이찬우, 『북한경제와 협동하자』, 시대의 창, 2019.
임을출, "북한 사금융의 형성과 발전: 양태, 함의 및 과제", 통일문제연구 2015
　　　상반기 제27권(통권 제63호), 205~242.
전봉관, 「나진(羅津)의 추억」, KDI 경제정보센터, 2009년 6월호.
조성찬, 『공공토지임대론: 북한 토지개혁의 기초』, 한울, 2019
칼 폴라니, 『거대한 전환』, 길, 2009.
스테파니 자마니, 베라 자마니, 『협동조합으로 기업하라, 북돋움, 2012.
DailyNK, "北, 유엔기구에 소액대출사업 재개 요청", 2008.12.12.

5장

이찬우, 『북한 경제와 협동하자』, 시대의창, 2019
구애림, 조정훈, 조진희, 『북한을 읽다, 지속가능발전 프로젝트』, 두앤북, 2019
법무법인 율촌 북한팀, 매일경제 중소기업부, 『북한투자 어떻게 하면 성공할까?』,
　　　매일경제신문사, 2018

글린포드 저/고현석 역, 『토킹 투 노스 코리아』, 생각의 날개, 2018
김병연, 양문수, 『북한 경제에서의 시장과 정부』, 서울대학교출판문화원, 2012
김영희, 『김정은의 경제개발』, 오래된 미래, 매봉, 2018
다니엘 튜더, 제임스 피어슨 저/전병근 역, 『조선자본주의 공화국』, 비아북, 2017
삼정KPMG 대북비즈니스 지원센터, 『북한 비즈니스 진출전략』, 두앤북, 2018
신은미, 『우리가 아는 북한은 없다』, 도서출판막, 2019
오마이뉴스 특별취재팀, 『마을의 귀환』, 오마이북, 2013
정민규, 『북한 투자의 시대』, 라온북, 2019
정세현, 정청래, 황래옥, 『정세현 정청래와 함께 평양갑시다』, 푸른숲, 2018
정영철, 『김정은시대 북한의 변화, 선인, 2019
주성하, 『조선 레벌루션』, 서울셀렉션, 2018
트래비스 제퍼슨 저/최은경 역, 『시-유 어게인 In 평양』, 메디치, 2019
김경수, 〈경상남도 평화경제 사례 발표: 평화경제, 또 하나의 미래〉, 민주연구원,
    더불어민주당 한반도경제통일교류특별위원회, '평화가 온다, 경제가 온
    다', 더불어 2019
김진환, "북한사회와 자본주의 세계의 공존:이론과 가능성", 동국대학교 북한학연
    구, 북한학연구 제14권 1호
나용우, 홍석훈, 박은주, "지자체 남북교류협력사업의 평가지표와 발전방향", 통
    일연구원, KINU 정책연구시리즈 18~04
대북협력민간단체협의회, 「대북지원 20년 백서」, 2016
배성인, "'북한식 사회주의 시장경제'의 현황과 전망", 진보평론, 진보평론 2019년
    봄호 제79호
서울 사회적경제 국제 컨퍼런스, 〈한반도 단번도약과 사회적경제의 가능성〉, 서
    울 사회적경제 국제 컨퍼런스 자료집, 2019 정책페스티발 평화경제 대
    토론회 자료집, 2019
서울시 사회적경제지원센터, 「서울시 사회적경제 2016년 성과보고서」, 2017
성현국, 이창희, "김정은 시대의 북한 경제와 전망", 한국평화학연구학회, 평화학
    연구 제20권 1호, 2019
유엔 북한팀, 「2019 북한 인도주의 필요와 우선순위」, 2019
이민규, 「'서울-평양 포괄적 도시협력 방안' 수정안과 추진전략」, 서울연구원,
    정책리포트 제281호
이창희, "남북 교류협력사업 평가와 발전 방향", 사단법인 한국평화연구학회, 평
    화학연구학회 제19권 3호

임을출, "김정은 집권 이후 시장경제 변화 실태와 전망", GSnJ 인스티튜트, 시선
집중 GSnJ 244호
정영철, "북한 경제의 변화, 역사비평사", 역사비평 2019년 봄호(통권 제126호)

6장

https://www.citymetric.com/transport/how-do-north-koreans-get-work-guide-tr
ansport-dprk-3421
https://linkilaw.com/business-news/having-a-startup-in-north-korea/
https://economictimes.indiatimes.com/small-biz/startups/newsbuzz/entreprene
urs-in-north-korea-not-as-rare-as-you-would-think/articleshow/6461221
2.cms
https://www.quora.com/What-is-the-startup-scene-in-North-Korea
https://mashable.com/2015/10/02/north-korea-startup/
https://www.chosonexchange.org/
https://qz.com/work/1183266/in-north-korea-foreign-business-instructors-are-te
aching-locals-how-to-be-entrepreneurs/
https://www.businessinsider.com/online-shopping-delivery-available-in-north-
korea-2018-1

부록

필자 소개

김해순 (전) 독일 괴테대학교 교수

독일 베를린 자유대학교 정치학과에서 학사와 석사학위(1982)를 취득했다. 독일 빌레펠트대학교 사회학과에서 박사학위(1989)를 받았고, 논문 주제는 "Laendliche Entwicklungspolitik in Korea(한국의 농촌개발정책)"이다. 그 후 독일 베를린 홈볼트대학교 한국학과에서 조교수로 재직했다. 미국 스탠포드대학교 사회학과에서 "이민과 다문화 정책: 유럽과 미국"에 주목하여 객원연구원으로 활동했다. 독일 프랑크푸르트 괴테대학교 한국학과에서 학과장 및 부교수로 연구와 강의를 수행했다. 미국 로스엔젤레스 캘리포니아대학교(UCLA) 한국학과에서 객원교수로 "국가와 젠더"를 주제로 역임했다. 한국에서는 계명대학교 사회학과와 유럽학과에서 초빙교수로, 중앙대학교에서는 독일-유럽학과에서 외래교수로 강의와 연구를 했다. 퇴직 후 하나누리 동북아-유럽연구센터에서 센터장으로 활약하고 있다. 저서로는『평화통합을 이룬 유럽연합』(킹덤북스, 2020),『통일 이후 동서독 주민들의 갈등과 사회통합』(통일부 통일교육원, 2002),『한국의 통일연구 30년』(한국학중앙연구원출판부, 2017) 이외 다수의 공동저서와 논문이 있다.

김창진 성공회대학교 사회적경제대학원장

연세대 정치외교학과와 고려대 대학원 정치외교학과를 졸업했다. 1996년 러시아 학술원에서 정치학 국가박사(Доктор наук) 학위를 받았고, 현재 성공회대학교 사회융합자율학부 교수 겸 사회적경제대학원장을 맡고 있다. 정치학 분야에서는 국가론과 제국론, 아나키즘, 러시아 지역연구, 한국현대사 등, 사회연대경제 분야에서는 협동조합운동의 사상과 역사, 공동체와 지역사회개발의 국제사례 비교연구 등에 관심을 두고 작업하고 있다. 저・역서로는『러시아의 선택』(공저),『시베리아 예찬』,『문명과 야만의 블록버스터: 영화로 보는 제국의 역사』,『퀘벡모델』,『사회주의와 협동조합운동』,『협동과 연대의 인문학』(공저),『협동조합의 딜레마』(공역),『한국협동조합운동 100년사II』(공저) 등이 있다. 2019년 3월 한국과 러시아의 사회문화교류 및 유라시아 평화외교 활성화를 위해 창립된 〈크라스키노 포럼 공동대표〉를 맡고 있다.

이찬우 일본 테이쿄대학교 교수

서울대학교 국사학과를 졸업하고, 대우경제연구소 동북아시아팀 연구위원, 제9기 민주평화통일자문회의 상임위원을 역임하였다. 1999년부터 일본 니가타시에 있는 ERINA(동북아시아경제연구소) 객원연구원으로 옮겨 동북아시아 지역 경제 협력에 관한 조사연구를 하였다. 2012년 4월부터 센세사시 노쿄의 테이쿄내학 현대비지니스학과 준교수를 하고 있으며 일본경제연구센터 특임연구원, 동아시아무역연구회 객원연구원을 겸임하고 있다. 주요한 연구분야는 한반도를 중심으로 한 동북아시아 지역의 정치/경제 조사 및 동북아 지역협력체계 모델 연구이다. 주요 논저로 『북한경제와 협동하자』(시대의창, 2019), 「한국과 북한의 동북아정책」(『변하는 동북아의 경제지도』, 문진당, 2017) 「북일 경제관계의 역사와 전망」(『한반도지정학크라이시스』 아카시서점, 2017) 『동북아의 심장을 누가 쥘 것인가』(역사인, 2015) 등이 있다.

조성찬 하나누리 동북아연구원장

서울시립대학교 도시공학과를 졸업하고 서울대학교 환경대학원에서 도시및지역계획학 석사학위(2003)를 취득했다. 중국인민대학교 토지관리학과에서 "中国城市土地年租制及其对朝鲜经济特区的适用模型研究(「중국 도시 토지연조제의 북한 경제특구 적용모델 연구)", 2010」로 박사학위를 취득했다. 토지+자유연구소에서 북중연구센터장 등으로 9년 동안 연구했다. 지금은 통일부 등록 (사)하나누리가 동북아 연구를 위해 새롭게 출범한 '하나누리 동북아연구원'에서 원장으로 일하고 있다. 서울대학교 아시아도시사회센터 공동연구원으로도 참여하고 있다. 사회연대경제라는 큰 틀에서, 공공토지임대제, 체제 전환국 중국과 북한의 토지정책, 북한 지역발전 전략을 연구하고 있다. 주요 연구로 『중국의 토지개혁 경험』(공저), 『상생도시』, 『북한 토지개혁을 위한 공공토지임대론』 등이 있다. 2017년 제2회 김기원 학술상을 수상했다.

김영식 전국 사회연대경제 지방정부협의회 국장

서울대학교 지리학과에서 학사와 석사를 마치고 미국 샌디에고 주립대학교에서 박사과정을 수학했다. 경제지리학 전공으로 공간분석을 공부하고, 산업 클러스터와 다양한 경제활동의 집적에 대해 연구했다. 사회적 가치를 추구하는 비즈니스에 대한 관심으로 사회적 경제 분야에서 활동하면서, 사회적 가치 평가, 사회적 경제를 통한 지역발전 정책에 관심이 많은 연구자 겸 활동가로 일하고 있다. 2010년 이후로 KAIST 사회책임경영연구센터를 거쳐 (사)씨즈, 서울사회적경제네트워크에서 일했고, 지금은 전국 사회연대경제 지방정부협의회에서 사회적 경제와 사회혁신을 통해 시민의 삶을 바꾸는 지방정부의 노력을 돕고 있다. 아시아 지역의 임팩트 투자 네트워크인 아시아 벤처필랜트로피 네트워크 (AVPN)의 정책 펠로우 중 한 명이다. 저서(공저)로『리더를 위한 사회적경제 강의』,『사회적경제기업을 위한 공공시장 마케팅』이 있다.

공웅재 (전) 민주연구원 네트워크실 부장

부산에서 나고 자랐다. 동아대학교 인문학부 사학전공을 졸업하고, 북한대학원대학교 석사과정에 재학 중이다. 학부 졸업 후 남북 평화 및 대북지원 NGO에서 10여년 넘게 일하면서 북한에서 만난 사람들, 북한 사회에 대해 관심을 가지게 되었다. 이후 (재)민주연구원, 전국 사회연대경제지방정부협의회 등에 몸담으면서 사회적 경제와 관련한 다양한 정책 및 사례 등을 접하게 되었다. 이런 이유로 자연스럽게 사회적 경제가 남북 경제교류와 협력에 기여할 수 있다는 믿음을 가지게 되었고, 관심 있게 공부하고 있다.

도현명 임팩트스퀘어 대표

서울대학교 경영대학교를 졸업하고, 동대학 경영대학원에서 석사를 취득하였다. 대학 졸업 후 네이버에서 온라인게임 부문 기획자로 일하다가 2010년 창업하여 현재까지 임팩트스퀘어의 대표로 일하고 있다. 대기업의 CSV 전략 및 사업 개발, 소셜벤처 액셀러레이션, 사회적 가치 측정과 평가 등에서 전문가로 활동하고 있다. 대통령직속 일자리위원회 자문위원으로 참여하는 등 정책에 관련하여서도 다양한 기여를 하고 있고, 서울대와 한양대에서 사회적 기업의 창업과 관련된 수업을 맡아 진행하고 있다. 주요 저서로는『넥스트 챔피언』(2019),『젊은 소셜벤처에게 묻다』(2018) 등이 있다. 2019년 소셜벤처 부문으로 국무총리상을 표창받았다.

부록

· 서울대학교 아시아도시사회센터 소개
· 하나누리 동북아연구원 소개

아시아도시사회센터는 포스트 발전주의 도시 패러다임을 제시함으로써 아시아 도시들이 발전주의 도시화의 한계를 극복하고 사람 중심의 도시공동체를 형성하는 데 기여하고자 한다. 또한 아시아 도시문제를 해결하기 위해 전환(transition), 포용(inclusiveness), 공유(commoning), 평화(peace), 지속가능성(sustainability)을 지향하는 대안적 도시 담론과 실천 방안을 모색하고 공유하고자 한다. 본 센터는 도시 현장 중심 연구를 통해 시의성 있는 이론적 연구 성과를 달성할 뿐만 아니라, 활발한 정책 제안으로 연구 결과의 사회적 확산을 위해 노력하고 있다. 나아가 국내외 연구와 활동 네트워크를 통해 연구 기반의 도시 연대를 구축하고 있다.

- 주요 연구 주제
  - 도시에 대한 시민의 권리를 회복하기 위한 실천적 연구플랫폼인 도시전환랩을 구축해 다양한 도시사회운동과 사회적 자본 연계
  - 제조업 산업단지를 기반으로 하는 지방도시의 성장과 위기 과정을 추적해 한계를 진단하고, 회복도시로서의 전망 모색
  - 동아시아 맥락에서 에너지·수자원과 도시화 및 산업화의 관계에 관한 이론화 작업
  - 동아시아 군사기지 도시들(필리핀 수빅, 일본 오키나와, 한국 평택 등)을 사례로 냉전과 신냉전 지정학적 질서가 도시공간에 미치는 영향 고찰

[하나누리 동북아연구원]

2007년에 통일부 등록으로 설립된 (사)하나누리는 그동안 목도리 부내기, 나무심기, 쌀 부내기, 수해복구지원 등 각종 인도적 교류협력사업을 진행해 왔으며, 라선특구를 중심으로 농촌자립마을 사업을 추진해 왔다. 향후 남북교류가 활성화되면 사업 확대는 물론, 북측과의 보다 긴밀한 연구 협력 방안을 모색하고 있다. 평화체제에 대한 기대감이 커지고 있는 이 때에 우리가 유념할 점은 남북문제는 이제 두 나라만의 문제가 아닌 동북아 전체의 문제가 되었다는 사실이다. 따라서 문제 해결을 위한 연구 접근법도 달라져야 한다. 즉, 북측은 물론 중국과 러시아, 일본 등 동북아 주요국의 지정학적 · 지경학적 맥락에서 남북문제를 바라보고 연구할 새로운 연구 플랫폼이 필요한 시점이 되었다.

이러한 배경에서 2019년 2월 25일에 '희년평화의 일상성 회복'이라는 목적을 설정하고, '동북아의 평화체제와 상생발전 모델 연구'를 목표로 하는 '하나누리 동북아연구원'을 설립했다. 본 연구원은 라선특구를 연구 거점으로 삼아 현장과 결합된 연구를 진행하며, 국내외 연구자들과도 긴밀히 결합해 의미 있는 연구를 진행하고자 한다. 이런 연구를 통해 동북아 전체 구도에서 새로운 평화체제를 고민하고 상생발전 모델을 탐색해 북한 및 동북아가 투기적 개발의 공간이 아닌 공정하면서도 활기차게 발전하는 공간이 되는데 기여하고자 한다.

❚하나누리 동북아연구원❚총서 ❶

사회적 경제, 남북을 잇다

초판 1쇄 발행 2020년 8월 25일

엮은이 · 조성찬
글쓴이 · 김해순, 김창진, 이찬우, 조성찬, 김영식, 공웅재, 도현명 공저
발행인 · 이낙규
발행처 · ㈜샘앤북스
　　　　　신고 제2013-000086호
　　　　　서울시 영등포구 양평로 22길 16, 201호
　　　　　Tel. 02-323-6763 / Fax. 02-323-6764
　　　　　E-mail. wisdom6763@hanmail.net
ISBN 979-11-5626-283-1　93320

※ 본서는 2017년도 정부재원(교육부)으로 한국연구재단 한국사회과학연구사업(SSK)의 지원을 받아 출판되었습니다(NRF-2017S1A3A2066514).

이 도서의 국립중앙도서관 출판예정도서목록(CIP)은 서지정보유통지원시스템 홈페이지(http://seoji.nl.go.kr)와 국가자료공동목록시스템(http://www.nl.go.kr/kolisnet)에서 이용하실 수 있습니다.
(CIP제어번호: CIP2020034705)